21世纪经济管理新形态教材·公共基础课系列

大学美育
COLLEGE AESTHETIC EDUCATION

主　编　◎　李彩虹　许　阳
副主编　◎　黄凯愉　马　驭

清华大学出版社
北京

内 容 简 介

本书共分为八章，以美的根源和美的本质为出发点，以"发现美—感受美—鉴赏美—创造美"的审美过程为主体脉络，以《全面实施学校美育浸润行动的通知》为指导，详尽地讲解了自然美、生活美、艺术美、文字美、辞章美和科技美等美学内容及审美价值，以培养学生崇高的审美追求、高尚的人格修养和积极的人生态度，向美而行，实现以美育人、以美化人、以美培元。

本书内容全面、深入浅出、图文并茂，采用项目式教学方法，实现"线上＋线下"混合式学习的独特教学模式。通过系统学习，帮助学生树立正确的审美观，培养审美感知等核心素养，激发学生的想象力和创造力，提高学生综合素质，实现全面发展。

为满足教学需要，本书配套音频、视频和知识拓展等学习资源，在教材中以二维码的形式呈现，具体获取方式请见书后的教辅资源服务提示。

本书封面贴有清华大学出版社防伪标签，无标签者不得销售。
版权所有，侵权必究。举报：010-62782989，beiqinquan@tup.tsinghua.edu.cn。

图书在版编目（CIP）数据

大学美育 / 李彩虹，许阳主编. -- 北京：清华大学出版社，2025.1.
(21世纪经济管理新形态教材).
ISBN 978-7-302-68033-8

Ⅰ. G40-014

中国国家版本馆 CIP 数据核字第 2025QB9791 号

责任编辑：付潭蛟
封面设计：胡梅玲
责任校对：王荣静
责任印制：杨 艳

出版发行：清华大学出版社
网　　址：https://www.tup.com.cn，https://www.wqxuetang.com
地　　址：北京清华大学学研大厦 A 座　　　邮　编：100084
社 总 机：010-83470000　　　　　　　　　 邮　购：010-62786544
投稿与读者服务：010-62776969，c-service@tup.tsinghua.edu.cn
质 量 反 馈：010-62772015，zhiliang@tup.tsinghua.edu.cn
课 件 下 载：https://www.tup.com.cn，010-83470332

印 装 者：河北鹏润印刷有限公司
经　　销：全国新华书店
开　　本：185mm×260mm　　　　印　张：15　　　　字　数：330千字
版　　次：2025年3月第1版　　　　　　　　　　　印　次：2025年3月第1次印刷
定　　价：49.00元

产品编号：104041-01

本书编委会

主　　编：李彩虹　许　阳
副 主 编：黄凯愉　马　驭
编　　者：宋佳欣　刘成宝　李宁竹　赵艳明
　　　　　胡　瑾　李明哲　彭　博

美学，作为人类社会实践与审美实践的结晶，始终在人类文明的发展中扮演着至关重要的角色。它不仅是对人类、个体审美与创造美实践的理论概括，更是推动哲学社会科学、自然科学进步，特别是文学艺术繁荣的重要力量。在大学的殿堂里，美育更是不可或缺的一环，旨在培养学生的审美情趣、创造能力和文化素养，促进学生全面发展。

本书作为一本系统阐述大学美育的教材，旨在为学生提供一个全面、深入了解美育的窗口。本书将从美学的基本概念、原理入手，结合大学教育的特点，探讨美育在大学教育中的定位、作用及实施路径。同时，本书还将关注美育与大学生个人发展的关系，分析美育如何促进大学生全面素质的提升。

本书不仅涵盖了美学的基本理论，还结合了文学、艺术、历史、哲学等多个学科的知识，形成了一个跨学科的美育知识体系。这种融合既有助于拓宽学生的视野，又能帮助学生从多个角度理解和欣赏美。

本书内容涵盖了美的各个领域，包括自然美、社会美、艺术美等，同时也关注了美的创造、美的欣赏和美的批评等方面。这些内容不仅丰富了读者的知识体系，而且激发了他们对美的兴趣和热爱。

美育是一种以情动人的美的教育，它始终不脱离美的形象，通过美的形象的情感感染作用来完成。在本书中，我们将通过丰富的案例、生动的语言和多样的教学形式，引导学生感受美的魅力，领悟美的真谛，从而培养具有艺术修养和文化素养的高素质人才。

最后，我们衷心希望本书能够成为广大师生学习美育的良师益友，为推动大学美育工作的开展贡献一分力量。同时，我们也期待广大读者能够提出宝贵的意见和建议，共同推动本书的不断完善和发展。

编　者

目录

第一章　美育浸润　以"美"化人 ……………………………………… 1
　第一节　美的本质与特性 …………………………………………… 1
　第二节　美的形态与美感 …………………………………………… 8
　第三节　美育的任务与作用 ………………………………………… 24
　即测即练 ……………………………………………………………… 32

第二章　美育浸润　以"景"化人 ……………………………………… 33
　第一节　自然美及特征 ……………………………………………… 33
　第二节　自然美的欣赏 ……………………………………………… 36
　第三节　风景与园林美 ……………………………………………… 43
　第四节　生态与环境美 ……………………………………………… 48
　第五节　自然美与社会生活 ………………………………………… 52
　即测即练 ……………………………………………………………… 56

第三章　美育浸润　以"境"化人 ……………………………………… 57
　第一节　优雅的礼仪与修养 ………………………………………… 57
　第二节　美丽的妆容与服饰 ………………………………………… 62
　第三节　丰富的美食与器具 ………………………………………… 82
　第四节　社会美与社会环境 ………………………………………… 99
　即测即练 ……………………………………………………………… 107

第四章　美育浸润　以"艺"化人 ……………………………………… 108
　第一节　艺术美及其特点 …………………………………………… 108
　第二节　艺术美的欣赏 ……………………………………………… 112
　即测即练 ……………………………………………………………… 124

第五章　美育浸润　以"乐"化人 ……………………………………… 125
　第一节　悠扬的音乐 ………………………………………………… 125
　第二节　变幻的舞蹈 ………………………………………………… 132

  第三节 多样的戏剧 …………………………………………………… 137
  即测即练 ………………………………………………………………… 144

第六章 美育浸润 以"术"化人 …………………………………… 145

  第一节 墨中的书法 …………………………………………………… 145
  第二节 缤纷的绘画 …………………………………………………… 155
  第三节 立体的雕塑 …………………………………………………… 170
  第四节 多样的建筑 …………………………………………………… 179
  即测即练 ………………………………………………………………… 191

第七章 美育浸润 以"文"化人 …………………………………… 192

  第一节 中国文学概览 ………………………………………………… 192
  第二节 文学的审美要点 ……………………………………………… 201
  即测即练 ………………………………………………………………… 209

第八章 美育浸润 以"新"化人 …………………………………… 210

  第一节 电影与电视之美 ……………………………………………… 210
  第二节 科学与技术之美 ……………………………………………… 216
  即测即练 ………………………………………………………………… 229

参考文献 …………………………………………………………………… 230

第一章

美育浸润 以"美"化人

第一节 美的本质与特性

一、美的本质

美的本质是一个古老的问题。几千年来，不少哲学家、美学家和文艺理论家为揭示美的本质，从不同角度进行过艰苦的探索。理论探索的实践说明，"美的本质"是一个难以解释的问题。柏拉图在《文艺对话集》中，记载了苏格拉底和希庇阿斯对此问题的争辩，他们辩论的结果是，双方一致认为"美最不容易赏识"。黑格尔也说："乍看起来，美好像是一个很简单的观念，但是不久我们就会发现：美可以有许多方面，这个人抓住的是这一方面，那个人抓住的是那一方面；纵然都是从一个观点去看，究竟哪一方面是本质的，也还是一个引起争论的问题。"①就连伟大的诗人歌德也十分感慨地说："美是费解的，它是一种犹豫的、游离的、闪烁的影子，它总是躲避着被定义所掌握。"②

美的本质之所以成为一个难解的理论之谜，一是由于美的现象具有广泛性、复杂性。从自然界到人类社会，从劳动产品到艺术作品，到处都有美的表现形式。况且美存在着不同形态，如自然美，有的是人工改造过的，有的却是未加工过的。在社会生活中，有静态的美，也有动态的美。在艺术领域，美的表现形式更为复杂。在这种情况下，要以一个抽象的概念适用于如此广泛、复杂的美的事物，是一项比较困难的任务。二是由于审美评价具有差异性、可变性。在人们之间，有关审美观念和审美趣味的差异是非常明显的，对同一个对象，这个人认为是美的，另一个人可能觉得丑。而且随着条件的变化，人们的审美评价也是变化的，过去认为不美的事物，现在可能认为美不可言。在历史发展过程中，这种现象是很多的。

尽管对美的本质进行探索有较大难度，但如今有马克思主义科学世界观、方法论的指导，有前人提供的丰富的思想资料，这些都有助于将这个问题的研究推向更高层次。为便于大家学习，本节重点用马克思主义的观点对美的本质进行探析。

（一）美的根源在于社会实践

在人类出现在地球上之前，自然界的万物已经存在，那时它们还无所谓美还是不美。虽然客观物质世界本身在很多方面存在着可以被未来人类所认识的"美"。

---

① 黑格尔《美学》第 1 卷，第 12 页
② 威廉·奈德《美的哲学》第 67 页

美是人类社会特有的现象，人的审美活动实际上是审美主体（人）与审美对象（客观事物）的一种特殊关系。美离不开审美主体，也离不开审美对象。从这个意义上可以说，人与客观世界的关系的形成，也是美的诞生。也就是说，美源于人改造客观世界的实践，美产生于审美主体与审美客体的结合之中。

人类诞生之后，开始了认识客观世界和改造客观世界的生产与社会实践活动。通过生产劳动并改造自然，人类实现了使自然界的某些方面服务于人的目的。当人们从自己投入心力和汗水而改造、支配的自然事物中，看到或确证了自己的力量、才能和智慧时，便会产生一种由衷的欣慰和愉快。这时，这些客观事物就可能成为人的审美对象，成为人心目中的"美"。

人类最基本的实践活动是生产劳动，正如恩格斯所说："人们首先必须吃、喝、住、穿，然后才能从事政治、科学、艺术、宗教等。"因此，美首先产生于生产劳动之中。人类最初制造工具，仅仅是为了达到获取生活资料这一实用的目的，并没有想到要创造"美"。所以，最早的劳动工具是十分粗糙和简陋的。为了更便于使用，如为了更方便地削切或投掷、弹射，人们在劳动实践中，不断对生产工具进行摸索和改进。结果，这些工具变得更光滑、锋利乃至更匀称、耐用了。当人们从这种更有用、更灵便的工具上意识到自己的才能，并引起思想上、感情上的满足和愉悦的时候，便产生了相对比较精致的工具，这些工具就成了人的审美对象，成了这方面的"美"。考古发现，原始人佩戴的不少装饰品是缩小的劳动工具，这有力地说明劳动工具就是这样成为人们心目中的"美"、成为人们的审美对象的。

在生产劳动中，比较精致、便捷的工具，会成为人的审美对象；而那些有益的、高超的劳动技能、劳动动作，也同样会成为人们心目中的"美"，成为人的审美对象。原始的乃至今天的一些音乐、舞蹈，都有对劳动节奏、劳动动作的再现性模仿，这便是有力的证明。

由此可见，人类是在自己的劳动中，在创造产品和不断制造、改进劳动工具的过程中，创造了美。所以，美的根源是人的社会实践。人只有在社会实践中，才能不断地接触到客观世界，才能不断地扩大自己的认识领域和实践领域，并通过实践活动，不断地加深对客观世界的了解和认识，从而去发现客观世界中丰富多彩的美，去创造人在改造客观世界的过程中所体验到的合规律性、合目的性的统一所产生的美。

（二）美是人的本质力量的感性显现

马克思认为，美是人的本质力量在对象世界中的感性显现，或者说，美的本质就是人的本质力量的对象化。

那么，人的本质是什么？什么是人的本质力量？什么又是人的本质力量的感性显现呢？

人，从本质上说，其重要特征之一是能够按照社会的需要去主动地改造自然。客观世界是按照其固有的规律运行着的，不管是人还是其他动物，都在这个不以人的意志为转移的客观规律所制约的现实中生存。动物在这个世界上是受自然规律支配的，它们不能认识自然，不能驾驭自然。而人则不同，他们能够通过自己的实践活动，通过自己所特有的、有意识的大脑去逐步认识客观世界的规律，并且还能努力使实践活动产生的结果符合客观规律的要求，能在实践活动中克服许多不利于实现自己目的的困难，发现、发展和创造有利的条件，从而驾驭自然，运用客观规律支配自然，达到从"必然王国"走向"自由王国"的目的。

人的活动的重要特点是有意识、有目的。马克思曾十分形象地指出："最蹩脚的建筑师从一开始就比最灵巧的蜜蜂高明的地方，是他在用蜂蜡建筑蜂房以前，已经在自己头脑中把它建成了。劳动过程结束时得到的结果，在这个过程开始时就已经在劳动者的表象中存在着，即已经在观念中存在着。"这就是说，人在实践活动之前已有所思考和设计，这种思考和设计可以付诸人的行为实践，也可以在行为实践中根据需要进行修改，以达到预期的、最佳的效果。随着社会实践的不断发展，人类对客观规律的了解也会随之加深。正如恩格斯所说："人离开动物越远，他们对自然界的作用就愈带有经过思考的、有计划的，向着一定的和事先知道的目标前进的特征。"这是人的本质的一个很重要的方面。按马克思的话来说，这就是"人的类特性""自由的自觉的活动"。

人的本质力量，是在认识世界、改造世界的过程中形成和发展起来的，它表现为在实践中"自由的自觉的"活动的能力，即具有"自由的自觉的活动的人"在实践中发现、认识、改造世界的能力。这种能力，在现实生活中往往具体表现为智慧、才能、愿望、理想、情感等。可以说，人的本质力量是人类社会中最积极的能动因素，是推动人类社会进步、推动人类历史发展的伟大力量。

人的实践活动与其结果的关系是紧密联系的。这首先表现在人的劳动结果往往会打上人的意志的烙印。人类的生产实践是经过事先思考、设计而进行的，在生产实践中，人的劳动与其劳动的对象结合了起来。于是，"劳动物化了，而对象被加工了"（马克思语）。因为生产的结果、劳动对象的变化常常是按人的想法、设计进行的，产品又是人的劳动的结晶，劳动产品就必然反映人的思想和人的创造的力量，并打上人的印记，即"在劳动者方面曾以动的形式表现出来的东西，现在在产品方面则以静的属性，以存在的形式表现出来"。这就是说，人的劳动的成果、产品，不再仅仅意味着它对人有使用价值，而且也能以静态的感性形式，凝结和体现着劳动过程中以动的形式存在的东西：人在实践中改造自然的创造力量。换句话说，就是从劳动结果上，能看到人自身的力量、智慧和才能，也就是马克思所说的"在他所创造的世界中直观自身"。正因为人类具有这种"直观自身"的能力，当人的本质力量在实践过程及其实践结果中表现出来的时候，就使人们从中看到了自己的预期目标、自己的智慧、才能，以及可能是前所未有的创造能力，从而引起感情上的愉悦。这样，人与客观对象之间的审美关系就此形成，人类的"美"也就产生了。

人的本质力量的对象化，是指人们在创造性的生产劳动中，把自己的本质力量、认识世界和改造世界的力量作用于劳动对象，从而使客观事物成为被人的劳动或人的本质力量改造过的对象。这样，人们就从劳动对象中看到了自己的本质力量，或者说直观到了自己的本质力量的感性显现，进而产生愉悦和满足。被人类的力量所作用过的劳动对象，就成了人的审美对象，具有了美的性质，成了人心目中的"美"。

人们对美的欣赏，实际上是对再现于对象世界的人的本质力量的欣赏。比如，艺术品体现了艺术家的智慧、理想、情趣、爱好和艺术技巧等本质力量，人们对艺术品的欣赏，正是对艺术家本质力量的外在表现的观摩结果。即使是没有经过人的实践直接改造过的自然界的某些客观事物，如太阳、明月、大海、高山，作为人类社会实践和社会生活的环境，它们也能成为人的愿望、理想、情感和想象所寄托的对象，从而成为人的本质力量之一的人的精神力量的对象，同样成为人的审美对象。可见，一个事物之所以美，是因为它已经成了人的社会实践的对象，成了人的本质力量的对象性存在，成了人的本质力量的显现。离开人的实践，就没有美；同样，离开了人的本质力量，也无所谓美。

因此，客观物质世界本身就包含着美的属性，但是它需要经过人的实践活动去发现、去认识乃至去创造，那包含美的属性的客观物质才会显示出美。在这一过程中，就渗透着人的本质力量。同时，人的发现、认识、创造美的过程，也促使了人的本质力量的增强和发展。

无论是自然界还是人类社会，也无论在生产领域还是艺术领域，一切美的具体形象，实质上都显现和映照着人的本质力量。美，是人的本质力量的感性显现；美，是人的本质力量的对象化。

二、美的特性

研究了美的本质，再分析美的特性，由抽象到具体，可以更深刻、更具体地把握美。美与任何存在物一样，它所蕴含的本质必然表现为现象，构成审美性质，进而成为审美对象。那些足以显露美的本质现象（审美性质、审美对象）共同稳定的特性，就是美的特性。美的特性包括客观性、时代性、社会性和可感性四个方面。

（一）客观性

美的事物和现象是客观存在的，是形象具体的。不论是自然美、社会美，还是艺术美，作为内容和形式的有机统一体，都有一种感性的具体形态，它们的内容都要通过一定的色、声、形等物质材料所构成的外在形式表现出来。

美的客观性在于它的物质性。"我们现实生活里面直接经验到的，不以我们的意志为转移的丰富多彩、有声有色、有形有相的世界就是真实存在的世界。"[①]这个客观存在着的美的世界，是物质世界，"物质带着诗意的感性光辉对人的全身心发出微笑"[②]，展示它的美。

在社会领域，从人类制造和使用第一件石器的原始劳动，到当代利用最新科学技术的现代化劳动，人类活动作为一种改造自然的形式力量，作为一种美的存在，始终在不以人的意志为转移而客观地发展着，开创着美的世界。它是一切美的最原始的存在，又是一切美的最深刻的基础。

---

① 宗白华《美学散步》第56页。
② 马克思、恩格斯《神圣家族》第163页。

尽管在私有制条件下，由于劳动异化，人类社会的劳动实践受到束缚、限制、摧残，但从整体上对自然的改造和征服活动一直没有停息。作为一种自由的形式，美，仍然在发展。从旧石器时代形态各异的石器、弓箭、陶器，到奴隶社会浑厚凝重的青铜器，到封建社会精巧美观的漆器、瓷器、编织品、金属器具，到现代规模巨大、雄伟美观的生产基地、生活设施、游乐场所、文化体育中心，乃至小到一根绣花针，它们都以感性的光辉展示着美。它们既是人类劳动实践活动的产物，也是人类劳动实践活动美的证明。

美也客观地存在于人民革命斗争的生活中。在反抗压迫剥削、抗击侵略凌辱的人民群众斗争中，那些为国家、为人民的利益义无反顾、冲锋陷阵、勇敢献身的英烈，那种波澜壮阔、气吞山河的壮烈场面，闪烁着崇高、壮美的光辉。而其斗争的业绩、胜利的成果，构筑着美的生活，受到人们的怀念和赞美。

美还客观地存在于人们的日常生活之中。优美的生活环境、优良的服务设施、优雅的居室摆设、优秀的服装设计，以及各种漂亮的日用杂品，虽然它们都以实用为主，体现一种社会的功利性，却实实在在蕴含着审美性质，也是作为美的形式客观存在着。

在自然界中，千姿百态、五彩缤纷的自然景观，本身就是一个无比美丽的世界：日月星辰、蓝天白云、高山流水、奇花异草、彩虹落霞、鸟语花香……无处不美。尤其是我们伟大的祖国，幅员辽阔、纵横田野、千里海堤、高峡平湖、沙漠林带……处处都是奇观。还有令人叫绝的泰山的雄伟、华山的险峻、黄山的奇特、峨眉的秀丽、滇池的开阔……无论是经过实践改造的自然，还是未经改造的自然，都有美的存在，这说明美也客观地存在于物质的自然中，具有客观物质性。

在艺术领域，美是否也是客观的物质存在呢？回答是肯定的。艺术中的美，是存在于现实美的反映。从来源上说，它仍具有客观的物质性，不过反映非直观而已。它必须经过艺术家审美心理的中介，而后又借一定形式的物质载体、媒介，转化为美的艺术存在。艺术美是作为艺术家审美心理、趣味、观念、理想的对应物而存在的，毫无疑问包括主观审美心理、意识成分，但是，它一经物态化为艺术美而存在，便是客观的，便具有了客观性。"美的存在或美术作品，一经出现，就是客观独立存在的。"①艺术美作为现实的存在，不是艺术家主观意识、情感的任意表现和创造，也不以欣赏者的心理情趣为转移，它是客观的存在。

存在于艺术中的美也是具有物质性的。不过，这种物质性与现实美的物质性有所区别，其性质和含义是不同的。艺术美并不只是在那些物质材料上，如画布、铅字、石料、声音上，却又必须在那些材料上。"事实上，艺术美的存在是通过艺术家的大量劳动，将这个幻想的世界确定在一定客观物质材料的形式中，才有可能。所以，它又仍是一种物质形态的存在，即物态化的客观存在，毕竟不是主观直觉的任意创造。"②因此，像《清明上河图》《红楼梦》《拉奥孔》《第九交响曲》，一经创造出来，它的美就已经是客观的物质存在。可

---

① 周谷城《史学与美学》第135页。
② 李泽厚《美学论集》第48页。

见，艺术美无论从其根源上，还是从其现实存在上，都是客观物质性的，离开了一定的物质，就没有它的存在。

在社会、自然、艺术中存在的美，都是客观的物质存在，但两种客观物质存在有所区别，分为现实中美的客观物质存在和艺术中美的客观物质存在，后者可称为客观物态化存在。当然，说美是客观物质存在，并不等于说凡客观物质存在皆有美，只是说美必须是客观的物质（包括物态化的物质存在）。所以，美具有客观性，严格说来相当于哲学上的存在，即物质的实体范畴。

（二）时代性

马克思提出"劳动创造了美"，这是长期历史实践所得出的科学结论。人们创造美都是在一定的社会关系中进行的，受到社会历史条件的制约，美的创造具有时代的特点。时代向前发展，美也同时发展。车尔尼雪夫斯基指出："每一个时代的美都是而且也应该是为那一时代而存在，它毫不破坏和谐，毫不违反那一时代的美的要求；当美与那一时代一同消逝的时候，再下一代就将会有它自己的美、新的美……"[①]美具有时代性的特点，如故宫和人民大会堂同在一处，却是不同历史时期美的时代性表现。

故宫是封建时代的政治性建筑，是封建帝王至高无上权力的象征。故宫是一组规模宏大的建筑群，以天安门为序幕，接着是太和殿、中和殿和保和殿，以景山为尾声。各个建筑都在一条由南到北的中轴线上展开，中轴线两侧的建筑保持了严格的均衡、对称。整个建筑群都体现了威严、豪华、严谨的审美特点。

故宫不仅是我国灿烂文化中的一件珍品，而且在人类文化史上也是具有代表性的文物。它既是物质产品，又是精神产品。一方面，故宫作为精神产品，它体现了统治阶级的意志，成为封建帝王至高无上权力的象征；另一方面，故宫作为物质产品，它又是劳动创造的象征，是由劳动者的血汗所建成的精美产品，凝聚着劳动者的智慧、才干和力量。当然，封建统治者与劳动人民所获得的美感是不同的。封建统治者对故宫的美感主要体现了他们的意志，而劳动人民对故宫的美感则是看到了自己的创造和智慧。

人民大会堂是社会主义时代美的典型。它南北长 336 米，东西长 206 米，最高点 46.5 米。首先映入人们眼帘的是那一根根巨大的圆柱，还有坡度平缓且十分宽阔的三层台阶，整个建筑的基本色彩为给人以温暖的浅杏黄色调。人民大会堂又是进步的政治思想内容和完美的艺术形式的统一。见过人民大会堂的人们都能体会到它那种壮丽、开朗、严整、亲切的审美特点。

人民大会堂作为物质产品，直接体现了社会主义生活中的美。它又作为精神产品，充分体现了新中国人民当家做主的精神面貌，是对劳动群众自由创造的积极肯定，足以引起广大人民群众的自豪感和愉悦感。因此，人民大会堂成为极具时代美的典型。

---

① 车尔尼雪夫斯基《生活与美学》第 48 页。

(三)社会性

美不是主观的,而是客观的,不以审美者的主观意志为转移;美不是自然的,而是社会的,受人们的社会实践所规定和制约。美的客观性与美的社会性正是这样辩证地统一在一起。

美的社会性首先表现在它对社会生活的依赖。美来源于人类的社会实践,是一种社会现象。美虽然可以离开审美者的感受而独立存在,但不能离开人类社会。美只能对人而言,只能为人类而存在。

美的社会性也表现在它的社会功利性上。人类之所以需要美、追求美,就是因为它对自身有用。在人类的原始时期,美和实用就紧密结合在一起。也就是说,先有功利观念,然后才产生审美观念。处在狩猎时期的原始人,依靠动物生存和发展,因此,他们由喜爱动物进而欣赏动物,用艺术手段来赞美狩猎动物的劳动,诞生了原始的动物画和动物舞蹈。后来,随着社会的发展和人类活动领域的扩大,人们对美的追求也就不再局限于直接的物质实用性范围,更主要的表现在满足人们的精神需求上。也就是说,它的功利性主要表现在能丰富人们的精神生活,陶冶人们的情操,纯洁人们的心灵,培养人们高尚的品格。通俗地讲,主要在于社会精神文明。

人类社会生活的美,当然具有社会性;反映社会生活的艺术美,当然也具有社会性。不过,社会美的社会性和反映社会美的艺术美的社会性在性质和含义上是不同的。前者的社会性是物质生活的功利性,后者的社会性是精神生活的功利性。问题是,自然美是否有社会性?

自然美当然具有社会性,因为它也源于人类的社会实践。没有人类社会实践对自然的征服和改造,就没有自然之美。

"自然美的社会性基本上就是自然物本身的社会性……属于社会存在的范畴。"[①]所谓自然美的社会性在于自然的社会性,乃是自然物对人类社会生活、实践的物质功利性。自然经过人类社会实践的征服、改造,与人类社会生活发生了广泛的客观联系,便在人类社会生活中占有一定的客观社会地位,起着一定的社会作用,客观上成为人类生活必不可少的物质条件,这些便构成了自然或自然物的社会性。自然或自然物的属性因此而变成对人类生活实践有用、有利、有益的属性,才具有审美性质,成为审美属性。这种审美性质才是自然物之所以美的重要因素。例如,太阳之所以美,是因为它给人类以光明、温暖,对人类生活实践有用、有利、有益,它的天然光芒等自然属性具有审美性质,才成为美的。大地之所以美,是因为它给人类以生息繁衍的地方,哺育了人类,对人类生存和发展有用、有利、有益,依附于大地的山川、草木、田野,具有审美性质,才成为美的。至于有些自然物虽对人类社会生活实践不利或无益,也是美的,这多为形式美,而形式美的最初根源仍在于它的实践的物质功利性。自然只有纳入人类生活中,或者与人类生活有这样或那样的联系,才是美的;在人类社会生活之外的自然,并没有进入美的领域,也无所谓美的社会性了。

---

① 李泽厚《美学论集》第86页。

(四)可感性

美来源于人类的社会实践,又影响着人类的社会实践活动。具体的、形象的美诉诸人的情感,激励人、愉悦人。"美的事物在人心中所唤起的感觉,是类似我们当着亲爱的人面前时,洋溢于我们心中的那种愉悦。"[①]美的可感性是美本身固有的特点,它既不是单纯表现在内容上,也不是单纯表现在形式上,而是从内容和形式的统一中体现出来的。美的事物之所以感人,主要在于它的内容,在于它显示了人的本质力量,显示了人以自己的本质力量创造丰富多彩的生活。一个真正爱美并懂得什么是美的人,也必须是一个热爱生活的热衷于创造生活的人。一个人对周围的人和事物漠然视之,对生机勃勃的生活毫无兴趣,他也不会去追求什么美。所以,以感性形式显示出来的人的本质力量,是形成美的可感性的核心方面。这种美的可感性又是美的内容和美的形式的统一。每当我们看到迎风招展的五星红旗,便油然产生崇高的庄严感,一种无比强烈的中国人的自豪感。如果看到中国运动员争得冠军后,运动场上升起的那面五星红旗,令人感受到的情感更充分、更突出。那是因为五星红旗是成千上万的先烈用鲜血和生命换来的,它象征着自由、解放,代表着祖国的尊严和民族的团结。这是美的内容产生的感染力。当然,美的内容的感染力是通过具体的感性形式表现出来的,即通过美的色彩(庄严的红色)和美的图案(五星和五星所在的长方形)所显现的。美的内容和美的形式共同作用,并相互依存,互相统一,美的可感性才显露出来。离开了任何一方面,都会减弱或失去情感上打动人、感染人的力量。

美的内容和美的形式的统一便产生了美的可感性的形象。"形象不是形式,而是形式和内容的统一,形式中每一个点、线、色、形、音、韵,都表现着内容的意义、情感、价值。"[②]美的形象,一方面在于它内容的社会功利性,即有用、有利、有益于社会生活的实践,是对实践的肯定,是一种价值;另一方面在于它的质料和形式的结合规律性,如对称、均衡、比例、和谐等,两者统一构成了一个完整的形象,美的可感性就产生于美的形象之中了。

第二节 美的形态与美感

一、美的形态

现实世界万象纷呈,高山雄伟,大海壮丽;桃花艳丽,兰花清雅。有的人穿着朴素,有的人服饰华美;有的诗作秀美,有的文章雄奇……客观世界的美呈现着不同的形态。形态,是事物的状态或表现形式。美的形态,是美的事物的状态或表现形式。外在形式、特征不同,形成的基本特色也不同。外表形态各异,说明其内涵不同。美的形态,是人类在长期的审美活动和创造美的实践中,对美的总结归类,是对美的认识从感性到理性的升华。美的形态,是审美主体与审美客体的统一,是美的规律在美的对象上的实现,因而美的形

[①] 车尔尼雪夫斯基《生活与美学》第 6 页。
[②] 宗白华《美学散步》第 15 页。

态以其各自鲜明的特征激发审美主体的美感，产生巨大的美育作用。常见的美的形态有优美、崇高、悲剧和喜剧。

（一）优美

优美是美最常见的一种表现形态，故有"美即优美"的狭义理解。优美的基本特征是主体与客体的相对平衡、统一与和谐。优美的事物给人以温柔、甜蜜、幸福的愉悦感，因而它最易赢得众多不同阶层的人的喜爱与欣赏。同时，优美也对人们有着广泛的潜移默化的美育作用。

从内容上看，优美展示着美的形式的自由本质：合规律性与合目的性不是以一方压倒另一方而达到统一，而是交融无间，浑然一体，和谐统一。优美作为客体与主体在实践中经由矛盾对立达到统一、平衡、和谐的静态成果，其特征是明显的，容易被人们熟悉、掌握，符合人们长期的审美习惯，以造成感官感知的宁静和谐、情感上的平和愉悦。

世上优美的万事万物，其内容和表现形式都是统一的。例如，社会生活中的好人好事是优美的，不仅因为它体现了善的内容，更因为它带给人美感享受，还因为它有着行善的表现形式。再如，文艺作品中的优美对象，集中地表现了丰富的内容与完美的形式的和谐统一。《蓝色的多瑙河》所表现的畅快舒婉的优美心境与和谐的音韵、流转的节奏，这种内容与形式的完美统一，用声音描绘出一条充满了生命力并闪烁着神奇之光波的蓝色的多瑙河，从审美主体的脑际、心田优美地流过；达·芬奇的《蒙娜丽莎》，女性的温柔、善良、沉稳的气韵与表现这些内容的色彩、线条、明暗、构图等技巧，是那样尽善尽美；朱自清的《荷塘月色》一文，超脱现实，追求美好理想的内在情感与散文巧妙的结构形式、清新优美的语言形式珠联璧合。上述各例都说明优美对象的内容和表现形式二者是和谐统一的。

从形式上看，优美呈现着美的自由形式：合规律性与合目的性无痕迹的和谐统一的静态成果。一般来说，优美在感性形式上是比较娇巧、柔和、精致、轻盈、圆润、舒缓、曲折的。春风习习，杨柳依依，流水潺潺，芳草萋萋，都是优美的形态。现实对实践的肯定，以静态成果的形式，常表现出对称、均衡、比例、对比、调和、多样统一等形式美的规律。

（二）崇高

在审美过程中，只要我们稍微留意一下，就会发现几乎所有的审美对象都可以划分为两种迥然有不同美的类型。例如，在自然界中，明媚秀丽的桂林山水与气势磅礴的钱塘江大潮；风和日丽、鸟语花香与黑云翻滚、雷电交加。在社会生活中，美目流盼的女郎与金刚怒目的勇士；月色溶溶、柳丝依依的谈情说爱与刀光剑影、千军万马的拼搏厮杀。在艺术上，"大江东去，浪淘尽，千古风流人物"的豪迈与"采菊东篱下，悠然见南山"的闲适；《英雄交响曲》的激昂悲壮与《月光曲》的轻柔恬淡。一种是"杏花春雨江南"的美，一种是"骏马秋风冀北"的美。前者称为"优美"，后者称为"崇高"。优美与崇高是美的两种形态。如果说优美侧重于展示的是一种平衡、和谐、统一的形态，那么，崇高则主要呈现某一事物在现阶段相互冲突和对立的状态，并且在这一对立冲突中，显示出客体和主体相统一的历史必然性。前者是一种和谐、统一的静态美，后者则是一种在对立、冲突中趋向统一的动态美。

审美主体对于优美与崇高这两种不同形态的美的感受，也是截然不同的。优美令人心旷神怡，心境是单纯而平静的；而崇高所引起的却是一种严肃敬仰、奋发激昂的情绪。

在美学史上，很早就有人注意到了优美与崇高的区分。我国战国时期的思想家孟轲就已明确地提出了"充实之谓美，充实而有光辉之谓大"的命题。这里的"大"，与崇高的含义颇为相近。我国的文学理论家很早就提出了阳刚之美与阴柔之美的概念。在西方，古罗马的朗吉弩斯曾提出并研究了"崇高体"，他已经观察到宏大与精细之间的区别。近代的博克，已把优美与崇高严格地区别开来。康德则从哲学范畴深刻地揭示了崇高与优美的区别，从而真正确立了崇高在美学中的独特地位。

第一，崇高表现为数量和力量上的巨大，从而引起人们的惊讶和赞叹。比如，自然界中经常以突破形式美（如对称、均衡、调和、比例等）一般规律的粗犷状态——荒凉的风景、无限的星空、波涛汹涌的磅礴气势、雷电交加的惊人场面，以及直线、锐角、粗糙、巨大（与美的曲线、圆形、光滑、小巧恰恰相反）来构成崇高的特点。艺术上的崇高也同样具有数量上和力量上的巨大特征。比如，有些小说除了内容上与一种严重的社会冲突或人与自然的冲突联结在一起之外，在形式上也往往与宏伟的结构密切相关，所以，这种鸿篇巨制往往引起人们的慨然兴叹。锦州辽沈战役纪念馆有一幅令人震撼的全景画，反映了辽沈战役中攻打锦州的战斗场面。它之所以令人产生庄严雄伟、荡气回肠的感觉，显然与其巨大辉煌的结构分不开。当你走入全景画馆，你会被那天地相接、广阔的锦城大地上富于英雄气概的解放军战士的英姿所打动，为苍茫大地上亿万大军齐奋进的力量与壮阔所振奋。

第二，崇高性的对象，一般都具有艰苦斗争的烙印。在青铜器时代，许多青铜器上有着各式各样的饕餮纹饰。饕餮是一种兽面纹，呈现的是一种凶残、恐怖、威吓的形状，据说这种东西是"吃人"的。远古时代，人们把这一狰厉恐怖的形象饰于青铜器上，是对暴力和武力的一种夸耀（因为原始社会晚期，氏族部落相互吞并，大规模的战争是社会的主要内容）。它一方面是对别的氏族和部落威胁恐吓的符号，另一方面对本氏族和部落又具有保护的神力。所以，尽管它非常狰厉恐怖，但这种神秘恐怖正是与那无可阻挡的历史力量相结合，才具有巨大的美学魅力。

在社会生活中，先进力量的胜利，从来都不是轻而易举的，而是需要经过艰难曲折的斗争，付出巨大的代价。正是在这种斗争中，才显示了先进力量的巨大潜力和崇高精神。历史上的奴隶起义、农民起义、资产阶级革命以及民族解放斗争；都是新生力量团结起来反抗旧制度、反抗阶级压迫和民族压迫的极其严峻而艰巨的斗争，都需要英勇的牺牲精神，才能谱写历史上悲壮、崇高的篇章。

（三）悲剧

1. 悲剧的本质

文学巨著《红楼梦》在中国家喻户晓。那翠竹映垣、桃红绕廊的大观园，通过电视屏幕进入了亿万观众的心中。景美源于文美，文美源于情真，宝、黛二人忠贞不渝的爱情预示着封建时代晚期人文主义的曙光。然而，封建势力无法容忍这种叛逆行为，凭借他们特有的力量扼杀了人间最美好的感情。可怜的黛玉焚稿断痴情，连呼"宝玉！宝玉！你好……"不待有下语，便已气绝身亡。黛玉魂归仙境之时，正值宝玉娶亲之际，远处灯火阑珊，这里却只是竹梢风动，月影移墙，好不凄清冷淡。曹雪芹以其大手笔生动地描绘出了这副惨状，令人每读至此都会潸然泪下。相知、相爱如宝、黛，难成眷属；相离如宝、钗，反是鸳鸯。怎不令人顿生惋惜、悲慨之情。这种特殊的审美感受，究其产生的美学形态，就是悲剧。

为了便于阐述，首先要区分几组概念。

第一，作为美学形态之一的悲剧，不同于现实生活中的悲惨事件。在现实生活中，悲剧的含义很广泛，指各种悲惨的、哀痛的、不幸的事件和人物，可以具有完全不同的内容意义和情感态度。它只能使人采取特定的伦理态度和实践行为，不能成为审美对象。而美学意义上的悲剧，必须在本质上与崇高相通或类似——它不是仅表现出一种悲惨的事实和严重的哀伤，或采取一些伦理行为，而在于能化悲痛为力量，使人因而感奋、振作，向着预定的目标努力，从而引起一定的审美愉悦，这才是悲剧的美学本质所在。如果艺术品中的"悲"只引起人产生悲伤、失落的情绪，便不称其为悲剧。悲剧大多数都以正面人物悲惨、不幸的题材为内容，其实质并不在于是否如实描述这些现实，而在于能否把这些实际现象放在一定的距离之外，用审美的眼光去挖掘，从而创造出崇高，激发人的伦理精神，使之高尚。这就是美学意义上的"悲剧"与现实生活中的悲剧事件的根本区别。

第二，美学意义上的悲剧，不同于艺术创作中作为戏剧类型的悲剧。从深层意义上看，悲剧指的是一种悲剧性的矛盾冲突，又可称为"悲剧性"，具有审美价值的悲剧性现象，可以反映到各项艺术创作中去。反映这种矛盾冲突的戏剧、电影是悲剧，表现和描写这种矛盾冲突的雕塑、绘画、音乐、文学等，也可称为悲剧。可见，作为美学意义上的悲剧，其范围要比作为戏剧类型的悲剧更加广泛和深刻。

第三，悲剧不同于崇高。作为美的形态，二者十分相近。悲剧是崇高的集中形态，是一种崇高的美。其基本特征都表现为体积或力度上的超常，都以其宏大、壮观的形象使我们感到自己的无力和渺小。由崇高附带产生的恐怖，由此升华便是悲剧。悲剧正是如此，使人面对困难而唤醒人的价值感。由此可见，悲剧感是崇高的一种形式，但二者不能等同。悲剧感总是包含崇高感，崇高感并不一定是悲剧感。相对而言，悲剧中更多一点柔情，使我们心动，为它的毁灭而惋惜。崇高与怜悯是相对的，悲剧则将二者和谐地统一为一体了，在令人生畏又令人振奋的力量之外，更用怜悯来缓和恐怖。

马克思、恩格斯从辩证唯物主义和历史唯物主义出发，科学地研究了人类社会发展的规律，对悲剧的本质做出了"历史的必然要求与这个要求实际上不可能实现之间的悲剧性冲突"的深刻阐述。这便是悲剧的本质，表现为"将人生有价值的东西毁灭给人看"。

2. 悲剧的分类

艺术源于生活，高于生活，不能与生活脱节。从这个角度出发，悲剧可做如下分类。

（1）新生力量的悲剧。所谓新生力量，本身就是历史必然要求的感性形象。它的出现预示着旧事物的灭亡,因此引起旧事物的恐惧。为了延长自己的寿命,旧事物必然竭力扼杀新生力量,这便造成了新生事物的悲剧。从表面看,新生力量被否定,但实质上是以否定的方式肯定了人的实践活动。新生事物的灭亡,将给人以强烈的道德震撼和精神鼓舞,具有巨大的审美价值和教育意义。这是悲剧中的主要类型。

(2)旧事物、旧制度的悲剧。这又分两种情况:一种是旧制度与新生力量的冲突。旧制度只要存在,在特定的条件下便有其"合理性",也就有条件与新生力量发生冲突。但它所代表的毕竟是丧失了坚实基础的空框架,其坍塌只是早晚的事。此时,若它自身还怀有自信,只能让人感受到它的可悲,其灭亡给人带来悲剧感。这从另一个侧面证明了新生事物的力量,感受到历史规律的不可阻挡,具有一定的审美意义。另一种是旧事物、旧世界之间的冲突。同为旧世界的代表,出于种种原因,难免有各种矛盾。它们冲突的结果,不论哪一方的灭亡,都预示着整个旧世界的灭亡。

(3)"小人物"的悲剧。生活中毕竟还是平凡人多,从地位、立场上看,他们既不是旧制度的代表者,也算不上社会的新生力量。他们的悲剧,一方面源于社会的各种制度,另一方面源于他们自身的性格。鲁迅笔下的阿Q便是如此,他给人以深沉的悲悯、同情甚至激愤的强烈感受,产生出同样的悲剧美学效果。

(4)社会主义制度下的悲剧。悲剧存在于各种社会形态之中,社会主义制度下的悲剧,其冲突的一方往往是错误思想路线的执行者。由于种种偏差,决定了历史的必然要求与这种要求的阻力之间的矛盾依然存在。这种悲剧的美学意义在于,它能引起人们的震惊和深思,激发人们在感情的激荡和理性的探索中更好地认识和掌握客观规律,推动社会主义事业不断前进。

3. 悲剧的效果

悲剧作为一种审美对象,从本质上反映了社会的矛盾冲突。艺术反映生活的本质,使人受到教育和感染。作为反映现实生活的悲剧艺术,给人以怎样的审美感受,其审美效果如何呢?亚里士多德认为,悲剧能唤起"怜悯""恐惧"之情,使之得到"净化"。他认识到,悲剧的效果不只局限于感情的激动,不只局限于怜悯和恐惧的消极作用,而在悲剧的情感中突出地渗透着理性的因素,对伦理道德起着积极的作用。

从社会生活的角度去看,悲剧给人以更大的教育作用。首先,它使我们更明确地认识到生活道路上充满着矛盾和艰苦的斗争。实现伟大的理想,需要付出高昂的代价,包括生命。因此,悲剧人物的高尚情操,对欣赏者起着鼓舞斗志的作用。其次,它促使我们学习英雄人物在严峻的斗争实践中所表现出来的崇高品质和巨大的精神力量。正是动荡年代的尖锐斗争,磨炼了英雄的顽强意志,显示了坚忍不拔的精神。欣赏这样的悲剧,将给我们以心灵的震荡、精神的净化和意志的砥砺,更有助于我们心灵的成长。最后,它将激起我们对丑恶事物的憎恨。一方面,悲剧的本质在于以否定的方式肯定人的实践行动,在毁灭的形式中肯定有价值的东西;另一方面,是对丑的事物的深刻揭露,对有价值的美的事物的高度赞扬,也是对无价值的丑的事物的无情的鞭挞。

综上所述，悲剧的效果在于通过含有理性内容的"怜悯"和"恐惧"的心理功能，达到使人提高斗志、振奋精神、净化心灵的"净化"作用。悲剧对于每一位仔细品味其审美意味的人，都有巨大的教育作用。

（四）喜剧

1. 喜剧的实质和特征

喜剧的希腊文原意是"狂欢队伍之歌"，本来是指戏剧中的一种，其特征是嘲笑现实中反面的腐朽的东西，而从中肯定生活中的正面理想。喜剧产生于古希腊民间在欢庆酒神和喜神的节日里载歌载舞的欢乐演出。从美学的范畴严格地说，喜剧应称为"喜剧性"。它是用来说明和评价社会现象及人们的风尚、习俗、活动、行为的，正因为这些东西与社会发展的客观规律、先进的社会力量的审美理想完全地或部分地不适应，才引发人们用嘲笑的形式加以谴责。马克思说过，一切伟大的世界历史事变和人物都出现过两次：第一次是作为悲剧出现的，第二次是作为喜剧出现的。这句话的含义是，当人们符合历史的必然，为了新事物而与旧势力斗争时，他们虽然失败了，但其行为是壮美的，将激励后人奋进。随着时代的发展，原先人们所追求的新事物已经成为历史，如果这时有人硬要逆历史潮流而动，去机械地模仿历史的悲壮，那么，就成了喜剧的构成要素。所以，构成喜剧性的基础是违背历史必然性要求的主观意图和行动。这种主观意图和行动的特征是，在实践上已经显露出其内在的虚弱、丑恶而必然要被克服，这时，人们便可在审美上嘲笑它。这种丑不是悲剧那样，给人带来悲剧性的激昂，它留给人们的是轻松或愉快的嘲笑、幽默与讽刺，是美对丑的直接否定和揭露。马克思在《黑格尔法哲学批判》一书中，有一段话，对我们理解喜剧的实质很有帮助。他说："历史不断前进，经过许多阶段才把陈旧的生活形式送进坟墓。世界历史形式的最后一个阶段就是喜剧……历史为什么这样呢？这是为了人类能够愉快地与自己的过去诀别。"

2. 喜剧的表现形式

现实生活是丰富多彩的，这也决定了喜剧形式的多样性。喜剧性的形式，一般有滑稽、幽默、讽刺、怪诞等。

（1）滑稽

王朝闻在《美学概论》中指出："滑稽作为失去必然性存在根据的丑的对象，在内容上是空虚的，在形式上是歪曲的。因而，总带有荒谬背理的特征"。它能引起人们欢乐的情绪波动。西班牙小说家塞万提斯的小说《堂·吉诃德》中的主人公，因受荒谬的骑士传奇的影响，愚蠢地仿照欧洲中世纪的骑士，做出了许多荒唐可笑的事情。小说所反映的时代已是资本主义产生的前夜，而唐·吉诃德却按几百年前的旧骑士方式改造社会，其结果必然是喜剧。读者在嘲笑唐·吉诃德的滑稽行为的同时，会深深地体味到滑稽的内在含义。

（2）幽默

它是通过生活现象的局部性缺点，通过人们的性格、外貌和举止的某些可笑的特征表现出来的。我们在报纸杂志上常见的"幽默小品""幽默画"等即是。

（3）讽刺

讽刺是指以恶意嘲讽、公然嘲笑的形式揭露社会弊端或丑恶。这些弊端或丑恶，不仅仅是滑稽，更有其社会危害性。鲁迅先生的杂文和小说中，这方面的特点是非常鲜明的。

（4）怪诞

怪诞在喜剧性的表现形式中具有其独特性。它是揭露社会弊端的尖锐形式，其任务在于创造集中的、往往是夸大的社会恶行的形象，故意突出描绘一切坏现象。在讽刺和怪诞中，这些坏现象使人们认识到其危害性而加以嘲笑。因此，就怪诞这一表现形式而言，喜剧性和悲剧性常常是联系在一起的。美国当代短篇小说《……以后》在这方面有一定的代表性。作者亨利·斯莱萨用怪诞的手法在小说中描绘了一场核战争过后的情景。他没有直接描写核战争的恐怖，而是从侧面着手，写了博士、律师、商人和酋长的四个小故事。读者从荒诞可笑的故事中感受到核战争的阴森恐怖，并进一步思考人类的前途和命运。

在一定的历史条件下，喜剧本身会具有悲剧的因素，而悲剧本身也可以有喜剧的成分，因为二者在现实矛盾斗争中经常是交织在一起的。在鲁迅的小说《孔乙己》和《阿Q正传》中，孔乙己和阿Q是喜剧形象具有悲剧因素的代表。他们揭示了人们在日常生活中看惯了的表面上的喜剧性所包含的内在的"不合理"的"消磨于极平常的或者简直近于没有事情的悲剧者"。

3. 喜剧在生活和艺术中的呈现

生活中的喜剧是多种多样的，从引起温和微笑的现象到遭受严厉讽刺的事件，都具有喜剧色彩。例如，一个家庭里，家长在教育孩子方面急于求成，拔苗助长，使孩子得不到自然、健康的成长，在孩子身上呈现出不协调的现象。再如，受过高等教育的青年人，还迷信于"计算机算命"。这种时代发展与人头脑中固有观念的不一致、不和谐，便会造成喜剧性的效果。

艺术的喜剧，正是来源于丰富多彩的现实生活。喜剧性的描绘是一切种类艺术所固有的。创造直观形象的造型艺术，在此方面有着广泛的表现。讽刺画、漫画在其中占有显著的地位。讽刺画通过有意突出或夸大被描绘的对象（人或事）的明显特征，目的在于嘲笑它们。在艺术领域中，这样的讽刺画是常见的。它从社会的不同角度、不同层次，通过简洁的方式，伴随着观赏者的嘲笑与讽刺来揭示其内在的道理。漫画则是幽默性的讽刺画，即讽刺画的变种。它是把某人或某事的明显滑稽可笑的特征善意地加以夸大。著名的漫画《三毛流浪记》就是一个很好的例子。作者用夸张的笔调描绘了旧中国儿童的悲苦命运，读者从三毛那种滑稽可笑的外貌和行为背后，深深地感受到了旧社会儿童的境遇和对旧社会的强烈憎恨与否定。

此外，像滑稽戏、幽默戏剧小品和现今我国流行的电视小品以及传统的相声等，在喜剧性方面都有着丰富的表现，使人们在愉快的情绪中看清社会上旧的、丑的、不和谐的现象，并予以嘲笑和讽刺，从而进一步提高人们对美的认识。

4. 笑出人生真谛

笑是对喜剧性事物的一种最基本、最明显的反应，是人们情感的自然流露。笑，意味着喜剧性的矛盾或某种喜剧性缺陷被人看见了，并且在有了正确理解之后而作出的美的评价。对于笑的社会意义，德国剧作家莱辛在《汉堡剧评》中说得很恰当。他说："喜剧是要用笑而恰恰不是用嘲笑来改善一切；喜剧所要改善的并不是它所嘲笑的那些恶劣品行，更不单单是那些具有这种可笑的恶劣品行的人。喜剧真正普遍的功用就在于笑的本身，在于训练我们的才能，去发现滑稽可笑的事物。也就是说，在任何热情和风尚的掩盖之下，在任何更坏的或良好的品质的混杂之中，甚至在那表现严肃情感的皱纹之间都能迅速地很容易地发现滑稽可笑的事物。"

喜剧是反映社会偶然冲突的笑剧。俄国剧作家果戈理的剧本《钦差大臣》中的矛盾冲突，就是由偶然因素构成的。他以典型生动的形象、紧凑的情节、深刻犀利的讽刺，表现出了以官僚集团与人民大众的矛盾为基本社会冲突的社会喜剧。人们在嘲笑中真正体会到了果戈理现实主义喜剧的社会作用。这也正如赫尔岑说过的一样："笑是反对一切过时的旧事物的最强有力的武器之一"。

从生活到艺术，笑既充满了思想，又饱含着感情。它会帮助人们同注定要灭亡的、但妄图取得活下去权利的那种旧事物进行斗争。章知和说得好，中华民族从来不把笑当成单纯的滑稽，将喜剧视为"一切无害而荒唐之事的领域"，而是把笑当作力量的表现，认为笑是比哭、怒、骂更有力的情感表达，是凌驾于一切之上的强者。它以居高临下的气质，俯察整个社会生活，洞贯人类的全部感情。所以，从美学范畴的喜剧上讲笑，无论是嘲笑的笑、幽默的笑，还是赞美的笑，都会使人笑得"有味"，从中品尝到人生的真谛。

二、美感

（一）美感的内涵

"美感"一词，有广义和狭义两种不尽相同的理解。广义的美感包括审美意识活动的各个方面和各种表现形态，如审美感受、审美趣味、审美体验、审美情感、审美理想等；狭义的美感则专指审美感受，即人们接触到美的对象时内心所产生的具体感觉和体会。由于审美感受是其他审美意识得以形成的基础，因此，我们对美感的研究，以狭义的美感——审美感受为核心。

美感是美的反映，是形式美、自然美、社会美、技术美、艺术美作用于人的感觉器官，使人产生的一种愉悦的情感。茅盾先生有一段话："看到某些自然物或人造的艺术品，我们往往要发生一种情绪上的激动，也许是愉快兴奋，也许是悲哀激昂，不管是前者，还是后者，总之，我们是被感动了。这样的情感上的激动（对艺术品或自然物），叫作欣赏，也就是说，我们对所看到的事物起了美感。"这是指具体的审美主体——特定具体的一个人或一些人，与具体的某一审美对象，如看了一部电影，听了一支歌，即在特定的审美情境中，在自己的内心体验上，在自己的感情上产生了强烈的反应效果，在精神上得到了满足和享受,怡情悦性,受到陶冶,潜移默化,理智也得到启示顿悟。

人在产生美感时,也可能伴随生理上的快感,但美感与生理上的快感不同,它们之间最主要的区别是有无认识判断。快感是生理机体的舒适感觉,如冷时加件衣服感觉暖和。快感不需要思想认识,它凭机体的本能反应;而美感必须有判断。由于审美对象的信息刺激,以及过去的生活体验、知识积累的调动,人的头脑中产生了组合新形象的创造性想象活动,并伴随着具有先前理性认识基础的情感体验,使人在生理、心理上产生一种愉悦之感。所以,美感与快感是具有本质区别的,不能混淆。

(二)美感产生的基础与条件

1. 客观上存在美的事物是美感产生的基础

美感是人类所独具的一种高级意识、高级情感。当美的对象吸引人、打动人,使欣赏者赏心悦目、情感激荡,这就是我们所说的美感心理状态。作为人类高级心理形态的美感,与人类的其他感觉在一点上是相同的,即不能脱离对具体对象的直接感受。喜剧令人捧腹发笑,悲剧催人泪下,昂扬的劳动号子使人振奋,微风轻轻吹拂让人陶醉……这一切都说明了美感的具体内涵,不能不受到人们面临的美的对象的规定。也就是说,客观存在的美的事物是产生美感的基础。如果根本不存在美的事物,那么人就不可能产生美感,否则就是主观唯心论。世界上即使存在某一美的事物,但是,如果人在社会实践中从来没发现过,当然也不会产生对那种事物的美感。

2. 美感产生的主观条件

如果现实生活中确实存在那种美的事物,是不是对所有人来说都能产生相同的美感呢?并非如此。正如马克思所说,对于不辨音律的耳朵,再美的音乐也会无济于事。所以,美感的产生很大程度上取决于人的主观条件。那么,要想获得美感,在主观方面要具备哪些条件呢?

首先,要有健全的审美感官。人的感官是美的世界向美感过渡的"窗口"。松涛、流水、鸟鸣、鸡啼……无一不是通过人的耳朵听到之后,才诱出审美愉悦的;白云、彩霞、山峦、湖泊、北国风光、南国春色……也无一不是通过人的眼睛真真切切地获得审美感受的。所以,俄国美学家车尔尼雪夫斯基说:"美感是和听觉、视觉不可分离地结合在一起的。"诗人杜甫看到了花团锦簇、蝴蝶戏舞,听到了莺啼百啭,会立刻在头脑中形成一幅美妙的图画,于是"黄四娘家花满蹊,千朵万朵压枝低,留连戏蝶时时舞,自在娇莺恰恰啼"的诗句就形成了。试想,如果诗人从小目失明、耳失聪,什么也看不见、听不见,那他就不会产生那种美感;唯有用听觉去感受声音美,用视觉去感受景色美,才能赏心悦目,引起人精神上的美感。由此可见,人的感官,尤其是人的眼睛和耳朵,是获得美感的先决条件,没有审美感官是不可能产生美感的。我们每个感官健全的人,都有条件去感受、领略现实生活中那无限多的美的事物,从中得到各种各样的美的享受。但是,有健全的感官,这只是获得美感的先决条件,能否真正获得更多更深的审美享受,还要看其他条件。

其次，要有必要的审美修养。美感是建立在每个人的修养基础之上的，修养的差异影响着美感的深浅。人的审美修养与人的知识储备、文化水平、生活阅历、道德修养等因素有直接的关系。一个人的文化水平愈高，生活经验愈丰富，道德修养愈高，那么，他的审美修养就会愈高。通常来说，诗人、画家、音乐家的审美修养比一般人高，他们对美的事物的感受就比一般人灵敏得多、深刻得多。欣赏美的对象，特别是要领悟它的深层内涵，需要具备同具体的审美对象相匹配的历史文化知识。若欣赏绘画作品，你就要有绘画方面的修养；若欣赏音乐，你就要有"音乐的耳朵"，有乐感。你不了解欧洲芭蕾舞或我国京剧特有的语汇和程式，对芭蕾舞和京剧的欣赏就难免如雾里看花。庐山是中国名山之一，风景秀丽，闻名天下，同游的人感受却不尽相同——有的人越看越爱看，流连忘返，觉得其中妙趣无穷，大有不虚此行之感；有的人走马观花，一无所获，后悔此行劳民伤财。为什么同样的美丽风光使不同的人有不同的感受呢？原因是多方面的，其中最主要的是个人修养不一样。总之，审美感受能力同个人的文化素养，特别是与审美对象所涉及的知识是密切相关的。

再次，要有良好的审美心境。人是否对来自客观的刺激作出反应，与自身主观的心境有密切的关系。所谓心境，指在较长时间内影响人的行为的比较持久的情绪状态。对同样一个审美对象，由于心境不同，产生的美感也有很大的差异。《淮南子·齐俗训》说："夫载哀者闻歌声而泣，载乐者见哭者而笑。哀可乐者，笑可哀者，载使然也。"这说明一个人心境好坏，直接影响人们对客观环境作出的反应。我们会有这样一种体验，当心境好时，则登山情满于山，观海意溢于海；而心境不好时，眼前之景再美也显得黯然失色，变得"登山山无景，观海海无情"。总之，一个人要获得美感，就需要具有与审美活动相适应的心理状态——心境。

最后，还要有进步的审美观念、审美标准和审美理想。凡是美的东西，都符合人类不断发展、不断前进的要求，体现了人类不断进步的倾向性。我们通过审美活动形成进步、健康的审美观念、审美标准和审美理想，因而也能够判断出什么样的东西有益于人民的心灵，是美的；什么样的东西有害于人民的心灵，是丑的。相反，格调庸俗的东西只能使人形成不健康的审美理想和审美标准，具有不健康、低俗的审美理想和审美标准的人也无法接受真正的美。封建道学家是无法接受人体艺术的，因为他们认为人体的裸露只能引起罪恶的欲念。

（三）美感的特征

1. 直觉与理智的结合

在审美实践活动中，人们普遍可以体会到美感的直觉性特点。一方面，是感受的直接性和直观性。也就是说，要感受具体对象的美，就必须让自己的感官直接同对象接触，而不能依赖他人的抽象概括或介绍说明。你要领略一件艺术品、一处胜景的美，必须亲自去感受，去品味才行。另一方面，美感的产生一般并不经过理性的分析与判断，而是在接触美的对象的一刹那立即获得的。人们在审美活动中往往有这样的体会：当一处绝美的自然景观映入你的眼帘时，你会不假思索地赞美它，却又不能一下子说出它为什么美。生活中尽管大多数人难以回答"美是什么",但只要面对具体的美的对象,就能产生美的感受。

美感的这种直觉性特点,使历史上不少美学家完全否认美感有理智因素存在,他们以为美感的对象只是"那事物的形象或意象"的本身,同其他一切均无关系。因此,美感必须把有关这个事物的"联想和意义一齐忘去",使它只剩下一个赤裸裸的孤立绝缘的形象存在那里,看梅花就是梅花,看山峰就是山峰,不能想到其他的方面。其实,这种看法离人们审美实践的经验相去甚远。陈毅元帅见到"大雪压青松"的景色,如果什么都"一齐忘去"了,心中只有"赤裸裸的孤立绝缘"的青松披雪存在那里,就不能创造出"大雪压青松,青松挺且直。要知松高洁,待到雪化时"这首将青松的雄伟美和革命者的崇高美融为一体、寓意深刻的诗篇。我们知道,这样的例子多得很。因此,美感虽然保留着直觉的形态,却与心理学所说的作为人的认知起点的直觉不同。人的认识从直觉对象开始,这种初级形态的直觉(如初生婴儿第一次睁眼看世界的那种感觉),自然仅仅是关于某一对象的片面的、局部的、朦胧的感知,不含任何理性成分,而作为高级心理活动的美感,其直觉形态却同人的丰富的实践经验、审美经验紧紧联系在一起,蕴涵着明显的理性因素,是毛泽东同志在《实践论》里所说的那种基于理解而形成的更深刻的感觉。

所以,美感的第一显著特点,就表现在既是直觉的又是理智的,是二者的有机统一。

2. 愉悦与功利的结合

美感是一种快感,可以使人产生愉悦之情,这一点大概没有什么人会产生怀疑。在生活中,人们对某些事物的认识往往与自己的切身利益发生关系,产生一种感情因素,才能感到它美或不美。例如,当人们处在严寒的冬季,看到太阳就感到很美,因为它能给人们带来温暖,而当人们处在炎热的盛夏,"赤日炎炎似火烧"时,就感到太阳不美了。人们在动物园里观赏老虎,感到它们美,如果在森林里突然遇到一只老虎,恐怕逃命都来不及了,哪里还顾得上它美不美呢?古人用虎牙、虎骨作装饰品,用虎皮做衣服,不只是用来装饰、取暖,而且还是一种机智勇敢的象征。在动物园中看老虎,不只是因为老虎的皮毛、尾巴、爪牙好看,而且还含有一种自豪感:如此凶猛的老虎也乖乖地当了俘虏。

如上所述,都是个人情感体验中的美感功利性的具体表现。鲁迅说:"倘如不包含着功利,那事物就不见得美了。"普列汉诺夫也指出:"审美的享受的主要特点是它的直接性。但是,功利毕竟是存在的;它毕竟是审美享受的基础(这里所说的不是个别的人,而是社会的人)。如果没有它,对象看起来就是不会美的。"这无不说明美感的社会功利性是和它的愉悦性结合在一起的,二者的结合就构成了美感的第二个特征。

3. 主观与客观的结合

同人类的其他感觉相比,美感的主观差异性更为突出。一个时代、一个民族、一些人认为美的,另一个时代、另一个民族、另一些人则可能认为不美,甚至简直把它当作丑。民国初年,"剪辫子"的行动曾使一些习惯于清代发式的人如丧考妣、痛哭流涕,就是很好的例子。同样看《红楼梦》,有人看到的是人生的渺茫和苦恼,有人看到的是爱情的缠绵,有人看到的却是对封建制度的深刻揭露。这种感受的不同，与他们的生活经验、思想情感、文化素养等主观因素有直接关系。审美感受的主观差异在审美活动中是普遍存在的，因而西方有这样的谚语："有一千个观众，就有一千个哈姆雷特。"

当然，如果只看到或者只承认美的主观差异性，进而主张"说到（审美）趣味无争辩"，否认美感的客观共同性，那就走向了另一个极端，背离了人们的审美实践。美感的根本特点之一，恰恰在于主观与客观、差异性与共同性的辩证统一。在观赏莎士比亚的著名悲剧《哈姆雷特》时，尽管有多少观众就有多少种对主人公哈姆雷特的理解，但是，这种差异毕竟是在哈姆雷特这个特定人物、特定性格的基础上产生的，因此，有许多共同之处。差异再大也不至于把这个丹麦王子当作李尔王、奥赛罗或其他别的什么人。

美感的客观共同性，既同美的共同本质、美的具体形象的特定内涵相联系，又是同审美主体（欣赏者、创造者）所处的时代、民族、阶级等方面的共同性分不开的。相同时代、相同民族、相同阶级的人，在审美活动中的感受往往具有更多的共同性，道理就在这里。

（四）美感发生的具体过程

审美活动虽然是在刹那间完成的，但也有一个完整的过程。正确地了解、把握这个过程，对于科学分析美感的形成是十分关键的，因为审美活动的过程也是美感的发生过程。

1. 感知

感觉是人的感官对事物个别属性的反映，知觉是在感觉的基础上对客体对象外在属性的完整综合反映。感知是感觉和知觉的总称，它是指具有审美价值的客体对象直接作用于人的感官，是审美主体对客体对象个别属性的反映，也是审美活动的起点。

从心理学角度分析，感知是美感的门户。自然美、社会美、艺术美都是以其生动可感的形象引起人们的美感，而人们审美感受的产生是通过感知来实现的。例如，对竹子的感知，对歌声的感知。如果没有视觉对竹子的感知，就不会产生对竹子的审美感知。如果没有听觉对歌声的感知，就不会产生对歌声的审美感知。只有通过感知，主体把握了对象的感性特征，才能引起美感。美感中一些更高级的因素都是在通过感知所获得的感性材料基础上产生的。

从生理学角度分析，感知的门户是各个感觉器官。例如，意大利中世纪神学家托马斯·阿奎那认为，与美关系最密切的感官是视觉和听觉。黑格尔认为，艺术的感性事物主要涉及视、听两个认识性感觉，至于嗅觉、味觉和触觉则完全与艺术欣赏无关。

审美感知具有以下特点：

（1）选择性

在审美过程中，或因审美对象各个属性作用的不同，或因主体的心境、兴趣、动机、需要、经验的不同，人们往往专注于对象某些突出的方面，而抑制对其他属性的反应。

（2）整体性

在审美活动中，审美感知的选择性并不是对审美对象的肢解，而是以对审美对象整体性把握为前提的。普列汉诺夫是俄国最早的马克思主义者之一，他在美学理论中强调了审美感知的整体性。普列汉诺夫认为,审美体验不是对审美对象的孤立元素的感知,而是一种对整体的、有机的、内在联系的把握。例如,他在分析一幅画作时,不是单纯地关注色彩或线条,而是将这些元素视为构成整体美感的一部分。这种整体性的审美感知,使观者能够在欣赏艺术作品时,体验到作品作为一个整体所传达的情感和意义。

例如,泰山的日出。泰山作为中国五岳之首,以其雄伟的山势和壮观的日出而闻名。在审美泰山日出时,观者可能会被初升的太阳、金色的阳光、山巅的轮廓等元素吸引。尽管泰山的自然景观包含了无数的细节,但观者的审美感知往往集中在日出这一特定的时刻。这种选择性是基于对泰山整体美的把握,以及日出作为泰山标志性景观的认知。

再如,华山的青松。华山以险峻著称,而其青松则以其顽强的生命力和独特的形态成为华山的一个标志性元素。在审美华山时,观者可能会特别关注那些生长在险要位置的青松,它们不仅代表了华山的自然美,也象征着坚韧不拔的精神。这种对青松的选择性审美,是在对华山整体景观的感知基础上进行的,它体现了观者对华山整体美的认识和对青松这一细节的特别偏好。

(3)整体性和选择性是密切相关的

整体性和选择性在审美感知中是相互关联的。整体性提供了一个全面的审美背景,从而选择性则在这个背景下突出了某些特定的元素。没有整体性的背景,选择性的关注可能会失去意义;而没有选择性的聚焦,整体性也可能显得平淡无奇。

2. 想象

所谓想象,是指人脑对原有的感知形象进行加工、改造、整理,而构成新的形象的心理过程。这其中渗透了主体的情感,带有不同程度的创造性。自古以来,许多哲人学者都高度评价想象。马克思说:"想象为人类的高级属性。"物理学家爱因斯坦说过:"想象力比知识更重要,因为知识是有限的,而想象力概括着世界上的一切,推动着社会的进步并且是知识进化的源泉。所以,想象对于人类来说是很重要的。"

审美想象是在审美知觉的基础上产生的,大致可分为三种:再造性想象、创造性想象和联想。

(1)再造性想象

再造性想象指的是主体在经验记忆的基础上,把自己知觉过的真实事物及别人提供的形象进行种种组合,再造出一种客观事物的表象。

(2)创造性想象

创造性想象是指通过对许多记忆中保存的形象进行剖析、综合,从而创造出一种从未有过的新颖、独特、奇特形象的心理过程。

(3)联想

联想是一种回忆形式,是以记忆表象为基础的心理活动。它指的是审美主体在感知眼前的客体对象时,于客体对象上看到与自己以往有关的审美经验,从而唤起类似的记忆表象。

常见的联想形式可分为接近联想、类比联想和对比联想。

①接近联想

接近联想是由一事物或现象想到在空间上或时间上相接近的另一事物或现象,从而引起相应的情绪反应。

例如,陆游的《沈园》:

城上斜阳画角哀,沈园非复旧池台,
伤心桥下春波绿,曾是惊鸿照影来。

再如,唐代诗人崔护的《题都城南庄》:

去年今日此门中,人面桃花相映红。
人面不知何处去,桃花依旧笑春风。

②类比联想

类比联想是由一事物或现象想起在性质上或形态上相近或类似的另一事物或现象。艺术创作中广为运用的比喻、象征手法,其心理基础就是类比联想。

例如,南唐国君李煜的"问君能有几多愁?恰似一江春水向东流",就是以水来比喻愁,像一江春水一样无穷无尽。

再如,郑板桥的《竹石》就是通过描绘屹立在岩石中的翠竹,来表现人的坚韧不拔的精神。

咬定青山不放松,立根原在破岩中。
千磨万击还坚劲,任尔东西南北风。

③对比联想

由一事物或现象引起和它具有相反特点的事物或现象的回忆。

例如,孟浩然的《春晓》:

春眠不觉晓,处处闻啼鸟。
夜来风雨声,花落知多少。

3. 情感

情感是审美心理中最重要、最活跃的因素,它广泛地渗透到其他心理因素,使整个审美活动都浸染着感情色彩。同时,情感也是触发其他心理因素的诱因,对推动它们的发展起着动力作用。

(1)审美情感在艺术创作中的作用

审美情感在艺术创作中的作用是多方面的,它不仅能够激发艺术家的创作灵感,而且能深化作品的内涵,增强艺术表现力。例如,俄国作家冈察洛夫认为,写作不仅是文字的排列组合,更是一种情感的表达。在他的创作过程中,审美情感起到了至关重要的作用。他通过自己的审美体验,将内心的情感转化为文字,创作出了《奥勃洛莫夫》这样的经典作品。在这部作品中,冈察洛夫通过对主人公奥勃洛莫夫的心理描写,展现了一个懒惰、消极但又充满人性光辉的形象,这种深刻的人物刻画正是源于他对人物内心世界的审美体验。

巴金是中国现代文学的巨匠，他在创作《家》这部小说时，也充分运用了自己的审美情感。《家》讲述了一个封建家庭的衰落和青年一代的觉醒。巴金通过对家庭成员之间复杂情感的描绘，展现了封建社会的残酷和青年一代的抗争。巴金在创作这部作品时，将自己的审美情感融入对人物性格的刻画和对故事情节的安排中，使《家》不仅是一部反映社会现实的文学作品，更是一部充满情感力量的艺术作品。

（2）审美情感在美的欣赏中的作用

审美情感在美的欣赏中扮演着核心角色，它不仅影响着个人对美的感知和理解，而且深刻地影响着人们的情感体验和精神世界。例如，唐代诗人杜甫的《春望》中，"感时花溅泪，恨别鸟惊心"这两句，深刻地体现了审美情感在美的欣赏中的重要作用。这两句诗通过拟人化的手法，将诗人的情感与自然景物紧密相连，使观者在欣赏自然之美的同时，也能体会到诗人深沉的情感。审美情感的共鸣和转移，让观者的情感与诗人的情感产生共振，从而深化了审美体验。同时，这两句诗也展现了审美与道德的结合，通过审美情感的表达，传递了诗人对国家和人民的深切关怀，提升了作品的道德价值。此外，审美情感还具有净化和升华情感的作用，通过诗句，观者的情感得到了净化和升华，情感境界得到了提升。总之，审美情感是美的欣赏中不可或缺的一部分，它丰富了审美体验，提升了情感境界，促进了道德思考，展现了审美与历史的深度融合。

（3）审美情感的特点

审美情感是艺术和自然美欣赏中不可或缺的心理活动，它具有独特的特点，这些特点体现了情感与形式、理性的密切联系。

①情离不开形

审美情感与形式紧密相连，形式是情感表达的载体。在艺术创作和自然美的欣赏中，形式美是激发审美情感的重要因素。艺术家通过线条、色彩、节奏等形式元素，塑造出能够引发情感共鸣的艺术形象。例如，一幅画的构图、一部电影的镜头运用、一首音乐的旋律，都能直接触动人的情感，激发出深层的审美体验。没有恰当的形式，情感的表达就会显得空洞无力。审美情感的这一特点要求艺术家在创作时必须注重形式的选择和运用，以形式之美来传达情感之深。

②情离不开理

审美情感虽然源于情感体验，但它并非完全脱离理性的纯粹感性。相反，情感的表达和体验往往建立在对事物理性认识的基础上。在审美过程中，观者通过对艺术作品或自然景观的观察、分析和理解，形成对美的认识和评价，这种认识和评价又反过来加深了情感体验。例如，对一幅画作的构图、色彩、主题的深入理解，可以增强观者的情感共鸣；对一首诗的意境、象征、隐喻的洞察，可以提升诗歌的感染力。审美情感的这一特点说明，情感与理性在审美体验中是相辅相成的，理性的认识为情感的深化提供了基础。

审美情感的这两个特点共同构成了审美体验的丰富性和深度。情与形、情与理的结合，使审美情感成为一种复杂而微妙的心理活动，它不仅涉及感官的愉悦，还包括情感的触动和理性的思考。这种情感体验是艺术创作和自然美欣赏中最核心的部分，也是审美活动最吸引人的地方。通过审美情感的培养和提升，人们可以更深刻地感受和理解美，从而获得更丰富、更有意义的生活体验。

4. 领悟

领悟是指在审美活动中，主体以感性直觉的方式对客体意蕴作出的直接的、整体的把握和领会。它是审美活动的理性因素，渗透在知觉和想象的整个过程中。领悟作为审美心理中的理性因素，始终与具体的感性形象融为一体，诚如钱锺书在《谈艺录》中所说，"理之在诗，如水中盐、花中蜜，体匿性存，无痕有味，现相无相，立说无说"。渗透在审美知觉中的领悟是比较表层的，它是一种无须逻辑推理的方式，是无须任何中介，单凭以往的经验就能在瞬间完成的认知方式。领悟是主体对对象的声音、色彩、形态、结构、风格和直接显露的意蕴的把握。比如，我们在读温庭筠的《商山早行》中"鸡声茅店月，人迹板桥霜"两句时，感受到了那清晨的鸡啼、月色朦胧中的竹篱茅舍，那覆盖着白霜被人踏行的木桥的意象。从这些意象中，我们便把握到了诗人赋予这首诗的直接意蕴（表层意蕴），即一个旅行者的辛苦与艰难。而渗透在审美想象中的领悟则是对对象深层意蕴的把握，而且更多地受到主体的主观因素的影响。顾恺之认为，画动物、山水和人物时，都要迁想妙得。也就是说，凡画有生命、有意蕴的东西，都必须有一种想象的领悟，而这种想象是以艺术家自己的生命去深入、融化到对象的生命之中，使想象化为在对象生命中的神游。如此可获得对象的神韵，亦是"妙得"。比如，苏东坡的《书晁补之所藏与可画竹》三首之一，"其身与竹化"正是迁想的至境，而"无穷出清新"则是"迁想"后的妙得；陆机"心游万仞"之神游，刘勰"思接千载""视通万里"之妙得，如此超然忘我抑或移情发感之"兴界"，不正是想象领悟之最高境界——物我同一之境吗？此时的主体生命已与整个大自然的宇宙节律"道通为一"了。像杜甫的诗："无边落木萧萧下，不尽长江滚滚来。"此刻再来重读温庭筠的《商山早行》，边读边让自己的心灵、情思在诗境中神思、畅游一番，你会发现诗人在为我们描绘一幅从有声（鸡声）到无声（月），从小（人迹）到大（霜），从个体人（主人公之迹）到整个人类（人迹）的壮丽画卷，从而体悟到诗的深层意蕴——天地宇宙之无限，个体人生之短暂，从而进入中国古典美学中的"言外之意""弦外之音""无形之象"之艺术最高境界——"天人合一"之艺术妙境。这里我们还应当注意的是，当主体进入"道通为一""物我合一""心游万仞"的迁想时，一定要将不同于"实用"状态的"虚幻"状态区分开。换言之，就是把日常生活中的事件、情节和感情与审美态度中或艺术中的事件、情节、感情相区分。若"虚""实"不分，把艺术中的恶霸地主黄世仁看成生活中真实的恶霸地主，甚至要开枪打死他，那就不是以审美的眼光来欣赏艺术了，亦不是正确的审美态度。只有领悟到这"虚"的内涵，领悟到艺术与生活的辩证关系，才能在知觉基础上借想象的翅膀飞向超然忘我之艺术的妙境，体悟移情兴发之通达，方能在艺术的真、善、美之境界中，真正获得审美之快感。

第三节　美育的任务与作用

一、美学

美学是研究美、美感、美的鉴赏与创造的科学（或审美教育的科学）。在这个体系中，美是基础，美感是中介，审美教育或美的鉴赏与创造是最终目的和归宿。

美是整个研究的基石。美的定义是多维的，它可以是自然界的和谐，可以是艺术作品的精致，也可以是社会行为的高尚。美的存在，为人们提供了一种超越日常经验的愉悦感和心灵上的满足感。

美感作为中介，是连接美与个体的桥梁。它涉及个体对美的感知、体验和评价。美感的培养是一个复杂的过程，它要求个体具备一定的文化素养、审美能力和情感投入。通过不断的学习和实践，个体能够更加敏锐地捕捉到美的存在，并在美的体验中获得精神上的滋养。

审美教育或美的鉴赏与创造是美学研究的最终目的和归宿。审美教育不仅包括艺术教育，还涉及对美的全面理解和欣赏能力的培养。它旨在帮助人们认识美、感受美、创造美，从而提升个人的审美素养，丰富社会的精神文化生活。同时，美的鉴赏与创造也是个体表达自我、实现自我价值的重要途径。通过艺术创作和审美实践，人们能够展现自己的个性和才华，为社会贡献独特的文化财富。

总之，美学作为一门科学，它所追求的不仅仅是理论上的探讨，更是实践上的实现。它鼓励人们在美的探索中不断前行，通过审美教育和美的创造，实现个人与社会的和谐发展。

二、美育的性质及作用

（一）什么是美育

美育，亦称为审美教育或美感教育，是教育领域中一个独特而重要的分支。它以美学的基础知识和审美现象的普遍规律为基石，旨在通过教育的方式，提升个体对美的感知、鉴赏和创造能力。美育不仅是艺术教育的范畴，它更广泛地包含了审美教育，是一种更为全面和深入的教育实践。

广义上的美育，是指通过各种教育手段，培养个体的审美意识和审美能力，使之能够欣赏和理解社会、自然和艺术中的美。狭义上的美育，则更侧重于艺术教育，通过音乐、绘画、舞蹈、戏剧等艺术形式，激发和培养个体的艺术感受力和创造力。

在正确的审美观念指导下，美育通过审美活动的实践，不仅能够提升个体的审美能力，而且能通过情感活动的体验净化情感、陶冶情操、提升精神境界。这种广义的美育，是我们通常所指的美育，涵盖了从艺术欣赏到情感体验的各个方面。

（二）美育思想的产生和发展

美育思想的产生和发展，是一个跨越时空的历程。虽然美育作为一门独立的学科是在近现代才开始形成的，但人类的美育思想和实践活动却有着悠久的历史，几乎与人类文明同步发展。

中国古代非常重视美育。春秋时期的孔子，作为伟大的教育家，他总结了前人的政治、教育和美学思想，形成了以"六艺"为核心的教育体系。"六艺"包括礼、乐、射、御、书、数，涵盖了道德规范、艺术、体育、书法和数学等多个方面。孔子认为，礼和乐是治理国家不可或缺的两个方面，它们相辅相成，共同作用于社会和人心。

中国近代的美育思想是在西方文明的直接影响下发展起来的。清末学者王国维首次提出将美育与德育、智育并列，他在《论教育之宗旨》中指出，一个完整的人格需要具备真、善、美三德，教育也应该包括德、智、美三个方面。五四运动后，蔡元培先生作为中国近代美育体系的主要创建者，首次将美育列入国家教育方针，提出"以美育代宗教说"，从历史的角度论证了宗教的局限性，并指出美育取代宗教是历史的必然。蔡元培不仅在理论上对美育进行了全面、系统的探讨，还积极地将理论付诸实践，开办艺术学校，进行讲课等。

西方的美育思想同样丰富。古希腊的柏拉图和亚里士多德，作为唯心主义哲学的代表人物，都强调了诗和音乐在教育中的重要性，尤其是对儿童的教育。亚里士多德更是被誉为"欧洲美学思想的奠基人"，他认为美育的目的和功用在于教育、净化和精神享受。

无论是东方还是西方，在古代的教育体系中，都包含了美育思想和美育实践，只是当时还没有明确的"美育"概念，对美育的认识还没有上升到系统的理论层面。

（三）美育的特点

1. 寓教于乐

周恩来总理曾经说过："群众看戏、看电影，是要从中得到娱乐和休息。你通过典型化的形象表演，教育寓于其中，寓于娱乐之中。"因为美育是一种建立在个人兴趣基础上的教育，它不靠强迫命令，而是靠美本身的魅力来吸引人，在自由自在的、轻松愉快的娱乐中接受教育。当然，娱乐也有高尚与卑下之别，学校美育要自觉抵制有害于人的身心健康和有害于社会的娱乐。

2. 直观形象

各种美，一般都有形象，形象越鲜明具体，越能激发人的美感，美育要从直观进入美的世界。因此，在美育过程中，务必选择一些健康的、符合学生心理需求的、形象鲜明具体的审美对象，引导学生正确地理解和感受所展示的每一个审美对象，以唤起强烈的美感，美化心灵，陶冶情操。

3. 潜移默化

美育不宣讲目的，却能够净化人的心灵，陶冶人的情操，如烟熏水浸，达到水滴石穿的功效。美育正是通过这种对人的影响，使人的情感发生渐变，在不知不觉中得到教益，像春风化雨，润物无声。人们经过长期的美育熏陶，会形成一种较为完美的心理结构。

4. 意蕴深远

美的对象包含着深刻的意蕴，特别是优秀的艺术作品，更是真、善、美的统一。因为审美形象与一般形象不同，它深深地在人们心中打下烙印，长久地留在人们心中，给人以启迪，产生感化人的强大力量，甚至对人的一生都有着重要的作用。比如，牛虻这一艺术形象，对保尔·柯察金的影响就特别深远。

（四）美育的作用

美育的作用可以概括为三点：以美启真，以美储善，以美怡情。

1. 以美启真：美育能给人们的积极探索创造一种情感的推动力

列宁说："没有人的感情，就从来没有也不可能有对于真理的追求。"人们为了发现美、追求美，就要开动脑筋，去探索丰富多彩的客观事物。通过美育，可以启迪人的智慧，激发人们追求真理的热情，这就是以美启真。

2. 以美储善：美育对德育具有辅助和强化作用

任何道德条款和规范，只有当它深入人心并成为人们的信仰和要求之后，才能从内心情感上愿意这样做。正如著名教育家苏霍姆林斯基所说："美是一种心灵的体操——它使我们精神正直，良心纯洁，情感和信念端正。"通过美育，我们可以培养人们高尚的道德情操和完善的人格，使人避恶趋善。这就是以美储善。

3. 以美怡情：美育能愉悦人的精神，净化人的心灵

当人愁闷时，去欣赏一下优美的山川景色，苦闷就会烟消云散。我们在紧张的学习和工作之余，唱一支歌，看一幅画，就能激起愉悦的情感，身心得以放松。美育可以净化人的精神境界，使人的生活更充实、更有意义。学校把美育同"五讲四美三热爱"活动相结合，可以使青年学生的身心在这些美的实践中得到生动活泼的发展，进而达到净化心灵的目的。这就是以美怡情。

（五）美育的任务

1. 培养和提高人们的审美感受能力

引导人们在审美实践中培养和提高对自然美、社会美、艺术美的兴趣和爱好，培养和提高人们对美的事物的审美感受能力（即审美主体——人的感觉器官对审美对象的感受能力），既能感受美的事物的声音、颜色、形态等外在形式因素，又能感受到通过外在形式体现出来的情感表现和象征意义。审美感受能力是进行审美活动的出发点，审美主体首先是通过审美感受与美的事物发生关系的。例如，学校组织学生参加改造自然的生产劳动，投身于火热的社会实践活动，聆听英雄人物的事迹报告，组织旅游去领略大自然的奇异风光，参观科技新成果展览，都能使学生深刻地感受到人类生产劳动的伟大——"劳动创造了美"。

祖国山河的秀美，革命斗争的壮丽，科学发明的喜悦，唯有首先具备了感受美的能力，才能去鉴赏这些美。事实上，我们首先要有听音乐的耳朵，才能通过音乐教育学会识谱，懂得节奏、旋律，并掌握某种乐器的性能和技巧，进而去评价声音之美。正如马克思所说："如果你想得到艺术的享受，那你就必须是一个有艺术修养的人。"同样，人们要欣赏大自然的瑰丽之美，要欣赏丰富多彩的社会生活之美，也要具有相应的感受能力。可见，对于一个民族、一个国家来说，广大群众的审美感受能力的高低，无疑是衡量其精神文明程度的重要标尺之一。因此，美育教学的首要任务是：培养和提高学生的审美感受能力。

2. 培养和提高人们的审美鉴赏能力

培养人们具有正确区分美和丑的能力，可以使人们不断提高美的鉴赏能力。审美鉴赏能力，是比审美感受能力高一层次的审美能力，需要对审美对象从整体上进行领悟、鉴别和评价。这种鉴赏能力，可以使审美主体敏感地对美的外在形式迅速感应，更重要的是能使主体透过形式去深入理解、领悟美的深刻意蕴，进而加以品味，正确地判断美丑、判断美的品位，并在此基础上对美的事物进行感性与理性统一的赏析，最后完成整个审美过程。对于事物美丑的鉴赏力是在后天的实践中逐步培养和发展起来的，它代表着一个人的水平和修养，而且受到整个时代和社会的审美意识的影响。就社会审美意识而言，有其明显的历史继承性，而且有时落后于时代发展的脚步。因此，即使是在新时代、新社会里，旧的审美意识往往仍然具有超越时代的消极影响。从现实生活来看，多数人的审美趣味、审美标准符合时代发展的潮流，是健康的、积极的、向上的；少数人则违背时代发展的潮流，是病态的、消极的、落后的。如果这种情况不能及时予以纠正，就难免会出现一些人在审美活动中以丑为美的情况。尤其在当前改革开放的新形势下，尽管主流是好的，但也有少数人美丑颠倒，荣辱不分。例如，有的人故意炫耀衣物、眼镜上的外国商标，一味以"洋"为美；有的人穿着华贵，但举止粗鲁；有的女青年张开美丽的红唇而放声大骂。这些事例都说明，确实需要通过美育培养人们正确地鉴赏美的能力。只有这样，才能使人们树立起健康的审美情趣、审美标准和审美理想，进而满怀激情地去创造应该追求的美。

3. 培养和提高人们创造美的能力

美的创造能力，是指人们表现美和创造美的能力。在感受美、鉴赏美、欣赏美的基础上，按照美的规律创造美的一切，包括物质产品与精神产品，涵盖自然美、社会美、艺术美等一切美的领域的创造。美的创造能力是极其重要的。我们置身于其中的对象世界是人创造出来的，人总是自觉地美化主体自身和客观世界，创造高度的精神文明和物质文明，并且发挥美的创造能力，使现实世界越来越美好，使人类自身越来越美好。美育使受教育者获得了必要的审美修养和艺术技巧的训练，是进行艺术创作的首要前提。从原始时代的最简陋的劳动工具——石器，到今天的宇宙飞船、人造卫星等高、精、尖的现代化设备；从原始人的山洞、茅屋，到现在的现代化宏伟建筑——作为人类创造性生产的积极成果，无一不包含着美的因素，而且时时刻刻在对人们进行着直观形象的审美教育。这种通过美育培养创造美的能力，再通过人类发挥创造美的能力，创造出层出不穷的更新更美的事物来实现美育的循环，恰恰是人类社会和人类主体自身向"善"的目标发展的动力。人类就是这样一代一代地在已有的美的成果的基础上创造着新的美，推动着世界向更新更美的目标前进。所以，各级各类学校都应该通过各种途径，提高学生审美的自觉性，引导学生从现实生活中接受审美教育，使越来越多的人具备感受美、鉴赏美、表现美和创造美的能力，更好地按照美的规律去改造客观世界和主观世界，创造出具有高度物质文明和精神文明的美好的新生活。我们确信，高尔基所预言的"美学是未来的伦理学"的那个社会一定能够到来，而审美教育正在为它的到来不懈地追求、奋斗！

三、美育的途径和方法

美育的对象是处于审美主体地位并构成社会核心的人。人的一生都在直接或间接地接受美的教育，可以说美育贯穿了一个人的整个生命过程。但是，在人生的各个阶段，生理、心理、思想、情感、经验和能力都有很大的差异，活动场所和环境、地位都在发生着变化，实施美育的内容、方法、途径也要随之变化，才能有效地发挥美育的功能。

实施美育是一项浩大的系统工程，它不仅是学校或少数部门的事情，而是整个社会的共同任务。以往，人们过多地关注在学校里实施美育，其实，这种看法是不全面的。我国著名教育家蔡元培先生提出，美育的实施有三个途径：一是家庭美育，二是学校美育，三是社会美育，这是非常切合实际的。

（一）家庭美育

1. 家庭美育影响人的一生

家庭是组成社会的细胞，是美育的摇篮。每个家庭的美育搞好了，整个社会成员的素质必然会得到提升。

对一个人来说，审美教育的起点和终点都在家庭。现代科学研究证明，一个人接受美育，实际上从胎儿期的"胎教"就已经开始了。孕妇的情绪、审美修养对胎儿有很大的影响。给孕妇播放轻松优美的音乐，可以明显地影响孕妇和胎儿的心灵，有益于胎儿的健康发育。幼儿和少年的生活环境主要是家庭，家庭美育对他们的影响最为深刻。列夫·托尔斯泰的父母爱好文艺，常教育自己的孩子阅读古典文学作品。有一天，年幼的托尔斯泰放声朗读普希金的《致大海》，那音调抑扬顿挫，十分感人。他父亲听后报之以赞许的微笑。这一微笑，一直深深地印在托尔斯泰的心中，直到他生命的最后一刻。父母的言传身教，对儿童的审美观、审美情趣以及优良的习惯、坚强的意志和美好品德的形成，具有难以磨灭的作用。因此，在对儿童的家庭教育中，既要给以全面的关爱呵护，使其身心得到健康的成长，充分享受家庭的温馨，又要严格要求，随时纠正其不正确的想法，绝不能娇惯溺爱，无限制地满足一切要求，尤其是对独生子女更要特别注意。事实证明，家庭美育的好坏，对孩子在学校里的成长有着直接的关系。一般说来，凡是在家庭中受过良好教育的孩子，在学校里不仅学习成绩好，而且人品也较好，上进心强，关心爱护同学，善于与别人相处，这些美好的品德，会一直影响着人的一生。

2. 家庭美育的主要途径

现代心理学研究证明，儿童时期，抽象思维尚未真正形成，掌握的概念也很少。他们对知识的吸收主要依靠直观的形象。因此，良好的家庭环境、形象的玩具和内容丰富的游戏、丰富多彩的家庭文娱活动、适宜的家务劳动、游园参观等，就成为这一时期审美教育的主要途径。

（1）创造良好的家庭美育环境

家长首先要以身作则，处处留心为孩子创造一个良好的家庭生活环境，使他们耳濡目染的都是美好的事物，受到美好的影响。例如，家人尊老爱幼、和睦亲切、言行文雅、勤劳节俭，对邻居团结友爱，对来客热情周到，家庭居室装饰雅致，家具造型色彩美观，陈设整洁优雅等，都可引导孩子养成良好的习惯和美的品德。

（2）引导孩子做游戏

要给孩子提供形象生动、内容丰富的各种玩具，引导和帮助孩子做既有一定趣味又有积极意义的各种游戏。蔡元培说："游戏，美育也。"美国美学家加德纳认为，游戏是儿童成长发展的一个关键成分，是发展的不可替代的伙伴，是发展的基本动力。游戏可以使儿童身心获得一种解放，在忘我的境界中，充分发挥想象力、创造力，在无拘无束中发展自由向上的精神，汲取美的甘露，塑造良好的品格和健美的体魄。

（3）开展丰富多彩的家庭文娱活动

要针对不同年龄段儿童的接受能力和兴趣，引导孩子积极参加丰富多彩的家庭文化娱乐活动，如学儿歌、讲故事、看图认字、唱歌、跳舞、听音乐、看动画片、学书画、学琴等，使孩子既培养了一定的能力，又在浓厚的家庭生活艺术氛围中受到熏陶和感染，培养高尚的审美趣味，提高审美素养。

（4）要求孩子参加适当的家务劳动

在日常生活中，教育孩子从小热爱劳动、尊重劳动，并养成勤劳的习惯，让他们自己动手做力所能及的事情，如美化他们的居室和学习环境，洗自己的餐具和小件衣物，参加打扫卫生、种菜、养花、浇水等家务劳动，绝不能娇生惯养，使孩子成为饭来张口、衣来伸手、不知财富从何来、不懂劳动为何事的"小皇帝"。

（5）带领孩子游园参观

人是大自然中的一员，又是社会的主体。利用节假日带领孩子游公园、郊外游玩、登山、参观等，从小培养他们热爱大自然、热爱社会、热爱他人、热爱美好事物的浓厚兴趣，并从中陶冶情操。

3. 成年人和老年人的家庭美育

当一个人走出学校，步入社会之后，虽然大部分时间投入到了工作和事业上，但到了一定年龄，绝大多数人要恋爱、结婚，并承担起构建一个敬老爱幼、夫妻和睦、居室整洁、陈设典雅、文化氛围浓厚、温馨甜美的家庭的责任。成年人有责任创造一个良好的家庭美育环境，使家庭中的每个成员都生活在美好的环境之中，情感和心灵处处得到陶冶和净化。

美育对老年人的健康长寿是非常重要的。老年人离不开美育。每个家庭及全社会都要尊敬老年人、关心老年人，要为他们创造美好的生活环境和活动场所，使他们随处得到美的熏陶。与此同时，老年人也要保持平静乐观的心理情绪，养成健康有序的生活习惯，积极参加老年社会活动和文体活动，根据自己的兴趣爱好选择著书立说、绘画书法、赋诗作词、种花养鸟、钓鱼下棋、弹琴唱歌、操拳练功等活动，丰富生活内容，强身健体，怡情悦性。

（二）学校美育

1. 学校美育的重要意义

学校是实施审美教育的重要阵地，有两个方面的原因。一方面，随着社会经济和社会文明的发展，社会成员人人都要接受学校教育。而各级各类学校的根本任务，就是要全面贯彻执行党的教育方针，为国家培养德、智、体、美、劳全面发展的高素质建设人才，尤其在当前和今后一定时期内，要特别抓好曾被忽视和削弱了的美育教育。另一方面，学校美育时间较长，又正值人生的关键时期。人的一生大约有三分之一的时间是在学校中度过的。学生时代正是一个人审美理想、审美观念和审美情趣从开始形成到趋于定型化的阶段，是实施美育的关键时期。在这一时期，许多人对美丑的鉴别能力不高，往往容易陷入审美的误区。比如，把不守纪律、不讲礼貌当成潇洒，把追求吃穿、抽烟、酗酒当成时尚，把哥们儿义气、打架斗殴当成勇敢，等等。因此，学校美育必须抓紧抓好，教育和引导学生区分什么是真正的美，树立正确的审美观。

2. 学校美育的有利条件

学校美育与家庭美育相比，具有更加优越的环境和设施条件，更有计划性、科学性、系统性、集中性。家庭美育多从骨肉亲情出发，表现为父母对孩子的希望与情感；学校则把学生作为一种价值个体，按照社会与时代的要求加以教育，使他们成为具有独立思考和行为能力的人格主体。学校美育渗透到教育和生活的各个方面，不仅要教导学生热爱美、维护美，而且要懂得美的基本理论，学会按照美的规律去创造美。对学生来说，在学校里不仅有条件接触到各种美的对象，有机会参加各种审美和创造美的活动，而且参加审美活动的时间和精力也更加充裕。因而，学校应该充分利用这些有利条件，对学生进行专门的、系统化的美育教育。

3. 学校美育的主要途径

学校美育实施主要通过以下途径。

第一，根据学生不同年龄特点，施以不同程度的美学知识教学，为审美教育奠定理论基础，使学生掌握美的欣赏中的一般规律和特征，提高学生辨别美丑是非的能力。

第二，针对学生年龄和理性分析能力的差异，进行不同程度的美育。在小学和初中阶段，主要由语文、书法、音乐、美术、体育、劳动技术等课程来完成审美教育的初级任务。到高中以上，学生的抽象思维能力迅速发展，已不仅仅满足于对文艺的一般欣赏，往往要刨根问底。因此，可以根据实际情况给他们开设文学、音乐、美术等名作欣赏课，以及美学原理、艺术概论等选修课程或讲座，引导学生接受深层次的审美教育。

第三，充分拓展和利用学校的各种物质设施和环境条件，组织学生开展形式多样、内容丰富的审美活动。引导学生在对自然美、社会美、艺术美的审美实践中提高欣赏能力，树立审美理想，陶冶情操，并将这种审美理想和情感贯穿于学习和生活的各个方面。按照美的规律规范自己的行为，按照社会文明的要求塑造自己。

第四，把美育、智育、体育紧密地结合起来，使之互相渗透，相辅相成，最终达到以美引善、以美启智、以美促健的目的，提高学生的综合素质，使学生成为"有理想、有道德、有文化、有纪律"的一代新人。

总之，学校美育是以教师为主导，充分调动学生的主观能动性，按照美的规律塑造学生，以实现教育目的的过程。学校美育既要以艺术学科为主，又要渗透到各科教学中去，只有把学校美育、家庭美育和社会美育统一起来，才能发挥学校美育的重要作用，才能收到实实在在的效果。

（三）社会美育

1. 社会美育的含义

人生活在一定的社会环境之中，处处受到社会审美形态与社会审美心理的影响。社会美育，就是通过社会文化与社会美的形态，对人们进行广泛的审美教育。这种教育既表现在社会的物质生活中，也表现在社会的精神生活与社会审美心态之中。

2. 社会美育的意义和要求

社会美育是社会教育的一个重要组成部分，也是社会主义精神文明建设的重要组成部分。这就要求社会美育必须坚持"以科学的理论武装人，以正确的舆论引导人，以高尚的精神塑造人，以优秀的作品鼓舞人"的原则，通过社会审美形态的教育感染，陶冶人们的情操，激励人们更加热爱社会、热爱生活、热爱人生，更加自觉地继承与发扬中华民族的传统美德，并将传统文化与现实生活有机地结合起来，美化心灵，完善自我，创造完美的人生。

社会美育，要将其教育内容全方位渗透到社会的各个领域、各个角落，创造出一个良好的社会性环境，形成良好的社会风气，促进社会审美观念的更新，提高全民族的审美素质和艺术素养，自觉抵制腐朽的、不健康的思想的侵入，振奋民族精神，推动社会主义精神文明建设的发展和社会进步。

3. 社会美育的途径和方法

社会美育的途径和方法是多种多样的。

第一，可以通过思想政治工作和各种形式的宣传教育工作渠道（如报刊、广播、电影、图书、展览会、英模报告会等）来进行，以规范人们的思想和行为。

第二，可以通过美化社会生活环境来进行，如城乡住宅和建筑的合理布局，市容、村容和庭院的绿化等，使人们生活在整齐、洁净、清新、色彩丰富的环境中，获得积极向上的情趣。

第三，通过自然和人工创造的形、声、色等形式美的因素，使人们由自然物的和谐有序而进入心旷神怡的境地，激发人们对祖国、社会、人生的热爱。

第四，通过各种社会文化设施，如展览馆、博物馆、图书馆、纪念馆、影剧院、音乐厅、美术馆、运动场、俱乐部、文化宫、植物园、动物园等，供人参观、游览、欣赏、娱乐，对人们进行审美教育。

第五，专业和业余的文化工作者，要为人民群众提供有益于身心健康的精神食粮，用健康的文化艺术之美滋润人们的心灵，启迪人们的智慧，满足人们的需求。

第六，在日常生活、职业活动以及其他社会生活领域中，都有美育的广阔天地。只要有审美教育的自觉意识，时常用审美的眼光去审视，就会在社会各个领域中成为审美教育的传播者和接受者。

总而言之，要搞好社会美育，就要发挥家庭细胞的影响作用、公共场所的宣传作用、基层单位的教育作用、先进典型的示范作用、新闻舆论的引导作用，齐抓共管，形成合力，把整个社会变成审美教育的大课堂。

家庭教育、学校教育和社会教育，三者互相联系，密不可分，共同担负着审美教育的任务，又各自发挥着不可替代的作用，前者总是为后者的发展打下基础。因此，家庭、学校、社会各方面必须共同努力，协同作战。只有全方位、多渠道、高效能地实施审美教育，才能充分发挥美育塑造人的心灵、创造完善人格、培养全面发展的高素质人才的巨大作用。

自学自测　　扫描此码

第二章 美育浸润 以"景"化人

第一节 自然美及特征

　　大自然孕育了人类。千姿百态、五彩缤纷的自然界，是一个美妙无比的世界。蓝天白云、高山流水、鸟语花香、彩虹落霞、烟波浩渺的洞庭、巍巍耸立的五岳、秀丽甲天下的桂林……它们各以自己朴素、雅致、恬淡、奇异、妩媚的姿态，时时吸引着人们，给人们在精神上带来了极大的愉悦和满足。大自然的诱惑是无法抗拒的，它以其多变的形式、独到的特征、丰富的内涵，呈现出纷繁而神奇的美，拓宽着人类的审美视野，成为人类重要的审美对象。

一、自然美的内涵

　　自然美是指客观世界中自然事物及其自然现象的美。它包括未经人类直接加工改造的自然美，以及经过人类直接加工改造的自然美。

　　自然美必须依附于自然，不能脱离客观存在的自然物质而存在，必须通过现实生活中各种自然生成的事物表现出来。宇宙太空、皓月繁星、蓝天白云、山川草木、花鸟鱼虫、飞禽走兽等都属于自然美的范畴。东方欲晓、曙光初露，这是晨之美；皓月银辉、星光灿烂，这是夜之美；山花烂漫、杨柳依依，这是春之美；千里冰封、万里雪飘，这是冬之美；朝阳暮日、月朗星稀，这是天体之美。可以说："凡物之美者，盈天地间皆是也。"

　　显而易见，作为自然美的自然界，在外在形式上必须符合美的规律。它的声音应该是动听的，线条应该是悦目的，色彩应该是宜人的。否则，自然美就失去了物质基础。

　　自然美不能离开自然，但是自然美与自然又是有区别的，它们是两个不同的概念，分属于两个不同的领域。自然，或者说自然物、自然界，它的存在并不依赖于人，也不依赖于人类社会。早在人类社会出现以前，自然界的日月星辰、江河湖海、花草鱼虫就已经存在了，并且都按照它们自身的规律发展变化着。此时此刻，它们只是作为一种纯粹的自然现象存在着，它们所具有的各种色彩、声音、形状也只是自然的一种物质属性，并不存在美与不美的问题。而美，却是一种社会现象，它必须依赖于人，依赖于人类社会。

　　自然美，也是对人而言的，正是由于人，由于人的生活的存在，自然界的日月星辰、花鸟鱼虫、江河湖海才有了一定的社会意义，显示出美与不美的区别来。缤纷多姿的自然界之所以美，就是因为通过它特定的色彩、声音、状态等，曲折地显示了人类积极向上的本质力量，以及凭着自己的本质力量所创造的丰富多彩的生活。"鹰击长空，鱼翔浅底，万类霜天竞自由"是一个很美的境界,这种美当然离不开特定的自然条件,但更重要的是这种生气勃勃的境界,与人类奋发向上、追求自由、从事自由创造与自由劳动的本质有着非常一致的地方。因此,人们在这个境界面前,自然而然会有一种精神抖擞、意气风发的感受。如果没有人和人的生活,这种自然境界是无所谓美与不美的。再如,傲霜怒放的红梅。从古至今,无数人曾写诗著文赞美它,几乎没有人不以它为美。这是因为梅花不仅以它特有的色、香、形的美引起人的美感,更重要的是人们通过梅花特有的色、香、形去显示人的生活的美、精神的美和性格的美。毛泽东同志写的"俏也不争春,只把春来报。待到山花烂漫时,她在丛中笑",赞美和歌颂了无产阶级革命者不畏艰险、功成不居的崇高思想品质;歌曲《红梅赞》则以红梅傲雪怒放的坚贞性格,来比拟江姐坚强不屈的革命气节;"坐看青竹变琼枝,如今好上高楼望,盖尽人间恶路岐",赞美大雪掩盖了人间一切污秽,给人一种纯洁、素雅、清新的美感。

雪景的美,当然离不开它洁白无瑕的颜色和漫天飞舞的姿态。但是,这种自然素质之所以美,是因为人们通过各种实践活动,改变了它原先与人对立的性质。自然界中很多美的事物都是由于人们能够掌握、控制、抵御它,才使其成为美的。这种美的产生和发展,正是在社会实践的推动下,人的生活内容不断丰富和发展的结果。

二、自然美的特征

自然美与社会美、艺术美相比,有着自己的显著特征。

(一)自然与社会的统一

这是自然美的本质特征。自然美以自然物为物质基础,又总是与人类的社会生活、社会实践与人的思想感情联系在一起。任何时候,自然美都具有自然物质属性。长白山、大兴安岭之美不同于庐山、黄山之美,西湖之美不同于青海湖之美,菊花之美不同于牡丹之美,原因就在于它们具有不同的自然属性。然而,自然美又确实具有一定的社会属性,随着人类社会的发展,自然美才得以产生和发展。当人类处于蒙昧状态时,对自然还没有认识的时候,在人们的心目中,自然物并不显得美。只有当人类通过长期的社会实践,对自然物有了某种认识并利用它来为人类服务时,才可能把自然放在审美客体的位置上去审视它。正如马克思所说:"实际上人的万能正是表现在他把整个自然界变成人的无机的身体。"

著名美学家万斯洛夫为了说明自然美是自然属性和社会属性的统一,说过这样一段话:"企鹅,如果它不是有过分肥胖的身体和蠢笨的步态,它就不会是喜剧性的了。可是'过分'和'蠢笨'纯粹是按照人的标准来看,作为自然界的生物,企鹅长得完全恰到好处,它并不感到自己的步态比海鸥的飞翔更不舒适一些。只是在对企鹅的审美上加进了人的意味。"由此可见,自然美与人类生活是不可分的,有着深刻的社会性。自然美是自然性和社会性的统一。

(二)以形式取胜

社会美侧重于内容,自然美侧重于形式。这是二者的显著区别,也是自然美的突出特征。许多自然景物，如青山绿水、鸟语花香等，都是以它们的感性形式来唤起人的美感的。国内外游客不辞辛劳地从千里之外来到黑龙江五大连池，去欣赏老黑山、仙女洞、熔岩瀑布……就是因为这山、这洞、这熔岩具有美的形式。

人们在欣赏自然美时，首先着重于色彩、节奏、整齐、对称等鲜明的外在形态美。比如，"秋风吹，雁南飞，一会儿排成人字，一会儿排成一字"——整齐美；"一江春水向东流""大风起兮云飞扬"——动态美；"日出江花红胜火，春来江水绿如蓝"——色彩美；"连理相伴而生，大鹏比翼齐飞"——对称美。这种种美均溢于外观，以自然形态存在并展示，给人的视听感官以具体的刺激，从而引起心理上的愉悦。

自然美以形式取胜，这在人们的审美活动中表现得十分明显。有些自然物，虽然对人类有益，但由于其外形丑陋，人们都觉得它不美。比如，癞蛤蟆不仅能吃害虫，其分泌物还能制成中药蟾酥，有强心、镇痛、止血、治疗疮等功效，但由于它皮肤黑，疙里疙瘩，体态臃肿笨拙，所以总是惹人生厌。相反，有些自然物，尽管对人类有害，但因其外形美丽却赢得了人们的喜爱。比如，鹤是一种害鸟，但其长脚、细嘴、红冠，以及雪白的羽毛非常惹人喜爱，因此，人们赞美它，称其为"仙鹤"。自然美以种种生动的形式，使人赏心悦目，令人心舒气畅，这正是人们沉醉于大自然的怀抱之中而每每流连忘返，很少产生单调感、厌倦感的原因所在。

（三）自然美具有多面性

自然界按照一定的规律不停地运动着，它展示给人们的自然美也是多姿多彩的。我们可以从春夏秋冬的更迭中欣赏到四季风光的美，从斗转星移的交替中欣赏到红日皓月的美。就每个自然物体本身来说，其所显示的美的形态也是多角度、多层次、多侧面的。"横看成岭侧成峰，远近高低各不同""一山有四季，十里不同天"，就形象地说明了这一道理。同一自然物由于观照的时间、距离、角度、侧面不同，它所呈现的美也就不同。有一些自然美的景观由于受到时空等外界条件的限制，甚至稍纵即逝。山东蓬莱的"海市蜃楼"就属于这类景观。

自然美具有丰富多彩、变幻无穷的多面性。一方面，它受到时间、空间等外界条件的限制；另一方面，由于自然物与人类社会生活构成各种不同的关系，使人产生不同的联想。比如，在老舍的小说《月牙儿》中，同一个"我"在同一个院子里看月牙儿，由于月色和心境的不同，所看到的月牙儿的美也不同。有时看到的是"一点点微弱的浅金光儿"；有时看到的是"老有那么点凉气，像一条冰似的"；有时看到的是"浅亮而温柔，把一些软光轻轻地送到柳枝上"。从这一事例中，我们可以看出，正是由于月亮本身具有阴晴圆缺、温和朦胧等丰富多彩、变幻无穷的多面性，因而欣赏者从不同的角度观赏，带着不同的心情对视，就可能获得各种不同的美感。即便是同一个人对同一个自然事物，也会因不同的审美心理而左右他对该自然物的好恶。心情愉悦时，"稻花香里说丰年，听取蛙声一片"；心情烦恼时，蛙声噪耳，从心底生嫌，忿忿其丑陋不堪。可见审美意境有别，美感大相径庭。由此，我们可以得出这样一个结论：自然美的丰富多彩、变幻无穷的多面性与人类社会生活的多样性是密切相关的。

自然物本身的属性是多方面的，它与人类生活的联系也是相当复杂的，这就决定了自然美在与人类生活的特定联系中，会得到不同甚至对立的表现，即美与丑的二重性表现。所有的自然物在它起破坏作用，以及给人造成灾难、不幸、死亡、威胁的时候，都是不美的。狂风肆虐、洪水暴发、火山崩裂、猛兽伤人，这些现象从哪个角度上看都不能使人产生美感。只有当自然物的属性与人类生活发生积极联系时，才有可能构成自然美。

第二节　自然美的欣赏

自然美给人类提供了丰富的精神享受。它的空间感、运动感、无比的生命力，以及多变的节奏，为人类创造了一个十分美好的环境。因此，提高对自然美的鉴赏能力，成为一个重要的问题。下面仅就如何欣赏自然美予以简要分析。

一、怎样欣赏自然美

在丰富多彩的人生旅途中，每个人都有自己的兴趣和爱好，这就是人们通常所说的情趣。有人喜欢登泰山，以"会当凌绝顶"而陶醉；有的人赏识春兰，钟爱她淡雅清秀、朴实无华；有人惊羡昙花，称赞她无憾地显示自己光辉一瞬间的美。千差万别的审美情趣无不与道德相联系。因而就情趣而言，也就有文雅与粗俗、高尚与卑下的区别。高尚的情趣是以共产主义道德理想为根基的。大家熟知的方志敏烈士曾自拟过这样一副对联："心有三爱：奇书、骏马、佳山水，园栽四物：青松、翠竹、白梅、兰。"在这里，奇书、骏马和祖国山河的壮美，一起融成了洗涤灵魂的春水；松之苍劲，竹之坚韧，梅之俊俏，兰之清幽，一起化作了赤子的肝胆。这既是革命军人生活情趣的写照，也是高洁民族魂魄的显现。

与人们审美情趣密切相关的是审美心境。培养欣赏自然美的情趣，首先要培养良好的审美心境。

（一）培养欣赏自然美的良好心境

所谓心境，是指影响人的整体行为的一种比较持久的情绪状态。人的心境不同，对周围事物的反应也不同。我们经常有这种感受：当心情愉快时，河边的小草、路旁的垂柳、树上的蝉鸣、脚下的石子，都可以是美的；反之，在心情苦闷时，即使是周围布满了鲜花也引不起美感。同样，一个抱有玩世不恭或悲观主义人生态度的人，即使是站在汹涌澎湃的长江面前，也产生不了无比宽阔的胸怀，更激发不出奋发之情。所以，能否用良好的心境去欣赏自然景色，是一个人生观和世界观的问题。

大家都熟悉陈毅元帅那首掷地有声、简洁明快的诗："大雪压青松，青松挺且直。要知松高洁，待到雪化时。"战场生活是艰苦的，但艰苦的战场生活同样不乏美的情趣。毛泽东同志的博大胸怀和革命胆略，大家也一定很敬佩，他或是在北戴河竭浪遨游，或是在长江旋流迎风搏击，充分体现了他的豪迈志趣。

发现美的关键在于，我们要有热爱生活的心境、珍惜人生美好事物的情怀，以及一种按照人的标准要求自己和对待他人的内在需求。这种心境、情怀和内在需求，会升华为充实而超越、平凡而辉煌的审美境界。

（二）培养欣赏自然美的感受能力

所谓感受能力，是指人的审美感官对审美对象的感知能力；它是人的审美活动的出发点，是通向更高审美境界的桥梁。

欣赏自然风光，面对百灵鸣叫、鸳鸯戏水、平湖秋月、柳浪莺啼……会产生一种和谐、清爽、悠然自得的审美感受。然而，人们对美的感受能力与人们的社会实践经验和文化知识修养有着密切的关系。修养越高，展现在眼前的自然美的领域就越宽广，得到的审美享受就越丰富、越深刻。同样是参观"三味书屋"，读过鲁迅作品的人和没读过鲁迅作品的人，其审美感受大不一样。因此，广博的知识储备、优化的智能结构和高尚的理想境界转化为审美感受时，其审美层次也是高尚的。例如，遥望浩渺的星空，有高度教养的人就会感到自身的渺小、自己的平庸，这样会激励自己克服和净化自身的渺小和平庸，从而产生一种奋发向上的感受。

有些自然物，如果就其本身的形式来说，是很平常的，可一旦涉及历史事件、民间故事或神话传说，顿时身价百倍，颇富审美情趣了。例如，当年关公单刀赴会，他带着周仓来到长江边，看到江水在旭日的映照下一片通红，两人都感到很美，但周仓没文化，只能叫声："好水！好水！"关羽则不然，由于他文化修养较高，便由红色的江水联想到在此发生过的赤壁之战，于是感慨道："水涌山叠，年少周郎何处也？不觉的灰飞烟灭，可怜黄盖转伤嗟。破曹的樯橹一时绝，鏖兵的江水犹然热，好叫我情凄切！这也不是江水，二十年流不尽的英雄血！"显然，关羽获得的美感比周仓丰富得多。

由此可见，在欣赏自然美的过程中，不能光靠直觉的感受，还要靠一定的文化修养，对自然景物加以丰富的体验和品味。为了提高自然美的鉴赏水平，我们还应该阅读一些古今中外描绘自然景色的文艺作品。通过了解前人对自然美的描绘，可以启发我们对自然美的敏感，唤起我们对大自然的兴趣。一首好诗，有时甚至能为我们欣赏自然美指点迷津。例如，旅游时遇上雨，没有经验的人总觉得扫兴。但如果我们知道"水光潋滟晴方好，山色空蒙雨亦奇。欲把西湖比西子，淡妆浓抹总相宜"，就能解除烦恼了。我们可以去寻找为什么"山色空蒙雨亦奇"。经过诗的揭示，我们加以细心观察就会发现，原来雨中景象好像给大自然蒙上一层轻纱一样，产生一种难得的朦胧美。推而广之，雨中游漓江，雨中游泰山，雨中游其他地方，几乎都用得上这一句名诗，它为我们欣赏自然美帮了很大的忙。

（三）发挥欣赏自然美的联想能力

所谓联想能力，是指由一种事物或现象想到与其相类似的另一类事物或现象并产生相应的情绪反应的能力。

人类认识自己、掌握世界有一个特点，就是触类旁通、举一反三的联想能力。看到松树,会联想到苍劲、坚韧;看到竹子,会联想到挺拔、不屈;看到天鹅成双成对时,总是情不自禁地联想到忠贞的爱情、高洁的操守;看到"鹰击长空,鱼翔浅底,万类霜天竞自由"的景象时,积极向上、充分发挥自己才能的欲望就油然而生……例如,有位学生曾写过一篇长安话古的小文,记述了他旅游中的思绪:"当旅游车经过灞桥,我不禁想起盛唐时代长安士子的送别往返。'昔我往矣,杨柳依依',灞桥边上的垂柳不知牵动了多少离人的情怀。在西安的郊区,当一辆马车慢悠悠地迎面而来,我便想起了马致远的名句'古道西风瘦马,夕阳西下,断肠人在天涯'。"这样的感想或许太书生气,甚至有一丝伤感的意味,然而,它却是一刹那间心灵的超脱。它所给予的是一种眷恋、一种满足。在自然美的欣赏中,联想实际上给形象以"补充"和"改造"。欣赏自然美,会从多方面激发人们心灵深处潜在的美好意识,并从中领悟到更多的奥妙。

(四)增强欣赏自然美的创造能力

所谓创造力,是指在感受美、鉴赏美的基础上,进一步通过自己的实践活动,直接创造出美的事物的能力。美是人类自由创造的结晶,创造是审美最重要的一个层次。因此,欣赏自然美时,必须善于张开想象的翅膀,发挥创造性思维。

有这样一个动人的故事。在美国的麦肯监狱里,沙质的土地上长满了蓬乱的杂草,铁丝网内沉重的铁门紧闭,这里十分阴沉荒凉。后来,监狱长组织犯人从事园艺劳动,改变了监狱的面貌:美丽的八仙花美不胜收,醒目的杜鹃花竞相开放,绿色的香蕉树迎风摇曳……劳动改变了环境,还对犯人的改造产生了潜移默化的微妙作用。据调查,有许多犯人由暴徒渐渐地变成了温顺的人。这个真实的事实说明,人们用双手打扮世界的同时,世界也将以其特有的魅力去净化人们的心灵。例如,美国雕塑家科扎克所创作的"疯马",这座雕像是美国南达科他州黑山山脉中的一座花岗石岩山峰,科扎克从年轻时代起,用了33年,前后炸掉650万吨花岗岩石,终于造出这尊大石像。它全高约172米,上面站得下4000多人。这尊石像即便不考虑它所表达的内容,单就它巨大、粗犷的形式本身所体现的人与自然的矛盾冲突,就说明了人用智慧和才能创造自然美的结果。美,永远是属于人类的,尤其是属于那些献身于美的创造的人们。朋友们,激发你创造的灵感,努力创造更多、更美的事物吧!

二、自然美的基本类型

自然山水风景尽管变幻莫测,山山有别,水水不同,但它们都是大自然的巧妙安排,也必然存在一定的规律性。而这些规律,在形式上表现出的特征就是山水风景的风格。归纳起来,自然山水风景有六种不同的风格。

(一)雄

这是最能激励人心的一种风景美。当然,山的雄伟与山的高度有一定的关系,但雄伟主要取决于山的整体气势。比如,五岳独尊的泰山并不很高,但它以磅礴的气势雄镇于齐鲁平原上,当你攀上南天门,登上瞻鲁台,上观苍天,东望大海,就会从内心发出"雄伟如斯"的感慨。雄伟之景不一定都是大山大河,江南有些小的山水风景也能表现出雄伟气势。比如绍兴东湖,石壁苍古,潭水幽深,驾小舟游于岩下洞中,也会感到自然的宏大,产生雄伟的感想。

(二)奇

这是相对于普通的地理地貌现象而言的。千万年来,地球表层经过外力的作用和人类的开发改造,不少富有强烈特征的地理地貌被毁掉了,但具有奇特风格的风景区却保留了许多原始的、古怪的地质运动的痕迹,如由冰川碾压而形成的U形山谷。一些由于风化剥蚀严重而呈现奇形怪状的山峰、巨石,也是奇特风景的景观资源。例如,云南路南石林,被誉为天下奇观;独秀插天的桂林山水,奇松怪石的黄山风景,都是以奇制胜。

还有一些奇景并不在于它的表面形象,而是在于它奇特的行为。例如,在我国的南疆广西,有个奇特的自然景观"喊泉"。据说平时泉水很小,只见涓涓细流;每到春夏季节,如有人不断地在泉口大喊"泉水来呀",泉水就会应声急涌,喊声越大,泉水越急。这真是人间罕见的自然奇景。

(三)险

在自然风景中,险和奇一样,以特殊的夸张形式打破某些平庸的和谐而引起人们强烈的兴趣。同时,追求险的本身也是奋力向上的精神表现,能培养人们勇敢、不畏艰险的品德。山的"险"常与"峻"共生,例如,山坡陡峭,甚至直上直下,像华山的千尺幢、百尺峡、"鹞子翻身""长空栈道"等,有几处几乎要垂直登攀,一失足便有粉身碎骨的危险。因此,只有不畏艰险、勇敢登攀的人,才能领略到大自然风光的险峻之美。

(四)秀

秀丽是自然山水风景的一种主要风格。绝大部分江南风景都不同程度地呈现出秀丽的风格。秀丽在美学上的含义是相对于雄伟而言的,它包括雅致、精巧、清秀等内容。雄伟为阳刚之美,秀丽为阴柔之美。对于山形,秀丽是指山的姿态要苗条清秀,外形轮廓要飞舞多变,开合转曲要分明,这和风化剥蚀、雨雪切割有一定关系。如黄山的峰,姿态、形状都很秀美,人称天下奇秀。秀丽的自然景色离不开水,有水,山才秀,才现出生气。因此,秀丽的风景往往山水结合、山转水绕。秀丽的另一含义是指茂密的植被覆盖,使风景色彩郁郁葱葱、线条柔和,呈现出一种富有生机的美。植物的生长又和温暖的气候、充足的雨水等条件分不开。秀丽包含着含而不露、虚实相济的美学意蕴,这也是晨昏薄雾之时,人们看风景会格外感到美的原因。如果我们看到山水林泉之间云雾缭绕、水气蒸腾、若有若无、若明若暗,好像一条白纱巾在飘动,那么肯定会觉得此时的山水更加秀美无比。由于南方和北方在气候、降水、植被等自然条件上有显著的不同,所以造成了两者的山水风景具有不同的风格。在宋代,人们就做出了"西北之山多浑厚,东南之山多奇秀"的评价。东南山水,像黄山的奇秀、庐山的清秀、雁荡山的灵秀、武夷山的神秀、富春山水的锦秀,以及西湖的媚秀，都带着秀丽的特点。

（五）幽

幽深景色的特点是欣赏空间的范围较小，往往是一个欣赏空间套着另一个欣赏空间，环环相扣，需要循小径，作序列式的游赏。这类风景一般都以丛山深谷和伸展的山麓为地形条件，并辅以繁茂的乔木灌丛，随着山谷的自然曲折，形成明暗阴影变化异常丰富的景色。幽深而不局促，景浓而有层次，"山重水复疑无路，柳暗花明又一村"，就是这种景色风格最好的写照。幽，既可以指深邃有味的视觉欣赏空间，又可指恬静无喧哗的听觉环境。

"蝉噪林愈静，鸟鸣山更幽"是幽深风景听觉特征的描写。因此，视听相互协同的欣赏是游赏幽深风景的一大特点。钱塘山水风景中的"云栖""九溪十八涧"是很有代表性的幽深景致。文学家用"重重叠叠山，曲曲弯弯路，叮叮咚咚泉，高高下下树"这样神妙的概括来赞美九溪的幽景。

（六）阔

这是指欣赏风景中无遮挡的视野空间。它与平坦无垠的地形条件和较高的欣赏水平有关。开阔一般与旷野有较紧密的联系。"风吹草低见牛羊"的大草原，碧波万顷的大海，"秋水共长天一色"的大江大湖，都是旷野之景的代表。传统的风景名胜区常常在开阔之处建造高楼或平台，让游客能"更上一层楼"，以观赏更加开阔的景观。这说明古代人们已知道，只有提高看风景的视点高度，所看到的旷野之景才更有气派。例如，观赏"孤帆远影碧空尽，唯见长江天际流"的黄鹤楼；看"衔远山，吞长江，浩浩荡荡，横无际涯"的岳阳楼；看"五百里滇池，奔来眼底……喜茫茫空阔无边"的昆明大观楼等，都是为了观赏大湖、大江、大海的浩渺及连绵的水势而设置的，提高游客视点的观赏点。

上面归纳了自然山水风景的六种主要风格特征，这种标准并不是绝对的，每一个风景区也并不只是具有一种风格。在自然界，这些风格特征往往是交错共生的。但是，每一个风景区或风景点，总是有一两个主要特征。因此，我们在名山大川中游览欣赏的时候，既要注意山水总的气势、风格，又要细心察看、品评一些局部的风景特点，做到宏微结合、远近结合，才能较好地领悟自然风景富有生气的、多样变化的美。

三、欣赏自然美的方法

自然景色在不同角度、不同时间、不同气候中展现出不同的风貌。为了提高对自然美的欣赏能力，要注意选择不同的视点、不同的时间和不同的气候来欣赏。为了便于说明，可概括为以下三种欣赏方法。

（一）从空间的角度欣赏

空间，是指运动中物质的伸张性和广延性。也就是说，任何一个物体都占有一定的空间，并且和它周围的物体存在着前后、左右、上下的关系。任何一处自然景观都存在于一定的空间，所以，从多视角的空间角度进行欣赏，就会获得不同的美感享受。"横看成岭侧成峰，远近高低各不同"说的就是这个道理。

游览赏景，必须做到远近结合、宏微结合。古人赏景，就很注意远近和宏微的结合。北宋的绘画理论家郭熙在谈到风景欣赏时说："真山水之川谷，远望之，以取其势；近看之，以取其质。"这里说的"势"是指自然山水总的气势神态。要看到自然山川的全景，领悟它的整体美，就要相隔较远的距离来进行观赏。"质"是指具体的山林泉石的姿态、纹理、形态和色彩等细微精巧的美。"近看取其质"就是在对山水整体风景有了一个大概的了解之后，再就近仔细察看各种风景形象表现出的小范围的细巧美或像"落叶惊游鱼"之类的细小动态美。《舟还长沙》这首诗颇能说明赏景先要远看，把握总体，才能体味到其中之美。这首诗写道："侬家家住两湖东，十二珠帘夕照红。今日忽作江上望，始知家在图画中。"这位长沙女子之所以在如画的山水中一直不觉其美，主要是没有机会到远处去观赏，也就不能从气势上领略风景之美。这和苏东坡的名句"不识庐山真面目，只缘身在此山中"是一样的道理。

此外，还可以从高处向低处俯视，或从低处向高处仰视，加以欣赏，从而产生不同的审美效果。

当你登上山巅举目远眺，碧空是那么深邃，再看脚下，山峦江河，阡陌平畴，又是那么赏心悦目，这时"会当凌绝顶，一览众山小"的崇高美感就会油然而生。而当你在飞机上俯瞰大地，就更可谓妙趣横生，别有一番风味了。

有些景物俯视不能使之产生美感，如若自下而上仰视，效果就完全不同了。比如，一座不高的山，如果我们躺在它的脚下，向上望去的时候，往往觉得它高深幽秘；一座并不高的尖塔，当我们紧贴着它向顶尖望去时，只觉得它直插云霄。李白的"飞流直下三千尺"，也是自下而上仰视的结果。若站在与瀑布齐平的地点来看，无论是庐山瀑布，还是黄果树瀑布，恐怕绝不会有"疑是银河落九天"的感觉。同时，还需调动耳、鼻、舌、身所有感官的能动性，使之协调起来，共同把握自然风光空间之美。比如，漫步田野小径，眼观有形有色之自然景物；耳听山泉叮咚，小鸟欢歌，天籁之音；鼻闻花草芬芳，乡土气息，沁人肺腑；行走、沐浴在迎面轻拂的微风之中歇息，心儿亲切地感受大地母亲的无限温馨，全身心地投入自然空间之中，尽情地享受全方位自然空间美，通常使人乐不思蜀。这就是从空间角度欣赏自然美的魅力所在。

（二）从时间的角度欣赏

时间，是指物质运动过程的顺序性和持续性。也就是说，时间总是沿着过去、现在、将来这一直线方向前进的。

自然风景的动态变幻还与自然界有规律的时间变化紧密联系。受自然时间的支配，自然界的光影处于不断的变化之中。因为游览时所看到的山也好，江湖也好，草木林泉也好，并不是一幅恒定不变的画面，而是富有生气的变幻形象。"一道残阳铺水中，半江瑟瑟半江红""日落红湖白,潮来天地青",离开了时间的流逝、光照的转换,我们就不可能观赏到丰富多彩的风景美。因为山川风景的光彩色调,都来自太阳光的照耀和反射。早晚的锦缎彩云、日出时的奇观,甚至月夜朦朦胧胧的小景,都离不开各种形式的光线变换。遍布全国的大小风景名胜区,几乎都有观日出、看夕照的风景点,如普陀山的"朝阳涌日",是看海上日出;庐山含鄱口的"鄱阳晨曦",是从山上看平湖上的日出;而宁波太白山的"南山晚翠"、承德避暑山庄的"棒槌夕照",则以观赏夕阳西下之景著称。

另一个有规律的时间变化是四季季节的转换。同一景区、同一座山,甚至同一风景点,不同的季节能表现出不同的美。好比我国的江南风景,春天是满山野花,夏天是青翠欲滴的浓绿,秋天是火红的枫叶,冬天是雪中的蜡梅、山茶。四季不同的烟云雾态、不同的植被色彩,使风景的季节特征非常鲜明。所以,人们也往往将自己的情感体验来比拟、描绘山水的季节特征。风景画家郭熙曾这样表达人们对四季不同的赏景情感活动:"春山烟云连绵,人欣欣;山嘉木繁荫,人坦坦;秋山明净摇落,人萧萧;冬山昏霾翳寒,人寂寂。"从赏景的心理活动来看,他基本上把握了环境变化所引起的情感活动的规律。比如,春风吹醒了沉睡的大地,万物苏醒,神采奕奕,那一岁一枯荣的小草、又绿江南岸的林木,都标志着生命的萌动,游人自然也就欣欣然了。夏季,林木郁郁葱葱,浓绿欲滴,充沛的降雨量使溪流峡谷急湍,悬崖飞瀑,珠帘不断。绿是生命之色,水是生命之液,在它们的哺育下,自然山川露出无限的生命力。在这样的风景中游憩,人们自然会感到十分舒适坦然。秋高气爽,天空明净如镜,萧瑟秋风吹红了满山枫叶,以梳妆打扮好的姑娘来比喻,非常贴切。然而,随着天气渐渐寒凉,眼看着树叶的飘落、花草的凋零,容易使游人产生一种萧萧凄凄之感。冬天,气候寒冷,万物萧条,植物叶落枝枯,动物冬眠,大自然一派寂静,这种景象当然会影响人们的游兴。但是冬景也有特色,尤其是大雪之后,一片洁白掩盖了自然的繁杂和污浊,风景好像经过了纯化,显得异常统一。有的自然美景更是百年难得一见,如宇宙天体的流星美、日食美、月食美;有的自然美景是数十年一现,极为短暂,如昙花吐艳、铁树开花等。欣赏者必须善于抓住时机,才能一饱眼福。可见,时间因素在自然美审美过程中的意义十分重要。

(三)从运动的角度欣赏

运动,是指宇宙中发生的一切变化和过程。它是物质的根本属性,是物质存在的方式。自然界中的一切事物也无时无刻不处在运动中,如夜空中流星闪烁、高山瀑布如练、飞鸟穿云破雾、小溪一路欢歌、江河奔腾咆哮、运动健儿百米冲刺……这一切,无不显示出运动与美的密切联系。南宋词人辛弃疾有首词是这样写的:"溪边照影行,天在清溪底。天上有行云,人在行云里。"词中的三个"行"字,表现出自然云天的运动形态,创造出一种飘然凌空、穿云蹈雾的美妙境界,足以显示从运动的角度欣赏自然美的特有情趣。动中有静,静中有动,万物皆变,无物常驻,使自然美的画面充满生机与活力。"明月松间照,清泉石上流""随风潜入夜,润物细无声",貌似静态,实则"静者静动,非不动也",反映了"川无停流,林无静树"静态中的动态之美。大千世界亦静亦动,两种自然景观相互结合，从而产生一种动静对比的观赏效果。

从运动的角度欣赏大自然，会给人一种视通万里、思接千载的美感。"坐地日行八万里，巡天遥看一千河"，这是一种运动的美；"蓝蓝的天上白云飘，白云下面马儿跑"，这也是一种运动的美。宇宙中的万事万物无时无刻不在运动，并且毫不掩饰自己固有的美。

其实，无论是时间还是空间，都离不开运动。比如，嵌入天际的"牵牛星""织女星"，每年依时间顺序，在空中以其固有的轨迹运行，在运动的交响曲中获得不朽，注入永恒。所以，我们在欣赏自然美的过程中，决不能把三者截然分开，而应该在三个方面的互相联系中去观察美、发现美。只要我们善于从不同角度观察大自然，就会发现自然界时时处处都在向人类展示它的美。

第三节　风景与园林美

大自然为人类提供了无限宽广的审美领域，尤其是风景区的发展，更使人们在旅游这项高尚的文化活动中，陶冶性情，增长知识，拓宽视野，满足一种高层次的精神需求，获得审美感受。

中国风景区的发展经历了几千年的历史，风景区的发展过程也是风景审美的发展过程。在长期的审美实践中，人们总结出了许多著名风景区的形象美特征，如雄、奇、险、秀、幽、奥、旷等。下面结合一些自然风景区，做一个概略介绍。

一、泰山——雄

东岳泰山，巍峨壮丽，《诗经》称之为"泰山岩岩，鲁邦所詹"，东方朔谓之"吞西华，压南衡，驾中嵩，轶北恒"，被尊为五岳之首。"雄"是泰山风景美的总的特征。这个特征主要表现在以下几个方面。

（一）自然景观的雄伟高大

泰山像一个顶天立地的巨人，崛起于华北大平原的东缘，凌驾于齐鲁丘陵之上，大有拔地通天之势、擎天捧日之姿。尤其南坡，由于东西向断层，泰山骤然上升，汶河流域下陷，山势陡峻，气势雄伟。

泰山不仅高，而且宏大。泰山之大，一是基础广大，盘亘数百里；二是主体庞大，且挺拔高耸。这种宏大的特征给人以厚重感和稳重感，所以，"稳如泰山""重如泰山"是人们因形而得的感应。"泰山如坐"的比喻，也是因形而来的。

构成泰山形体的是巨大坚硬的花岗岩岩体，变质岩的岩体如铮铮铁骨，时时显露出来，或悬壁千仞，如百丈崖、傲徕峰、扇子崖、天烛峰等；或大片基岩铺谷倾滩，如经石峪、扫帚峪、黑龙潭等；或巨石堆垒，或卓然而立，都给人以雄浑、厚重、坚实，乃至惊心动魄的感受。泰山的松柏，俨然"壮士披甲"，充满豪气，也给人以"雄"的美感。

泰山因其高，气候产生垂直变化，山下为暖温带，山顶为中温带。山上多云雾，不仅衬托出泰山高入云天，而且给人以"天界仙境"的种种遐想。

（二）精神文化上的渲染

据史料记载，"古者封泰山禅梁父者七十二家"。后来自秦始皇开始到清代，先后有十二代帝王亲临泰山封禅祭祀，仅乾隆就来了十一次之多。历代文人骚客纷纷登临，所到之处，吟咏题刻，为泰山自然美的发掘起了开拓性作用。历代文人给后人留下了无数歌颂泰山的传世佳作。《孟子·尽心上》有"孔子登东山而小鲁，登泰山而小天下"的句子；东汉应劭的《泰山封禅仪记》是写泰山的第一篇游记；南朝谢灵运的《泰山吟》是关于泰山的审美佳作。至于李白的"天门一长啸，万里清风来"，杜甫的"荡胸生层云，决眦入归鸟。会当凌绝顶，一览众山小"，都已成为千古绝唱，体现了人与自然情景交融的审美情感。

（三）人文景观的烘托

泰山儒、释、道三教汇集，给泰山留下了众多的文物古迹。岱庙、斗母宫、普照寺、碧霞祠等富有民族特色的建筑，天贶殿规模宏大的壁画，经石峪、唐摩崖大字以及沿途随处可见的自然石刻，还有那些寓意深厚、美丽动人的典故与传说，都与泰山优美的自然风光融为一体，使泰山成为一座民族文化的博物馆。

历代帝王封禅泰山的登山道，是一种"朝天"序列的整体构思。此登山道联系着三重空间：地府——一座不足50米高的小丘蒿里山，人间——以岱庙为轴心的泰安城，天堂——南天门以上的岱顶。沿途有三里一旗杆，五里一牌坊。一天门、中天门、南天门三大节奏，构成一种"步步登天"的"朝天"序列。登上南天门，便是奇峰异石、琼花瑶草、宫观隐约、云雾缭绕的"天堂仙境"。在这些人文景观的烘托下，泰山显得雄奇壮观，大大增强了泰山"雄"的形象。

二、黄山——奇

黄山，古代称为"黟山"，风景"奇"美。古人认为黄山"矫激离奇，不可思议"。黄山的奇美，主要奇在峰、石、松、云四方面。

（一）峰奇

黄山有七十二座千米以上的高峰，叠嶂连云，劈地摩天。山峰陡峭，既有强烈的隆起，又有迅速的下切，造成深沟陡壁。天都峰、莲花峰、玉屏峰三足鼎立，互成对景，构成奇峰骨架，七十二峰参差骈出，再辅以远岭岫影，形成层次丰富、连天匝地的峰海。

（二）石奇

黄山有悬崖、峭壁、石柱、石林、石墩、石蛋以及种种巧石构成的奇观。"如笔、如矢、如笋、如林、如刀戟、如船桅""似人、似物、似禽、似兽"，如仙人踩高跷、松鼠跳天都、金鸡叫天门、姐妹放羊、猴子观海、天鹅孵蛋、梦笔生花、仙女绣花等，十分奇特，惟妙惟肖，引人遐思。

（三）松奇

黄山松，顶平、干直、盘根错节、苍翠奇特，或扎根石缝，或挺拔直立，或横卧石壁，或斜出危崖。有成片的松林，如狮子林、眉毛峰、万松林等，郁郁苍苍，松涛轰鸣；有许多单独成景的名松，如迎客松、望客松、送客松、陪客松、接引松、探海松、凤凰松、鹤顶松、黑虎松、蒲团松等。

然而，黄山松之美，还在于其刚劲挺拔、生机勃勃、千变万化的总体形态，在于它迎风霜、战雨雪，傲然挺立的顽强生命力。黄山松的形态美与内在美都给人以种种遐想和启迪。

（四）云奇

黄山有"云雾之乡"的别称，一年中有 200 多天出现云雾。清晨，站在北海的清凉台或西海的排云亭等处观看云海，会看到云雾时聚时散、时奔时涌、时升时降、时飘时逸，可谓变幻万千，波澜壮阔。千山万壑淹没在白茫茫的一片之中，露出点点群峰，像是起伏的岛群，人们仿佛置身于瑶池仙境。

除了以上四个方面，黄山的温泉、飞瀑也都使人流连忘返。

三、华山——险

《山海经》中提到："太华之山，削成而四方，其高五千仞，其广十里。"这是对华山形态准确而形象的描绘，讲出了华山险、陡、高、大的特点。

华山之险，充分体现在"自古华山一条路"上。北魏之前，还没有通往华山的道路。至唐代，随着道教进山，华山才得到前所未有的兴盛。经过千百年的探索和建设，才开辟了通往山顶的唯一登山道。

"自古华山一条路"，主要是指从青柯坪往主峰攀登的险道。站在青柯坪仰望华山千米悬壁，根本看不到有何可上之路。走到岩壁前，只见"回心石"，仍不见前面上山的路。沿人工斧凿成的登道攀登到华顶，须经五大险关，即千尺㠉、百尺峡、老君犁沟、擦耳崖、苍龙岭；数十处小险关，如仙人桥、俯渭崖、黑虎岭、猢狲愁、上天梯、日月崖、三元洞、仙人桥、通天门等。华顶是东西南三峰环抱，中间较低平的绝顶小盆地，外险内幽，置身其间，一切险境都不见了，这种险与幽的强烈对比，是非历尽艰险者难以享受到的美。小盆地以镇岳宫为中心，东峰有巨掌峰，西峰有摘星台，南峰最高，站在峰顶，便觉"只有天在上，更无山与齐。举头红日近，回首白云低"（寇准《咏华山》）。南峰外壁的长空栈道，悬挂于几乎垂直的相对高度四五百米的岩壁上，是华山最险的通道。

华山的建设，在很大程度上应归功于崇尚自然的道家。华山的宫、观、道路的建筑与自然景观高度协调，建筑选址奇险，如群仙观、下棋亭、贺老洞等，富有"神宅仙居"的意境。华山之路，几乎无路不险。但只要勇敢沉着，胆大心细，不畏劳苦，就会无往不胜。

四、峨眉——秀

峨眉山之秀,主要有两个方面:一是宏观,远观其形态,"此山云鬟凝翠,鬓黛遥妆,真如蟓首峨眉,细而长,美而艳也。"山体虽然高大,但轮廓线流畅柔美。尤其是多雾的峨眉山下,时时云雾弥漫,此时,两峨如眉的形象非常明显。二是峨眉山植被丰茂,色彩翠黛雅丽,终年不枯。所以,素有"植物王国"之称。

从空间结构看,峨眉山的景观分为三层:第一层是基础广大、起伏和缓的低山丘陵,形如团团绣球,密密层层,景观幽秀;第二层是主体中山紧凑,峰峰如春笋,景观雄秀;第三层是主峰险峻高耸,景观险秀。深入山中,则密林、芳草、鲜花、鸟语、流泉……令人陶醉。"山路元无雨,空翠湿人衣"(王维《山中》),便是"秀"境中的感受。

祖国处处有秀色。西湖明媚秀丽,山水交融,林木葱茏,晴、雨、风、雪,四时皆佳景。富春江风光锦绣,素以"日出江花红胜火,春来江水绿如蓝"(白居易《忆江南》)而闻名古今。滇西高原的苍山洱海,雄伟美丽,秀丽多姿。江南各山,植被良好,均有秀色。江北也有个别风景区,植被良好,山清水秀,被誉为"秀出北国"。比如,山东桓台县的马踏湖,湖泊相连,港汊纵横,被人们称为"北国江南水乡"。

五、青城——幽

青城天下幽。唐代诗人杜甫曾写下这样的诗句:"自为青城客,不唾青城地。为爱丈人山,丹梯近幽意。"形成"幽"的自然条件往往是丛山深谷、古树浓荫,造成一种幽深、恬静、清新的环境气氛,青城山诸峰环绕,状若城郭,林木葱郁,四季常青。青城山群峰耸立,高崖绝壁,涧壑幽深的地形,造成了许多隐蔽空间。松、楠、枫、柏等古木遮天蔽日,宫观亭阁掩映于浓荫翠盖之间,通幽小径穿行于丛林深谷之中,处处幽深,处处清静。幽中藏秀,幽中藏奇。山中的建福宫,藏于"悬崖峭壁高百丈"的丈人峰下,周围五峰环列,古木葱笼,上连岩腹,下临清溪,幽然而居。山中的听寒亭,前有清水一泓,晶莹见底,泉珠滴落池中,如琴弦轻拨,珍珠落地。

几乎每个风景区都有"曲径通幽处"的"幽"美景观,这些幽处往往是山间小盆地,或河谷盆地,或山麓岙地。比如,庐山的白鹿洞书院、隋代古刹天台山国清寺、山东济南市的灵岩寺、武夷山脉泰宁县的上清溪、张家界的天子山、北京的明十三陵、五台山的南禅寺、淄博的泉河风景区等,这些地方四面环山或三面环山,水流汇集而出,土壤肥沃,植被繁茂,气候宜人,古寺明月藏于深山之中,是宜居宜游的佳境。这种幽境给人以幽静、稳定、安全的心理感受,有着"世外桃源"的幽美感。

六、武陵——奥

从景观上讲,"奥"美特征是指深奥莫测、变化无穷的封闭空间。比如,奇峰深谷之底,迷宫般的山谷、洞穴、溶洞等，给人以奥秘莫测之感。奥景可分迷宫式的深谷和封闭的洞穴景观。武陵之奥，两者皆备。奇峰怪石，数以亿计。武陵之峰，挺拔巧叠，如柱、如塔、如屏、如墙、如楼阁、如城堡、如人、如兽，如种种物象。有孤峰，有群象，有若动，有若静，有秀雅高洁，有凶猛险恶，无所不有，无有不奇，无所不绝，真是天下奇峰归武陵。武陵山千峰拔翠，万木争荣，松奇藤长，四季花不断，八节绿常披。珍禽异兽出没，清泉飞瀑不绝，无不生机勃勃。

武陵谷底，金鞭溪、矿洞溪及索溪的十里画廊，萦回于千峰之底，溪宽数十米，而两边直立的奇峰峭壁则高达 200 米上下。登上黄石寨、天子山，俯瞰千峰万壑，如万丛珊瑚出于碧海深渊，深不可测，奥妙无穷。

武陵的溶洞景观更"奥"，如黄龙洞、观音洞等，洞中钟乳石、石笋及种种岩溶现象，无所不有，奥妙无穷。

溶洞是一种全封闭的洞穴景观，不同于一般的风景，迷宫般的洞穴和神奇奥秘的景物，均非光天化日下所能见到的。比如，阳朔莲花岩、山东的博山朝阳洞、沂源县土门镇的溶洞群，都深深地吸引着探奇觅奥的人们。

七、洞庭——旷

"旷"指的是辽阔开朗的自然空间，有平旷和高旷之分。"八百里洞庭""五百里滇池"为平旷景观，"登东山而小鲁，登泰山而小天下"则为高旷景观。

洞庭湖位于江汉平原，水域辽阔，视野开阔，岳阳楼临湖而建，湖水、楼台互为成景。宋代文学家范仲淹的《岳阳楼记》曾对洞庭湖的旷美作了生动而精彩的描绘。在洞庭湖中有一个小岛——君山，岛小益显湖大，小岛虚无缥缈，给人以种种遐想。唐代诗人刘禹锡的《望洞庭》赞道："湖光秋月两相和，潭面无风镜未磨。遥望洞庭山水翠，白银盘里一青螺。"还有岛上优美的湘夫人故事和斑竹泪痕的传说，都为这旷阔浩渺的洞庭景观增添畅想，并增加迷人的魅力。毛泽东同志诗作《七律·答友人》写道："斑竹一枝千滴泪，红霞万朵百重衣。洞庭波涌连天雪，长岛人歌动地诗。"

我国许多著名的湖泊风景区，都具有旷美的特征，如太湖、鄱阳湖、微山湖、滇池、洱海等。我国许多江河的旷美景色，其特征在于流动。古代诗人曾多有赞美，如"孤帆远影碧空尽，唯见长江天际流"（李白《黄鹤楼送孟浩然之广陵》），"乱石穿空，惊涛拍岸，卷起千堆雪"（苏轼《念奴娇·赤壁怀古》），"黄河之水天上来，奔流到海不复回"（李白《将进酒》），等等。我国的万里海洋，水天一色；茫茫草原，辽阔无垠。北朝乐府民歌《敕勒歌》就写出了草原风光的那种浑朴苍茫的审美特征。此诗写道："敕勒川，阴山下。天似穹庐，笼盖四野。天苍苍，野茫茫，风吹草低见牛羊。"

在任何自然山水风景区，人们都可获得高旷美的享受。所谓高旷，就是登高望远，抬高视点，扩大视域，获得广而富的景观信息量。因而高旷之美，不但景观内容丰富，而且令人心胸开阔，心旷神怡。在古代诗歌中，"西岳峥嵘何壮哉，黄河如丝天际来"（李白《西岳云台歌送丹丘子》），"会当凌绝顶，一览众山小"（杜甫《望岳》），"欲穷千里目，更上一层楼"（王之涣《登鹳雀楼》），都是描绘高旷美的名句。

自然风景是美妙的空间综合体。自然山水美包括形象美、色彩美、线条美、动态美、静态美、嗅觉美、听觉美。有人说，风景美是诗，是画，是美妙的交响乐。人可在画中游，在诗、乐中饮清泉，呼吸新鲜空气，去除烦思杂念，开阔胸怀，陶冶性情。例如，山西的壶口瀑布，粗犷壮烈，气流飞溅，洪波急湍，涛声隆隆，似雷霆万钧，若霓虹飞射，汹涌磅礴。清代人刘龙光在《咏壶口》中赞道："渴马奔泉近，山雷震谷声，人中不见出，忽有云烟生。"现在，壶口瀑布已被画成图案，印在了50元人民币的背面。壶口瀑布也被人们称为世界第一黄色瀑布。而这条黄色瀑布和周围的"孟门夜月""石窝宝镜""壶口秋风""禹帽夕阳""龙门飞桥""明代码头""旱地行船""清代长城""人祖山"等自然景点，构成了方圆60平方公里的风景名胜区。人们置身其中，自然心旷神怡。

复习思考题

1. 谈谈你对自然美本质的理解。
2. 自然美的审美特点有哪些？
3. 造成自然美的不确定性这一特点的原因是什么？
4. 利用休假日组织到学校附近的自然风景区旅游一次，然后每人写一篇2000字左右的文章，谈谈旅游的体会和该自然风景区的形象美特征。

第四节 生态与环境美

自从人类出现之后，便与环境结下了不解之缘。人离开一定的生态环境就不能生存和发展。因而，欣赏美的环境、创造美的环境，对于人类物质文明和精神文明都有着重要意义。

一、生态环境美

（一）什么是环境

环境是人类生存的空间、场所，是人们世代居住、休养生息的地方。环境的好坏、美丑与人们的身心健康和社会发展有着密切的关系，因而，它成为人们改造和欣赏的对象。如果我们生活的环境既美观又整洁，不仅有益于人们的身心健康，而且有益于社会文明。如果人们任意地糟蹋、污染环境，空气、水、土壤都被污染，不仅有害于人们的身心健康，而且使人们不会有好的情绪，进而影响工作和生产，社会文明将成为一句空话。所以，环境的美化、净化、优化、绿化，已成为文明建设的重要目标，并且具有审美意义。

（二）环境的审美意义

环境的审美意义在于它为人类的生命活动提供了物质前提，同时满足人的精神生活需求，通过环境的美化潜移默化地形成人的优良气质。无论大环境、小环境都是人们生活不能离开的。大的环境是指大自然和人类社会；小环境是指我们日常生活、工作、学习的场所，如学校、工厂、教室、车间、寝室、家庭等。这些都是我们的审美对象，都应该按照美的规律去美化、欣赏和保护它。环境还有有形和无形之分。有形的环境是指由上述所说的大、小环境；无形的环境则是指人际关系构成的环境，这种环境看上去不像有形环境那样具体可见，但它确确实实地存在着，人们都在其中生活，并且能够感受到它。

  人们对于大环境应从全社会、全人类的利益出发，在改造客观世界的过程中，尽可能地创造、保护优美的环境，如植树造林、防治污染、减轻噪声、维护生态平衡，为人类自身创造良好的生存和发展条件。对小环境的美化和欣赏，应当本着清洁、整齐、安宁、舒适、实用等原则，为生活、学习、休息、工作创造适宜的条件。对无形的环境进行美化和欣赏，应当本着和谐、团结、友爱、互助、礼貌、谦让、温暖等原则，有利于人们心灵的净化，道德水准的提高，使人们胸怀坦荡、团结友爱，去掉猜疑、嫉妒、尔虞我诈、互相倾轧。人们在上述环境中工作、学习、生活，自然会心情舒畅、精神饱满、斗志旺盛。可见，环境美具有十分重要的意义，它是我们审美和塑美的对象。人人都应珍惜环境、保护环境、创造美的环境，这是每个公民的义务和责任。我们不仅要具有保护环境的法律意识，而且要以美的情操自觉地投身到这一建设中去。

二、生态环境美的要素

  我们这里所说的生态环境是指日常工作、学习、生活的小环境。它与我们的联系最直接、最紧密，因而对我们具有更现实的意义。当我们走进一所校园，苍松挺拔林立，绿地井井有条，鲜花芳香四溢，道路平坦整洁，建筑美观大方，整个环境清新、和谐，在这里读书的心情该是多么舒畅。生态环境美的要素有很多，一般说来是指清洁、整齐、新颖、安宁、实用。

（一）清洁

  清洁的环境，人人都喜爱；肮脏的环境，人人都讨厌。因此，它是环境美的首要要素。人们把清洁看得如此重要，是因为它与人们的身心健康紧密相关。空气清新，没有有毒气体污染，周围环境没有污物、垃圾、痰迹、腐物，就不会有传染病源，有利于身心健康，因而人们会对这种环境产生美感。在这样的环境中生活、工作、学习，心情会非常愉快，是一种美的享受。

  《朱子治家格言》中说："黎明即起，洒扫庭除。"它告诫人们要坚持不断地维护自己清洁的生活环境。人们喜欢新鲜的空气、清澈的河水、清洁的马路和庭院，房间窗明几净，家具一尘不染，但只有人人动手才能维持和保护。所以，人人都要有讲究卫生、爱护环境、净化环境的习惯。

（二）整齐

  整齐与布局、格局相联系，它是指各种物体与整个环境协调一致。比如，建筑物的排列、街道、路旁树木，车间里机床的位置、原材料及产品的摆放，学校教室里桌椅的放置、寝室里被褥的折叠等，都应当体现整齐的特点。这种整齐不仅具有空间上的特点，而且还有色调上的特点，色调不协调，也不能称得上美。

整齐之所以产生美感，是因为它的节奏感和有序性。节奏是事物存在的一种形式，它表现为一种规则的、有节律的、周期性的反复。自然和社会的事物有节奏。生活也应有节奏。万物都以一定的节奏形式存在着，它表现出一种周期性的律动之美。这种节奏符合人们自身的运动节律，因而呈现出美感。离开节奏，会使人们感到不舒服；环境杂乱无序，会引起人们不愉快之感。

蔡元培说过："工作室之书案与架柜、会客室之陈列品，不问华贵或质素……其最必要而为人人所能行者，清洁与整齐。"清洁与整齐密切相联系，不整齐就难以清扫干净，历来，提倡环境美时，总是把治脏与治乱放在首位。

（三）新颖

新颖一般指事物存在方式的特征。它实际上包含着两个密切联系的方面：一是事物内部结构，即事物内部各个部分的组织方式是否有新的特点；二是事物形象的外观，即形象呈现于鉴赏者感官面前的那种样式是否有新的特点。事物的存在方式表现为在时间、空间中运动的属性，因而，事物的审美特性存在于运动、变化之中。不运动或不变化无法带来新颖。英国文艺理论家荷加兹认为"变化产生美"是科学的。事物组合规律所呈现出来的审美特性，如整齐、比例、对称、均衡、反复、节律、多样性的统一等，也是指动态的、有变化的，不是千篇一律的、单调呆板的。比如，服装模特展示的服装就必须具备这样的审美特性，它的时代感、体型特征、着色、款式等要表现新颖。所以，新颖是指格局、色调符合规律的变化，使人有一种新鲜感。在校园美化中，苍松、曲柳、白杨适当搭配；四季鲜花竞相开放，各有色调，具有审美特性，如果清一色就显得单调无味。室内装饰上，墙壁的颜色、家具的款式、色彩都应相互协调，悬挂的艺术作品应根据季节有所变化，只有新颖才富有美的感染力。

（四）安宁

安宁经常表现为一种氛围，它使人们心情平静、舒适，是环境美不可缺少的要素。

安宁与清洁、整齐、新颖有着密切的关系。肮脏凌乱的环境，会令人烦躁不安，陈旧不堪、单调呆板的环境又使人感到厌烦。它们或缺少正常的节奏，或缺少新鲜的魅力，或表现为闹闹哄哄，或表现为死气沉沉，都不是安宁。

安宁与音响有直接的关系。噪声污染严重破坏环境美。据科学研究证明，超过50分贝的噪声就破坏了安静的环境；超过80分贝的噪声就令人难以忍受；100分贝以上的噪声直接危害人的生命，150分贝以上的噪声连金属都能击穿。可见，安宁对环境美是何等重要。有些学生在校园里经常大呼小叫或出怪声，下课、会前或会后乱动桌椅、乱跺脚，或在走廊里嬉戏打闹，会产生许多噪声，破坏安宁的环境。在楼房中生活更应该注意自己的动作对左邻右舍及下层楼的影响。上层楼的一个小震动都会影响下层楼人的休息，引起他人厌烦。

剧场、影院、舞厅等公共场所更需要安宁。因为人多，如果每个人都喧哗，加起来的噪声就会形成乱哄哄的环境。少数人在演出过程中肆意高谈阔论、嬉戏笑谑，或者出怪声、打口哨、跺脚，或者没等散场便站起来先走，弄得乒乓乱响，就会破坏场所的安宁，这是不礼貌的行为。

安宁既有利于身心健康，又有利于学习、工作、生活，是必需的条件。每个公民都有义务自觉地去创造安宁的环境。

（五）实用

环境既有审美价值，也有实用价值；环境美既有愉悦性，又有功利性。因而，实用性也是环境美的要素。

例如，教室的环境怎样布置才算美？不少班级下了很大功夫，但由于不去细心研究，达到的审美效果很差。有很多墙壁贴满了标语、口号、格言、图表，以及奖状、奖旗等，大红大绿看上去十分热闹，自以为很美，但令人眼花缭乱，很不规范。教室是学习的场所，应是使教师、学生精神高度集中进行教学和学习活动的场所。而琳琅满目、五颜六色的标语与学习环境不协调，既不利于学习，又不具有审美特性。

一个居室的布置也要考虑实用性特点，如果室内装修得富丽堂皇，摆满了各式各样的现代化家具、家电，使人无插足之地，也不利于日常生活、休息。居室也应该与日常生活、休息、学习相协调，既要朴素、舒适，又要有职业的特点。虽然家庭要有生活气息，但也要有分寸感，便于休息、学习，一进屋就令人感到亲切、赏心悦目。只要我们有实用的意识，就会根据自己的兴趣、爱好，进行合理的设计，达到人与环境的和谐一致。

在上述五种因素中，都必须注意和谐、色彩、比例、均衡等因素的相互配合，其中色彩尤为重要。它在环境美中的作用是不可忽视的，有时与其他因素融合起作用，有时则独立地发挥作用。比如，集体宿舍的床、被子整齐划一，使用白色就很协调，而使用大红大绿就很不协调，从而失去了审美价值。

三、生态环境美与人的美之关系

生态环境与人有着不解之缘，环境之美和自然之美与人的美密不可分。美的人创造美的环境，环境之美也可促成人的美，二者相辅相成，互为影响。

（一）美的人创造美的环境

这里所说的人，主要是指心灵美、热爱环境美、具有审美意识和创造美能力的人。他们代表着人类爱美的本性，凭借智慧的头脑、勤劳和灵巧的双手去装扮周围的环境，美化、净化、绿化环境。如果一个人失去了心灵美，可能将自己的小环境美化得很好，而不顾大环境、周围的环境、集体的环境；如果一个人没有审美能力，就可能在改造世界的同时不自觉地去破坏环境、污染环境，使生态平衡受到破坏，人类生存和发展受到威胁；如果一个人很懒惰，他的周围就会积满灰尘、垃圾，造成恶劣的环境，不但无美可言，还会给他人、社会带来灾难。有的人无视这些，随地吐痰，到处扔果皮、果壳、碎纸，乱倒垃圾、废物，在建筑物或古迹上信手涂鸦，到处破坏环境美，与我们提倡的"保护环境"背道而驰，成为环境美的对立物。

一个人的审美意识、审美情趣、创造美的能力对于创造环境美至关重要。具有上述素质才能由不自觉到自觉，由不会创造到善于创造。否则，即使费力、花钱不少，也可能适得其反。青年学生通过美育，应该提高自己的审美意识和情趣，增强自己创造美的能力，人人动手改变脏乱差的环境，为自己的学习、生活、工作创造舒适、优美的环境。比如，学会布置教室，寝室管理规范化，积极参加校园的绿化、美化活动，看见不卫生的地方就动手清理，与破坏绿化、美化的行为作斗争，等等，把创造环境美作为自己的道德追求。

（二）美的环境对人的美也产生巨大影响，对精神文明建设具有重要意义

优美的环境对人的健美有重大影响。长期生活在山清水秀的环境中，不仅会有健美的体形，而且肤色健康，体态匀称，五官端正。相反，长期生活在脏、乱、闹、污染严重的地方，人们轻则容易皮肤变色，脸上生出褐斑，重则发育不正常或导致畸形，严重影响人们的仪表。

优美的环境还能陶冶人们的性情和心灵。人们在清洁的环境中容易受到约束，从而克服一些不良的习惯。而在脏乱的环境中则容易言行无忌。因此，长期处在美的环境中，人们就可能变得行为高尚、举止文雅，使自己的内心世界也变得美起来。这对于精神文明建设具有重要意义。

第五节　自然美与社会生活

自然美与人类社会的关系是密不可分的。自然以其原始的风貌和无穷的魅力，为人类提供了丰富的审美资源。而人类社会以其独特的文化和创造力，又不断地赋予自然以新的美的意义。因此，深入社会生活，重视美的创造、探索美的创造规律、总结美的经验，就成为美学研究的重要任务。本节将探讨人类是如何创造自然美的，以及自然美与社会生活的紧密联系。

一、人类创造自然美的条件

（一）确定高尚的审美理想

审美理想是人类审美意识高度发展的产物。它是在审美感受的基础上形成的，人们对美的一种完善形态的愿望、憧憬和理想。这种理想是指向未来、指向人的生活远景的创造性想象成果。

历史上，无数文人墨客登临岳阳楼，留下了许多不朽的佳作。然而，唯有范仲淹的"先天下之忧而忧，后天下之乐而乐"，道出了他忧国忧民的高尚情怀。这不仅是他个人情感的抒发，更是他高尚审美理想的体现。这种审美理想不仅激发了人们对美的向往，而且激励

着人们为创造更加美好的生活不懈努力。

（二）把握客观对象或使用的物质材料的内在规律

创造自然美，需要深刻理解自然和物质材料的内在规律。无论是绘画、雕塑还是园林设计，艺术家们都需要对自然元素有深刻的洞察力，理解其生长、变化的规律，才能创造出和谐而富有生命力的作品。

例如，在园林艺术中，设计师需要根据地形、植被、气候等自然条件，巧妙地布局山水、建筑与植被，使园林与自然环境相得益彰，创造出既符合自然规律又具有艺术美感的空间。

（三）拥有相应的才能和技巧

除了审美理想和对自然规律的理解，创造自然美还需要艺术家具备相应的才能和技巧。这些技巧包括但不限于对绘画、雕塑、建筑、园艺等艺术形式的掌握，以及对色彩、线条、形态等艺术元素的敏感度和运用能力。

艺术家通过对技巧的不断磨炼和创新，能够更好地表达自己的美学理念，将自然美与人类智慧相结合，创造出令人赞叹的艺术作品。

二、人类对自然美创造的发展历史

自然美与人类社会的创造活动是相互促进、相互发展的。从原始社会的简单创造，到私有制条件下的文化繁荣，再到无产阶级夺取政权后的全面和谐发展，人类对自然美的创造活动不断深化，体现了人类社会的进步和发展。

（一）原始社会人类对自然美的创造

在原始社会，人类对自然美的创造与征服和改造自然的过程紧密相连。原始人类在与自然界的斗争中，逐渐意识到了自身的本质力量，并开始发现和掌握美，创造美的产品。

例如，当原始人类第一次拿起石块击毙野兽时，他们不仅感到惊奇，更意识到了这石块的神奇和美。这种美虽然在形式上是低级的，其意义却是深远的。正是这种最初的美的追求和觉醒，为后来美的高度发展奠定了基础。

原始社会对美的创造虽然简单，却是人类文明进步的重要一步。它体现了人类对自然界的初步认识和利用，也是人类审美意识的萌芽。

（二）私有制条件下人类对自然美的创造

随着社会的发展，私有制的出现为人类对自然美的创造提供了新的条件。在这一时期，人们欣赏和赞美的一切美的事物，以及人类本身所具有的智慧和才能，有许多是在私有制条件下形成和发展的。

例如，京杭大运河、骊山阿房宫、敦煌石窟等，这些灿烂文化的结晶，都显示了我国劳动者的大智大勇，都是在私有制条件下创造出来的。这些创造活动不仅体现了人类对美的追求，也反映了社会生产力的发展和人类智慧的结晶。

然而，私有制的出现也有其两面性。一方面，它促进了社会的发展和文化的繁荣；另一方面，它也压迫了劳动者，使劳动人民陷入了苦难的深渊。例如，万里长城的建造，虽然是一项伟大的工程，但其背后也隐藏着无数劳动者的血汗和牺牲。

（三）无产阶级夺取政权后的自然美创造

无产阶级夺取政权后，人类社会进入了一个新的发展阶段。在这一时期，人们的个性得到了全面和谐的发展，人们开始掌握自己的命运，美的创造也达到了一个新的高度。

例如，庐山植物园的建立，不仅为人们提供了一个欣赏自然美的地方，而且体现了人们对自然美的深刻理解和创造。武汉长江大桥的建设，将天堑变为通途，不仅改变了人们的出行方式，而且创造了一种新的自然美。

这些无数美的创造充分说明，因为有了美，我们的时代才这样温馨可爱；因为有了这个时代，美才这般丰富多彩。马克思曾说："劳动创造了美，劳动也创造了人类美的历史。"这些美的创造活动，正是劳动人民智慧和力量的体现，也是人类社会发展进步的标志。

三、自然美对青年精神生活的陶冶

美是人类生活的有机组成部分，凡是有人类的地方，就有美的足迹。随着人类征服自然的历史不断发展，自然美越来越成为人们生活的重要内容。自然美给人们特别是青年人，提供了丰富的精神享受。

（一）欣赏自然美可以增长知识、丰富生活

人和动物很重要的区别在于人有思想，有情感，有精神生活。从人的本质和归宿来看，精神生活将显得日益重要，并成为人们追求的主要目标。青年人从自然美中得到的永远是强烈、持久、丰富的快乐。教育家斯宾塞曾指出：如果没有自然美所引起的美感，那么人生乐趣就会失去一半。事实也证明，人若失去了对自然美的追求，就失去了对生活的热爱，失去了希望，失去了理想，生活将变得枯燥无味，甚至令人窒息。相反，正因为有了自然美的存在，有了对自然美的追求和创造，才使人生变得更加丰富多彩。例如，青年人可以在紧张的工作和学习之余，利用节假日，邀集一些亲朋好友，或郊游或旅行，登山涉水，领略桃红柳绿、鸟语花香的美景。我国古代有清明踏青、中秋赏月等习俗。将自己置身于名山大川之中，无垠的原野能开阔你的眼界，叮咚的泉水能洗涤你的心灵，壮丽的河山能陶冶你的性情，名胜古迹能丰富你的知识。大自然，丰富着你的生活。

除此之外，多领略一些自然美还能扩大知识面。古人说："读万卷书，行万里路。"在这里，古人把"行万里路"和"读万卷书"相提并论，认为二者都是获得知识的途径，这是很有道理的。历史上一些大有作为的文学家、史学家、诗人，几乎都与名山胜水结下了不解之缘。如果没有"行万里路"，那就不会有司马迁、李白、苏轼、徐霞客。在《史记》中，有许多对风土人情的描写，对楚汉相争场面的描写，都给人以身临其境的感觉，如若司马迁没有在青年时代游历全国的经历，那么他在《史记》的写作期间，必然会遇到很大

的困难。

至于徐霞客，如果没有北至燕晋、南达云贵的考察，那就肯定不会有《徐霞客游记》一书的问世。所以，多领略一些自然美，对增加人的阅历、丰富生活内容具有重要意义。

自然美，能陶冶人的性情，提高人的精神境界。因为欣赏自然美有如春风化雨，润物无声，使人在潜移默化中受到教育。

（二）欣赏自然美可以陶冶性情、追求高尚

古人说，近山者仁，近水者智。纯净的空气、灿烂的阳光、晶莹的清泉，不仅有益于人的健康，而且能影响人的气质与性格。山，是静的，那坚实稳定的形态、清新爽快的气氛，能够陶冶人朴素忠诚的情操。水，是动的，那千变万化的姿态，能启发、活跃人的智慧。然而，并不是所有的人，在任何时候都能受到这种启迪。同一个自然界，有的人认为山河含笑，有的人却感到云愁月惨。同是站在长江边，有的人因它的一泻千里而战栗，有的人却为它的奔腾咆哮而高歌。同是身处戈壁滩，古人发出的是"大漠孤烟直，长河落日圆"的感叹，而守卫戈壁滩的战士却有另一番感情："赞美你啊，戈壁落日！你虽然没有江南夕阳的多情，却包含戈壁特有的忠诚。"由此可见，欣赏自然景色，并从中受到美的感染和启迪，最重要的一条就是要有对美的崇高追求。只有锐意追求生活中的美好事物，为之奋斗不息，才能在欣赏中达到高层次的对美的追求。

据说有这样一个真实的故事。第二次世界大战后，一个叫沃尔斯特的美国人在法国巴黎的大街上看到一片瓦砾和废墟，很热心地问当时美国驻巴黎办事处的主任哈里曼：

"你看他们能重建家园吗？"

"能，他们能做到。"哈里曼肯定地回答。

"什么原因使你这样肯定呢？"沃尔斯特反问道。

"你看他们地下室的桌子上放着什么？"

"放着一盆花。"

"对！任何一个民族，当处在这样一个困难的境地，还没有忘记美，那就一定能在废墟上重建家园。"

后来的事实完全证明了这一点。可见，自然美，在某种特殊的情况下，是力量和希望，是生命和信念的象征。正因为如此，热爱美、追求美，是对生活充满信心的表现，也是对未来充满希望的表现。

（三）欣赏自然美可以激发爱国主义热情

中华文明培育了独具特色的对自然景观的审美情趣，赏山观水，不仅仅是一种审美愉悦，而且是中华民族有为、达观、舒展襟怀的精神体现。领略山水之美，在某种情况下，对人是一种爱国主义教育。

古人诗曰："胡马依北风，越鸟巢南枝。"北地所产的马依恋北风，南方所生的鸟筑巢于南枝。在我国山川哺育下成长的中华儿女，总觉得山水依依，故土多情。李白十几岁离

家远游，但他常常"举头望明月，低头思故乡"。鲁迅小时候由于饱赏故乡秀丽风景，百草园给他童稚心灵留下无限的乐趣。方志敏在《可爱的中国》中写道："至于说到中国天然风景的美丽，我可以说，不但是雄巍的峨眉，妩媚的西湖，幽雅的雁荡，与夫'秀丽甲天下'的桂林山水，可以傲睨一世，令人称羡……这好像我们的母亲……"方志敏对自然的热爱是和对祖国、对人民的热爱紧密结合在一起的。这种结合，曾唤起一个民族的激情。有了这种爱国之情，当祖国母亲遭到蹂躏时，她的儿女们就会挺身而出；当祖国母亲需要保护时，她的儿女们就会英勇献身。

拿出真诚去热爱吧！热爱九百六十万平方公里的神州大地，那里有"阅尽人间春色"的莽莽昆仑，有"一览众山小"的泰山极顶；有民族摇篮的黄河，有千古风流的长江；还有那美不胜收的园林、古刹和亭台等。当我们游览神州，望见峰峦起伏的高原，一望无垠的平川，星罗棋布的湖泊，奔腾浩荡的江河，就会感到她集奇美、壮美、秀美于一身。我们生活在这个令人骄傲神往的国度里，定会"心潮逐浪高"，从而迸发出热爱华夏神州的高尚情感。因为，在欣赏大自然的风光中，我们可以亲眼看到祖国的富饶、美丽，深感作为中华民族一员的自豪，产生悠悠报国心、拳拳赤子情。欣赏自然美景，可以丰富青年人的生活，陶冶青年人的情操，激发青年人的爱国热情，使他们变得高尚、积极。

自学自测　　扫描此码

第三章

美育浸润　以"境"化人

第一节　优雅的礼仪与修养

一、内在美才是真的美

作家林清玄曾经说过，人生的美分为三个层次：第一个层次是欲望和物质带来的美。物质的人生是永不能满足的，比如，你吃得很好，但科学家的分析是，你只有15厘米的满足感，即从舌头到喉咙。美的第二个层次是文化、艺术、文明带来的美的满足。比如，动听的音乐、梦幻的灯光。美的第三个层次是灵性和精神的美，这需要我们通过努力去认识生命中一些美好的部分。

人生之中，最重要的是灵性精神的美，即人们所说的内在美。就个体而言，一个人的美包含外在美和内在美两个方面。所谓外在美，是指一个人的容貌、身材、肤质，以及穿着集中体现出来的美。而内在美，是指一个人内心的精神面貌，由一个人的学识、性格、思想等比较复杂的因素由内而外体现出来的美。

古人云："爱美之心，人皆有之。"可在如今这个时代，人们似乎误解了这句话的含义。有许多青少年为了追求美丽，到医院的整形外科进行整形，甚至有的举着一些名模、明星的照片前来就诊，照片上的形象就是其整形的标准。正如某材料中所说："暑假期间，整形外科的就诊人数中青少年占了60%~70%，绝大多数是为了锦上添花。"

对于一个人来说，外在的美固然使人赏心悦目，能够锦上添花，然而经不起时间的沉淀。毕竟时光荏苒、年华易逝，一个人更重要且更持久的是内在心灵的美、人格的美。

秦牧说："外表美的缺陷可以用内心美来弥补，而内心的卑劣却不是外表美可以抵消的。"美，于拈花一笑间在心灵上产生，于觉悟的刹那间在心灵上产生。一念成美，一念成丑，全看心灵是否美丽。

然而，人们往往重视的只是外表，而忽略了内心。其实，只有心灵美才是真正的美。心灵美是一种美德。哲学家弗朗西斯·培根曾作过这样一个比喻：美德好比宝石，它在朴素背景的衬托下反而更显美丽。其实，每一种美德都是出自善良的内心，它让人们肃然起敬。无论一个人的形体和容貌是否美，人们都会因他心灵的闪光点而肃然起敬。

甘如意是武汉江夏区金口中心卫生院的一位女医生，老家在湖北的一个小山村里，两地相距300多公里。疫情暴发后，她毫不犹豫，孤身一人骑自行车辗转4天3夜，一路经历千难万险，终于赶回到单位投入抗疫一线。她的故事被广泛报道，既体现了她高尚的职业道德，也充分体现了她美丽的人格。

内在美表现在自信之美、担当之美、诚信之美。只有具备内在美的人，才拥有高尚的品质，赢得人们的尊敬。在《巴黎圣母院》中，卡西莫多驼背、满嘴烂牙、面容骇人，但他正直勇敢，不像弗罗洛那样虚伪。他选择为心爱的人去死，与恶势力做斗争。在他丑陋的外表下，是一颗纯净的心。正是因为他美丽的内在，带我们穿过了岁月的烟尘，看到了他高尚的灵魂。

只有内在美的人，才会拥有良好的修养。拿破仑·波拿巴曾被别人嘲笑身材矮小，但他具有超凡的军事才能，最终建立了法兰西帝国；霍金全身只有三根手指头可以活动，毫无美感可言，他却是一位伟大的物理学家；玛丽·居里穿着朴素，生活清贫，却发现了化学元素钋和镭，并因此获得了诺贝尔奖。

如果将美比作一朵花，那么内在美就是花的根，外在美就是花朵。花的根是花的生命，只有根不断地输送养分，花朵才会绽放。

一个人的内在涵养比外在美貌重要得多。俄国小说家契诃夫曾说过："人应当一切都美；外貌、衣裳、灵魂、思想。"英国作家塞缪尔·斯迈尔斯说："得体的举止、优雅的风度，是走进他人心灵的通行证。"

爱因斯坦那张吐着舌头、蓬头垢面的照片被人们铭记。他没有任何外在的美，更不必论其"颜值"，但他的内在、他的头脑，却为人类做出了多么伟大的贡献，名垂青史，因为他内在的美永世不朽。

刘胡兰的故事妇孺皆知，人们为她的勇气和爱国主义精神所震撼，而又有谁曾记得她的容貌、她的颜值呢？只有她的内在美被历史铭记。

内在对一个人总是很重要，因为内在美才是人真正的灵魂。内在决定你生命的深度，蕴含了你人生的意义。

外表的美，总是昙花一现。只有内在的、精神上的、灵魂中的美，才是不朽的。

作为一名大学生，我们应该用渊博的知识来充实自己，用高尚的行为感染别人，立志进取，勤学守纪，尊师爱友，博学多才，这才是真正的美。让我们把美丽的形貌与闪光的美德结合为一体，让美放射出光彩，成为21世纪合格的建设者和接班人。

二、做个气质美人

气质是一种由内而外散发的表现力，是一种毫无声息却又让人无法忽略的感觉。

拥有气质的人，即便是没有出色的容貌和身材，也可以在人群中脱颖而出。更重要的是，气质是永恒的，即便芳华逝去，容貌不再，也依然可以从一个女性身上慢慢散发出来。

哲学家亚里士多德曾经说过，美丽胜过世界上任何推荐信。每个女人都希望自己美丽、优雅、有气质。与奥黛丽·赫本同时期有很多绝色美艳的大明星，为什么只有她被誉为全世界最优雅美丽的女人？

美国前第一夫人杰奎琳·肯尼迪，本身并不算十分漂亮，但由于自小接受贵族礼仪培训，举止优雅，谈吐得体，时尚品位出众，是美国最年轻的总统夫人。陪同肯尼迪总统出访欧洲时,她还以优雅的魅力征服了法国总统戴高乐,被誉为美国最优雅的第一夫人。

优雅的气质并不是天然形成的,它与一个人的财富、身份都没有绝对的关联,而在于你的外在仪容、行为举止以及内涵修养、人格魅力,这些都可以通过学习来转化为自己的个人魅力。

如何保持优雅的气质呢?

在日本作家山下英子的《断舍离》一书中,陈数为其作序,讲述了自己修炼气质的秘诀。她提到,想要成为一个更好、更有气质的自己,关键在于两件事:给物质做减法,给精神做加法。

(一) 给物质做减法

其实气质更像是一种态度。有气质的人往往恬静而从容,不管遭遇什么事情都能优雅自在地继续前行。他们内心足够平静,所表现出来的气质自然不会咄咄逼人。相反,如果一个人每天被外物所累,不是抱怨生活,就是和邻居争吵,那么满身戾气的他又如何能让人感觉到有气质呢?因此,我们要达到一个平和的状态,释放优雅的气质,首先要让自己远离那些喧嚣和烦琐的事情。

也就是说,要坚持一个原则,那就是给自己的物质做减法。不管身旁的东西多么名贵,只要用不到,都通通丢掉。不管这个人多么有钱或多么有权势,只要让自己觉得不舒服,甚至打扰到了自己的生活,就会立刻远离。

(二) 给精神做加法

常有书卷伴己身。曾经有人问董卿,如何在台上表现得优雅自信,不怯场、不牵强,知礼仪,一言一行都恰到好处。董卿告诉他,只要把别人用来聊天、玩手机的时间多用来看看书,谁都可以做到。

台上一分钟,台下十年功。可是对于大多数人而言,别说 10 年,哪怕再多给几个 10 年,也难以做到。

人们常说,看一个女人美不美,看的就是气质、言谈举止、性格观念等。而养成气质,最有效的方法就是多看书,观世间百态,看人世浮沉,一个故事,就是一段人生。看得多了,你的谈吐、你的书卷气怎么遮也遮不住,而这也将成为你最难以撼动的美。

想要成就自身的"美",我们可以给自己一个合理的计划,出去走走,看看心中仰慕已久的名山大川。路伴清风明月,看的不是风景,而是山河之大,是不同的风土人情与不同的人际交往。当自己见的世面多了,那种无形的美感,自己可能感受不到,但是在别人眼中却很明显。

有句话说,你的气质里藏着你读过的书、去过的地方、走过的路、吃过的饭、爱过的人、穿过的衣。外面的世界很精彩,让我们去拥抱大自然,让我们放飞心灵。大自然充满了无限的美,它能净化我们的心灵,升华我们的品质。让我们到大自然中去享受,欣赏映阶碧草,聆听隔叶黄鹂,呼吸新鲜空气,放飞思想,放飞心灵……

三、优雅的仪态管理

一个人的举手投足比服装更能向外界传递他的教养和内涵。中国有句古话说得很形象:"穿着龙袍也不像太子。"说的就是言行举止比服装更能体现一个人的内在气质。

女性的站姿、坐姿、蹲姿和手势,每一个细节都是气质的展现。提升气质的关键秘诀在于仪态管理。

莱蒂齐亚还是西班牙王妃的时候,尽管年轻漂亮,但她习惯性的姿态是脖子前伸,在坐着和站着的时候略微含胸,整个人的气质始终略逊一筹。

2014年,她成为西班牙王后以后,专门进行了仪态训练,肩膀打开,腰背挺直,从而使莱蒂齐亚的仪态大大上了一个台阶。她和前美国第一夫人梅拉尼娅·特朗普、人称"阿拉伯戴安娜"的约旦王妃拉尼娅、阿根廷第一夫人朱莉安娜一起合影都毫不逊色。她和超模出身的前法国总统夫人布吕尼的合影更是惊艳了世人。

这就是良好的身姿仪态管理彰显气质的作用。影响身姿仪态的关键在于控制好脖颈、肩背、手臂和腿部伸展的姿势。抬头、平视,放平展开肩膀,挺直腰背,收腹挺胸,就能瞬间提升一个人的气场。

(一)挺拔的站姿仪态

端正、挺拔的站姿最能展现优雅的气质

良好的站姿有三条标准——"正""直""挺"。

男子站立时,应讲究挺拔、笔直,能使人有稳定感,即"站如松";女子站立时,应讲究挺胸、舒展,古人常用"亭亭玉立"来形容。

正——头放正,下巴不要抬得过高,眼睛平视,肩膀放松摆正,双肩展开,不要含胸驼背。

直——后脑勺、背、臀和脚后跟成一线,让脖子和背部保持一条直线。从侧面看,最好耳朵、肩膀、腰、膝盖和脚踝骨正好在一条直线上。

挺——身体重心在两脚,挺胸、收腹,好像有一条绳子在头顶上方拉着你向上挺拔。

女士站姿手位:站立时,注意收腹挺胸,两手可以自然下垂在身体两侧,或者两手相搭贴放在腹部。双手在身体前交握时,手臂与身体之间最好留出一定的缝隙,这样姿势会显得更加端庄、优雅。

女士站姿脚位:腿立直并拢,膝盖尽量靠拢,脚跟相靠;或两脚尖略微打开呈小"V"字形;也可以采用丁字步的站姿,一脚在后,一脚在前,重心放在脚后跟上。切忌两脚过于分开,或者臀部撅起,会显得很低俗。

男士站姿:在标准站姿的基础上,两腿分开且不超过自己的肩宽,虎口相握或右手握左手腕,贴于腹部。

不管是男士还是女士,站立时应注意不要靠墙或靠桌站立,不可双手交叉在胸前或叉腰站立,不可身体抖动或晃动,不可双手插入衣袋或裤袋。

良好的站姿是所有身姿仪态的基础，"九点靠墙式站姿练习"能够有效训练和改善站姿，也是超模、空姐都在做的入门级身姿仪态训练。

训练要领是：头顶向上，想象头顶有根绳子在拉着头顶向上顶，后脑、双肩、臀部、小腿、脚跟都紧贴墙壁，收腹，坚持15分钟站立练习。这种练习方法可使受训者的后脑、肩部、臀部、小腿、脚跟保持在一个水平面上，使之拥有完美的仪态。坚持半个月就会有明显效果，从而拥有挺拔的站姿。

（二）优雅的坐姿仪态

坐姿不仅反映了一个人的修养和气质，更与人们的身体健康息息相关。良好的坐姿习惯可以预防脊柱问题，促进血液循环，同时也能展现出个人的优雅与自信。

1. 正确的坐姿要点

入座时，要轻、稳、缓，神态从容自如，双肩平正放松，两臂自然弯曲放在腿上，要立腰、挺胸，上体自然挺直，双膝自然并拢，双腿正放或侧放，双脚并拢、交叠或成小"V"字形，男士双腿双脚叉开与肩同宽。落座时，应只坐满椅子的2/3或1/2处。谈话时，应将上体和双膝侧转向交谈者，上身仍保持挺直。

2. 不雅的坐姿

头靠椅背，两手向外伸展，手中摆弄东西，两腿分开过大，跷着二郎腿或不停抖动，把鞋脱掉，把手臂支在桌上托着下巴，都是不雅的坐姿。

3. 社交礼仪中的坐姿

进入他人房间未经允许时不要坐下，这是对主人的尊重。在长辈或上级面前，应等待他们先坐下，然后自己再坐下，这是对年长者和上级的尊重。选择合适的座位，应坐在与自己身份相称的座位上，避免越位。无论何时何地，都应保持优雅的仪态，这不仅是对自己的尊重，也是对他人的尊重。

良好的坐姿不仅能够提升个人形象，而且能在社交场合中展现出你的风度与气质。通过培养正确的坐姿习惯，我们可以在日常生活中更加自信和舒适，同时也能为自己的身体带来长远的好处。

（三）仪态万方的行走姿势

走路，作为人类日常生活中最基本的移动方式，其实蕴含着丰富的身体语言和个人魅力。正确的走路姿势不仅能保护我们的身体健康，还能在无形中提升个人形象，展现出个人独特的气质和自信。

1. 正确的走路姿势

身体挺拔：保持脊柱自然伸直，避免前倾或后仰，这有助于呼吸顺畅，减轻背部疲劳。

步履轻盈：步伐不宜过重，轻盈的步伐可以减少对膝关节的冲击，延长运动寿命。

协调稳健：身体各部分动作协调，步伐稳健，避免左右摇摆，这有助于提高行走的效率与安全性。

2. 行姿的基本要点

从容：不急不躁，保持一种平和的心态，步伐自然。

平稳：步伐均匀，避免忽快忽慢，保持节奏的一致性。

直线：行走时尽量保持直线前进，这不仅美观，也有助于提高行走效率。

3. 动态美的步态

男士：走路时步态应显得稳重而大气，如同一首豪放的进行曲，展现出男性的力量与决断。

女士：步态应轻盈而优雅，如同一首温柔的小夜曲，展现出女性的柔美与温婉。

4. 行走时的姿势要点

在保持标准站姿的基础上，重心略向前倾，这样可以更好地推动身体前进。

两臂自然前后摆动，与步伐节奏相协调，避免过度摆动，以免显得紧张或不自然。

两脚内侧尽量成一线，这样可以保持身体平衡，同时也更加美观。

5. 注意事项

避免不良习惯：行走时不要大甩手、扭腰摆臀、左顾右盼，这些动作会显得不自然或缺乏自信。

避免不良姿态：不要歪肩晃膀或弯腰驼背，这些姿态不仅不美观，长期下来还可能对健康造成影响。

避免八字脚：无论是内八字还是外八字，都会影响行走的稳定性和美观性。

6. 捡东西的正确姿势

当需要捡东西时，应蹲下来，双膝并拢，挺直腰背，这样不仅安全，而且显得优雅。

避免两腿叉开、臀部向后撅起的姿态，这样不仅不雅观，也可能造成不必要的身体负担。

通过这些细节的调整，我们不仅能保持正确的行走姿势，还能在日常生活中更加自信和舒适。正确的行走姿势，就像是一种无声的语言，向世界展示着我们的风采和态度。

第二节 美丽的妆容与服饰

一、美丽的妆容

妆容作为一种视觉表达形式，代表了个体的美感，更蕴含了丰富的文化内涵和社会象征。它是一种无声的语言，通过色彩、线条和形状的运用，传达出个人的情感和态度。女性的妆容不仅是个人审美的体现，也是社会文化和价值观的反映。通过对女性妆容的研究，我们可以深入了解中国女性的审美观念、社会角色以及妆容对其身份认同的影响。妆容的变迁，从古代的粉黛到现代的彩妆，既反映了时代的发展，也映射了女性自我意识的觉醒和性别角色的转变。因此，妆容不仅是外在的装饰，而且是内在精神的体现，在女性生活中占据着不可或缺的地位。

（一）古代美学观念与妆容

1. 古代美学观念的发展

中国古代美学观念源远流长，经历了多个历史时期的变迁和发展。从古代经典文化的儒家、道家、墨家思想，到后来的佛教影响和民间传统观念，每一种思想都对古代美学观念产生了深远的影响。儒家倡导的"中庸之道"强调和谐与平衡，道家追求自然之美，墨家提倡简约朴素，佛教的传入则带来了对超脱世俗、内心宁静的追求。这些哲学思想塑造了古人的审美情趣，也影响了艺术创作和日常生活，包括对女性妆容的塑造。

在这些观念中，审美理念和审美标准逐渐形成，为古代女性妆容的塑造提供了指导和依据。例如，儒家的"文质彬彬"理念影响了妆容的端庄典雅，道家的"无为而治"倡导自然之美，墨家的"非攻"思想体现在妆容的简约朴素，佛教的"清净"追求则影响了妆容的素雅。这些美学观念既体现在妆容的色彩、线条和造型上，也体现在妆容所传达的情感和气质上。

总之，中国古代美学观念的发展是一个复杂而多元的过程，它不仅塑造了古代女性妆容的审美标准，也反映了古代社会的审美情趣和文化特征。通过对古代美学观念的研究，我们可以更深入地了解古代女性妆容的文化内涵，以及它在古代社会中的地位和作用。

2. 妆容在古代美学中的地位

在古代美学观念中，妆容被视为一种艺术表达形式，被赋予了重要的地位。它不仅仅是一种简单的面部修饰，更是一种文化和艺术的体现。古代文人墨客将妆容视为美的象征，通过妆容的修饰和装饰，传达自身的审美情趣和个性特点。他们认为，妆容能够反映出一个人的内在气质和精神风貌，是个人修养和品位的外在表现。

妆容的设计和运用成为表达个体美感和塑造形象的重要手段。在古代社会，不同的妆容风格和色彩搭配，往往与特定的社会阶层、文化背景和审美趣味相联系。例如，贵族阶层的女性往往追求华丽精致的妆容，以彰显其高贵的身份和地位；文人雅士则更偏爱清新脱俗的妆容，以体现其超然物外的品格。

同时，妆容在古代美学中的地位也体现在其与文学、绘画、音乐等其他艺术形式的紧密联系上。在古代文学作品中，对女性妆容的描绘往往充满了诗意和想象，成为表达情感和营造意境的重要手法。在绘画作品中，妆容也是表现人物形象和气质的重要元素。而在音乐和舞蹈中，妆容则与服饰、动作等元素相结合，共同营造出一种独特的艺术氛围。

（二）中国古代女性妆容的演变

中国古代女性妆容的起源可以追溯到远古时期。最早的化妆品和妆容修饰可以在对古代遗址的考古发现中找到线索。这些发现表明，古代女性使用天然材料，如植物汁液、动物脂肪等来美化自己的面部和身体。例如，古代文献中记载了使用朱砂作为腮红或口红，使用铅粉来美白肌肤,以及使用炭黑来画眉。这些原始的化妆品虽然简单,但体现了古代人对美的追求和创造力。

随着社会的进步和文明的发展,妆容逐渐演变为一种复杂的艺术形式。在商周时期,随着青铜器的广泛使用,化妆品的制作和使用得到了进一步的发展。到了春秋战国时期,随着铁器的出现和丝织品的普及,女性开始使用更加精细和多样化的化妆品,如胭脂、花粉等,妆容的形式也变得更加丰富多样。

在汉代,随着丝绸之路的开通和对外交流的加强,外来的化妆品和妆容风格开始传入中国,进一步丰富了古代女性的妆容艺术。汉代女性开始使用更加精致的化妆品,如珍珠粉、玉容膏等,并出现了一些新的妆容形式,如"花钿""翠眉"等(图3-1)。

图 3-1　汉代女妆

到了唐代,随着国力的强盛和社会的繁荣,女性妆容达到了一个巅峰。唐代女性妆容的特点是色彩丰富、造型多样,如"红妆""粉妆""花钿妆""梅花妆"和"桃花妆"等(图 3-2)。唐代女性开始使用一些新的化妆品,如"花露""玉液"等,这些化妆品的制作

图 3-2　唐代女妆

工艺更加精细，成分也更加复杂。唐代的妆容还受到了丝绸之路上文化交流的影响，吸收了外来的化妆技术和风格。

到了宋代，妆容则更加偏向自然朴素，这与宋代文人雅士推崇的"清雅"审美相符合。宋代女性更注重内在气质的展现，她们的妆容更为淡雅，如"淡妆"和"素面"，强调肌肤的自然质感和眉眼的自然轮廓，体现了一种内敛而含蓄的美（图3-3）。

图3-3　宋代女妆

明清时期，女性妆容的设计更加注重线条的流畅和细节的精致。明清的妆容风格多样，既有继承唐宋遗风的华丽妆容，也有适应文人雅士审美的简约妆容。明清时期，女性妆容中常见的有"柳眉"和"樱桃小口"（图3-4），这些妆容注重精细的线条勾勒和色彩搭配，以妆点面容之美，展现出一种精致而细腻的美。

图3-4　明代女妆

妆容的演变过程反映了古代社会的变迁和女性在社会中的地位与角色的转变。从妆容的演变历程中，我们可以看到不同朝代女性的生活状态、社会地位以及她们对于美的追求和理解。妆容作为一种文化现象，不仅承载着历史的印记，也映照着社会的变迁。通过对古代女性妆容的研究，我们可以更深入地理解古代社会的审美趣味、文化特征以及女性的生活状态和社会地位。

（三）妆容风格的区域差异

中国地域辽阔，不同地区的女性妆容也存在一定的区域差异，这些差异与地域文化、气候环境、民族特色以及经济发展水平等因素密切相关。

1. 北方妆容特点

北方地区的妆容注重浓郁和豪放的感觉，这与北方人的性格特点和气候条件有关。北方女性通常喜欢使用鲜艳的颜色和明显的轮廓，强调眉目的明亮和嘴唇的饱满。例如，北方女性可能会使用更深的眼影和更鲜艳的口红，以突出面部特征。此外，北方地区的妆容也受到了历史上多个民族的影响，如蒙古族、满族等，这些民族的妆容特点也融入了当地的妆容风格。

2. 南方妆容特点

南方地区的妆容更注重细腻和柔美的感觉，这与南方温暖的气候、细腻的文化有关。南方女性更倾向于使用淡雅的色彩和精致的妆容，注重皮肤的保养和细节的修饰。例如，南方女性可能会使用更轻薄的粉底和更自然的唇色，以达到一种清新脱俗的效果。此外，南方的妆容风格也受到了江南水乡文化的影响，展现出一种温婉、含蓄的美。

3. 东部与西部妆容差异

东部沿海地区由于较早接触外来文化，其妆容风格往往更为开放和多元。东部女性可能会尝试更多的妆容风格，如融合西方的化妆技巧和东方的审美元素。而西部内陆地区由于地理环境和民族文化的影响，妆容风格可能更为传统和保守，更倾向于保持民族传统妆容特点。

4. 民族妆容特色

中国是一个多民族国家，不同民族的女性妆容各具特色。例如，藏族女性的妆容通常以高原红为特点，强调面部的红润和健康；维吾尔族女性则喜欢使用鲜艳的头饰和珠宝，以突出其民族特色。

（四）妆容与女性社会角色

在古代中国，女性的社会地位是一个复杂而多维的概念，它受到家庭背景、教育水平、个人能力等多种因素的影响。妆容作为一种外在的表现形式，在其中扮演了不可忽视的角色。妆容不仅是女性美的象征，还承载着社会身份、文化品位和个人情感等多重含义。

妆容在提升女性社会地位方面的作用首先体现在增强个人魅力上。一个精心设计和打理的妆容，可以凸显女性的美丽和气质，使她们在社交场合中更加引人注目。这种外在美的提升，往往能够转化为一种社会资本，帮助女性在人际交往中获得更多的关注和好感。对于贵族阶层的女性来说，妆容更是展示家族荣耀和社会地位的重要方式。她们通常拥有更为精致华丽的妆容，使用昂贵的化妆品和复杂的化妆技巧，以此来彰显自己的身份和财富。这些妆容往往成为她们社交活动中的一种无声语言，展示着她们的社会地位和文化品位。

同时，妆容也是普通女性提升自我形象和吸引力的手段。通过简单的妆容修饰，如涂抹胭脂、画眉等，她们同样能够提升自己的形象和气质，能够在一定程度上掌握自己的形象和命运，展现出独立和自主的一面。

（五）妆容的文化传承与演变

1. 妆容的文化传承

中国古代女性妆容的演变并不是孤立的现象，它受到了文化传承的深刻影响。从古代文学作品、绘画艺术到民间传说和习俗，妆容作为一种文化符号被广泛传承和演绎。这些传统文化元素不仅丰富了妆容的形式和意义，也赋予了妆容更深层次的文化内涵。例如，古代文学作品中对女性美貌的描写，往往与特定的妆容风格相结合，如《红楼梦》中对林黛玉的描写，其妆容的细腻与淡雅，反映了她的性格特点和内在情感。此外，绘画艺术中的仕女图，也展示了不同朝代女性的妆容特色，如唐代的浓妆艳抹与宋代的淡妆素雅形成鲜明对比，展现了不同时代的审美取向。

2. 妆容的时尚演变

妆容作为一种时尚表达形式，会随着时代的变迁而不断演变。古代女性的妆容风格受到时尚潮流的影响，不同朝代的妆容风格呈现出多样性和变化性。时尚的妆容设计反映了时代的审美趋势和社会的变迁，同时也受到文化交流和外来文化的影响。例如，唐代的开放和繁荣带来了多元化的文化交流，女性妆容中融入了西域的元素，如使用金粉和宝石装饰，展现出一种奢华与开放的时尚风貌。而到了宋代，受文人雅士文化的影响，妆容风格趋向于简约自然，更注重内在气质的展现，反映了宋代社会对文人精神的推崇。

3. 妆容的现代传承与创新

尽管古代女性妆容在现代社会中的应用已经减少，但它仍然具有重要的文化价值和审美意义。现代化妆品和化妆技术的发展为妆容的传承与创新提供了新的可能性。一些现代化妆师和艺术家通过将古代妆容元素与现代审美相结合，创造出独特而富有创意的妆容效果，展示了妆容在文化传承中的活力和创新性。例如，在现代时尚秀场和影视作品中，我们经常可以看到设计师将古代妆容的某些元素，如唐代的花钿、宋代的淡眉等，融入现代妆容设计中，既保留了传统文化的韵味，又符合现代审美的要求。

总而言之，通过对妆容的文化传承和演变的研究，我们可以更好地理解古代女性妆容的意义和价值，并探讨其在当代社会中的传承与发展。同时，这也为我们重新审视和欣赏古代女性的美学追求和文化创造提供了新的视角。妆容作为一种文化和艺术的载体，承载着历史的记忆，也连接着过去与未来，它的传承与创新是中华文化生命力的体现，也是现代社会多元文化交融的见证。通过对中国古代女性妆容的研究，我们可以看到妆容在古代社会中扮演着重要的角色，它不仅是女性美的表达和装饰形式，也与女性的社会地位、身份认同以及婚姻和家庭密切相关。妆容的演变反映了时代变迁和社会观念的转变，同时也受到地域文化和时尚潮流的影响。妆容作为一种文化符号和时尚表达形式，在现代社会中仍然具有重要的意义和传承价值。通过研究妆容的历史演变和文化传承，我们可以更好地了解古代女性的审美观念、社会角色以及文化创造力，为当代社会提供新的审美视角和文化遗产的保护与传承。

二、精美的服饰

服饰是装饰人体的物品总称，主要包括衣服、鞋、帽、袜、手套、围巾、领带、提包、首饰等以服装为主的物件。服饰美是指适宜、适时、得体的服装和佩饰所呈现的美，主要包括衣着服装的美和佩戴饰品的美。

（一）服饰美的特点

服装不仅具有防寒避暑、遮体护身的实用意义，还具有鲜明的审美意义，能化丑为美、化俗为雅。此外，装饰品的使用还能起到美化人的作用。服饰美作为一种审美文化，具有显著的特征。

1. 服饰是造型艺术

服饰总是表现为一种几何形状，也就是所谓的款式，即根据特定的实用审美需要及其尺寸要求，将面料裁剪为点、线、面（条块），根据颜色、色调、花纹、图案的特点，用特定的缝制加工技术或工艺拼接而成特定的样式。由于民族、地域文化的不同，造型样式也各不相同。

2. 服饰是重组艺术

服饰与使用它的人体再构，形成新的审美对象，以鲜明的、与主体整合的视觉形象给人以美感。这种重组主要表现为色彩与服饰、服饰与服饰、人体与服饰、服饰与环境等要素的重组。

对于服饰搭配，颜色至少起着过半的作用，颜色搭配得好，整体看上去就会比较协调。服饰色彩必须遵循原色、间色、复色和补色的形成规律，讲究色相、明度和纯度，处理好色彩的对比关系，把握主题、主旨和衬托的变化，实现协调性、整体性、体现动感、层次感。例如，在穿西服时，灰色西服比较适合工作场合或庄重的社交场合，可以由外向内逐渐变浅：外套选择深灰色的，领带佩戴浅灰底花纹的，衬衫选择白色的。

在长期的社会生活过程中，不同地域的人们着装形成了传统的搭配形式，进而形成一定的规范，讲究领、袖以及三围，还有襟、摆、扣等多项比例关系。另外，有的服装还要求配以一定的鞋帽、巾袜及其他相应的装束。

着装应与地点、场合等相协调，特定的环境只有配以与之相协调的服装才能获得和谐的审美感受。例如，出席宴会、舞会、音乐会等场合，着装以礼服为宜；进行户外活动时，着装以休闲服、运动服为宜。相反，一个人穿着西服登山就显得不太适宜，也缺少和谐美感。

每个人的脸型、体形、身高、肤色等各不相同，着装时应注意扬长避短。服饰应该与着装者的年龄、性别、身份、爱好、审美要求一致，形成和谐的服饰与人体结合的统一体，成为一个跃然于社会生活的审美对象。

3. 服饰是典型的个性美

服饰及其审美元素的选择、取舍和组配，完全取决于着装者的意志。具有鲜明的个性特征是穿戴服饰的天然要求。一般来说，色彩艳丽、款式新颖别致的服装能够表现出浪漫的风格，颜色素雅、款式简单大方的服装能够表现出典雅的风格。想要穿出个性，就必须选择适合自己的服饰，但要注意着装与色彩、体型、年龄等因素的协调。一味地追求个性，反而会损害自身的形象。

（二）中国古代服饰概览

《春秋左传正义·定公十年》疏云："中国有礼仪之大，故称夏；有服章之美，谓之华。"服饰是人们特有的劳动成果，它伴随着人们生活的点滴，构成了中华民族延续几千年的独特风景线，成为古典中国文明的重要象征。服饰的演变是一部穿在身上的历史，服饰潮流的变迁背后是每个朝代社会风貌的反映。每个朝代服饰各有特色，同时又有共同的内涵，彰显了中国传统文明的永恒魅力。

1. 服饰的起源

中国服饰的历史源远流长。距今约 30000 年以前的山顶洞人已经开始使用骨针缝制兽皮遮体蔽身，还以石子、兽牙等串成链状作为装饰。这说明，在旧石器时代晚期，我们先民的衣着穿戴已在防寒御暑的基础上有了装饰自己、美化生活的意蕴。若从古代典籍中寻找，我国服饰文化的历史源流归结于三皇五帝，如典籍《吕览》和《世本》记述，黄帝时"胡曹作衣"，或说"伯余、黄帝制衣裳"。从考古发掘的文化遗存对照，这个时代应该是距今五六千年前的原始社会的母系氏族公社的繁荣时期。这个时期内出土的实物有纺轮、骨针及纺织物的残片等。我国甘肃出土的这个时期的彩陶显示，陶绘已将上衣下裳相连的形制生动形象地描绘出来了。

2. 殷商时期的服饰

殷商时期，随着社会生产力的快速发展，物质生活日渐丰富。甲骨文中可见的象形文字就有"桑""茧""帛"等字样，可证明农业在当时的发展。出土的商代武器铜钺上存有雷纹的绢痕和丝织物残片等，可见当时工艺水平的高超与精湛。在殷商时期的甲骨文中可见王、臣、牧、奴、夷等的不同服饰，说明衣冠服饰随着生产力和社会分工的发展，开始有了时代的烙印，成为统治阶级"昭名分、辨等威"的工具。尊卑贵贱的生产关系促使服饰形成了固有的制度。

3. 西周时期的服饰

西周是中国冠服制度逐渐完善的时期。这一时期，有关服饰的文字记载十分丰富。青铜器铭文中，有关服饰的记载有"虎冕练里"（毛公鼎）、"女裘宝殿"等。随着等级制的产生，出于对上下尊卑的区分，各种礼仪也应运而生，反映在服饰上，有祭礼服、朝会服、从戎服、吊丧服、婚礼服等。这些服饰适应了从天子到庶民各个等级的需求，甚至被沿用于商周以后2000多年的封建社会之中。

4. 春秋战国及秦汉时期的服饰

春秋战国时期，各诸侯国不全遵守周朝的制度，七雄崛起，各自独立。除秦国因处西陲而与其他六国有差异外，其他六国受各诸侯的爱好和习惯及当时兴起的"百家争鸣"之风影响，在服饰上各显风采。例如，春申君的三千食客中的上客均着珠履，卫王宫的卫士穿黑色戎衣，儒者的服饰采用长裙褒袖、方履等。

汉初服饰，与民无禁。西汉初期基本沿用秦朝的服饰制度，但也不甚明确，大抵以四季节气为服色之别，如春青、夏赤、秋黄、冬皂。汉代妇女的日常服饰为上衣下裙。

5. 魏晋南北朝时期的服饰

魏晋南北朝以来，北方各族入主中原，将北方民族的服饰带到了中原，同时，汉民族服饰文化也影响和同化了北方民族的服饰。妇女的日常着装仍以上身着襦或衫、下身穿裙子为主。襦裙（图3-5）也可作为礼服内的衬衣。

图 3-5 襦裙

6. 隋唐时期的服饰

隋统一全国后，重新厘定了汉族的服饰制度，但难以摆脱其由北向南统一而带来的北方民族服饰形制的影响。直到唐代，因其长时间的统治，加上强盛的国力，才令服饰制度上承历代制度、下启后世冠服制度之经典，同其社会一样，呈现出繁荣景象。由于内地与西北各民族交往频繁，各民族杂居内地的日益增多，内地人穿胡服的装束常会在唐代的文物中见到。

隋唐时妇女的日常服饰多是上身着襦、袄、衫，下身束裙子（图3-6）。裙子以红色最流行，其次是紫色、黄色、绿色。唐代妇女的鞋子多将鞋头做成凤形，尺码同男鞋相似。宫人侍左右者均着红棉靴，歌舞者也都着靴。妇女的日常服饰名目繁多，有袄、衫、袍、腰巾、抹胸、裙、裤、膝裤、袜、鞋、靴等。唐代女装（图3-7）颜色鲜艳，造型雍容华贵，装扮配饰富丽堂皇，如在衫、裙之外有披在肩上的长围巾"帔"，在长衫外面还有特别的短袖半臂衫。

图 3-6 《捣练图》宋摹本

图 3-7 唐代女装

7. 宋代的服饰

南宋时期，北方大片土地沦为女真族贵族统治领地，服饰文化也因其政治和经济因素而发生交互影响。清代毕沅编撰的《续资治通鉴》中记载："临安府风俗，自十数年来，服饰乱常，习为边装……"由此可见，南宋都城也推崇其他民族的服饰。宋代妇女的日常服饰大多上身穿袄、襦、衫（图 3-8）、褙子、半臂，下身束裙子、裤，其面料为罗、纱、锦、绫、绢。尤其是裙子颇具风格，质地多见罗纱，颜色以石榴花的红色最引人注目。褶裥裙是当时裙子中很有特点的一种，有六幅、八幅、十二幅等款式，贵族妇女着裙的褶裥更多。

图 3-8　宋代女装

8. 明代的服饰

朱元璋建立明朝后，先是禁胡服、胡语、胡姓，继而又下诏"衣冠悉如唐代形制"。明代的服饰有皇帝冠服、文武百官服饰、内臣服饰等，其样式、等级、穿着礼仪繁缛至极，就连日常服饰也有明文规定。例如，崇祯年间，皇帝命太子换青布棉袄、紫花布衣、白布裤、蓝布裙、白布袜、青布鞋，戴皂布巾，装扮成老百姓的样子出门活动，可以由此推知当时平民百姓的衣饰。明代规定民间妇女的礼服只能用紫色，不能用金绣；袍衫只能用紫绿、桃红及浅淡色，不能用大红、鸦青、黄色；带则用蓝绢布（图 3-9）。明代的衣衫已出现使用纽扣的样式。明代妇女的鞋式仍为凤头加绣或缀珠，宫人则着刺上小金花的云头鞋。

图 3-9 明代女装

9. 清代的服饰

清崇德三年（1638年），皇太极曾下令："有效他国（指汉族）衣冠束发裹足者，重治其罪。"清代又逼令官民剃发易服，按满族的习俗制度实行剃发改服。服饰制度坚守旧制，尤其在男子服饰上，保持满族特点并延续了极长的时期。尽管清代三令五申废除明代服饰，但其官服上的补子仍采用了明朝的样制，妇女头上所缀的金凤、金翟也仍承前制。清代的官服等级差别主要反映在帽子上的顶子、花翎和补服上所绣的禽鸟和兽类上。

清代男子的服饰以长袍马褂（图3-10）为主，这种服饰风格在康熙后期和雍正时期最为流行。清代妇女服饰可谓满、汉服饰并存。满族妇女以长袍为主，汉族妇女则仍以上衣下裙为时尚。清代中期开始，满汉互相仿效，至后期，满族效仿汉族的风气颇盛，故有"大半旗装改汉装，宫袍裁作短衣裳"的说法。而汉族仿效满族服饰的风气也于此时在达官贵妇中流行。妇女服饰的样式及品种也越来越多，如背心、一裹圆、裙子、大衣、云肩、围巾、手笼、抹胸、腰带、眼镜等层出不穷。

图 3-10 灰绸男袍青色马褂

10. 中国古代服饰的等级化符号

在中国古代，除了实用功能外，服饰还被赋予了特殊的功能，成为等级化符号的载体。不同的服饰代表着不同的社会阶层，最有代表性的是文武百官的补服。清代文官的补子通常是一品仙鹤、二品锦鸡、三品孔雀、四品云雁、五品白鹇、六品鹭鸶、七品鸂鶒、八品鹌鹑、九品练雀。

在中国古代，服饰的色彩具有象征意义，成为特定人物、特定阶层的象征。例如，青、赤、黄、白、黑为正色，象征高贵，只能用于礼服、外装和上衣；隋唐时期，不准普通百姓着黄色衣衫，从此黄色成了帝王专用的服色，成为皇家威严的象征；"白衣""乌纱帽""红顶"等都是在一定时期内被赋予特定的意义，从而成为某种地位或身份的象征。

（三）佩戴饰品之美

伴随着人们审美意识的觉醒，各种饰品也相继产生。人们在着装的同时，选用一些起到画龙点睛作用的饰物，可以衬托出人的美。饰品的种类，从头到脚，琳琅满目。

1. 头饰

头饰是戴在头上的饰物，与其他部位的首饰相比，装饰性最强，以女性首饰居多，包括发饰、耳饰和帽子。古代女子头饰大多华丽精巧，是美发的重要部分，梳好的发髻要用花和宝钿花钗来装饰。宝钿花钗包括发簪、华胜、步摇、发钗和发钿，主要由金、银、珠玉、玛瑙、珊瑚等名贵材料制成。

2. 耳饰

耳饰是指佩戴在耳垂上的饰品，大多数是金属材质，也有一些是石、木等材质，造型丰富，主要是女性佩戴，个别男性也有佩戴，主要形态有耳坠、耳环、耳钉等。我国耳饰的历史可追溯到新石器时代。最早的耳饰称为玉玦（图3-11），形状为有缺口的圆环形，多为玉制。

图3-11　玉玦

3. 颈饰

颈饰是指佩戴于脖颈的珠宝首饰，包括项圈、项链（图3-12）、吊坠等，由贵金属和宝石制作而成。吊坠是带坠项链或项圈的配套产品，是一种由贵金属镶宝石或不镶宝石制成的饰品，位于项链的中端，正垂于胸前。吊坠作为项链的一部分，能使单调的或形状变化较少的项链在整体结构和外形上有所创新，起着画龙点睛的作用。吊坠一般分为素金的纯金属吊坠和镶宝石的吊坠两种。

图3-12　宝石项链

项链主要由链身和搭扣两个部分组成。链身可以由一节一节单一花纹的链环重复连成，也可以由各种宝石和花片镶嵌而成，材料多为贵金属。搭扣装在项链的两端，起到连接的作用，主要有弹簧夹、剪刀钩、S形钩、汇合圆等几种类型。

4. 手饰

手部可佩戴的饰品主要有戒指（图3-13）、手镯（图3-14）等。戒指是一种戴在手指上的装饰品。佩戴戒指的习俗源远流长，材料可以是金属、宝石、塑料、木或骨质等，佩戴方式不同，代表的意义也不同。手镯是用金、银、玉等制作，戴在手腕上的环形装饰品。佩戴手镯没有严格的规定，只要注意样式、材质、颜色等方面的协调统一即可。

图3-13　对戒

图3-14　手镯

（四）美丽的民族服饰

我国拥有50多个少数民族且分布广泛，每个民族的地理环境、气候、风俗习惯等均有差异，从而形成了各具特色的民族服饰。

1. 维吾尔族服饰

维吾尔族是一个能歌善舞的民族，其服饰式样宽松、洒脱，色彩对比强烈。男式服饰严肃简洁，常见的"裕袢"（长袍）多用蓝、灰、白、黑等各种布料制作。大多青年男装淡雅、凉爽，搭配青色长裤，穿皮靴，显得青春活力；年老者穿的"裕袢"多以黑色、深褐色等布料裁制，显得古朴大方。讲究的男裤，则在裤角边缘饰花卉纹样，多以植物的茎、蔓、枝、藤组成连续性纹饰，显得雅致美观。女式服饰以裙装为主，多用丝绸和毛料，外搭配绣花背心。丝绸材质的裙装质地柔软、轻盈飘逸，再佩戴耳环、戒指、手镯、项链等，跳起舞来飘逸精致（图3-15）。此外，花帽也是维吾尔族服饰的组成部分，是维吾尔族美的标志之一。花帽采用民族传统的绣花、挑花、缂金、缂银、串珠等方法，用手工缀成各种图案绣织而成。各种花帽均具有质地鲜艳、光泽四溢、绚丽多彩的特色，让人爱不释手。

图3-15 维吾尔族服饰

2. 傣族服饰

西双版纳傣族自治州和德宏傣族景颇族自治州是傣族主要居住区。傣族服饰淡雅美观，既讲究实用，又有很强的装饰意味。傣族男性服饰地区间差异不大，一般都比较朴实大方，上身为无领对襟或大襟小袖短衫，下身着宽腰无兜长裤，多用白色、青色布包头，有的戴毛呢礼帽，天寒时喜披毛毯。傣族男性一般不戴饰物，偶尔会佩戴银镯来装饰自己。傣族女性服饰轻盈、秀丽、淡雅，服装色彩极为协调。西双版纳傣族自治州的傣族女性一般喜欢穿窄袖短衣和筒裙，把她们修长苗条的身材充分展示出来。上面穿一件白色或绯色内衣，外面是紧身短上衣，圆领窄袖，有大襟，也有对襟，有水红、淡黄、浅绿、雪白、天蓝等多种色彩。这种装束充分展示了女性形体之美，加上所采用的布料轻柔，色彩鲜艳明快，给人一种婀娜多姿、潇洒飘逸的感觉。傣族的男女都会在肩上挎一个用织锦做成的挎包（筒帕）。挎包色调鲜艳、风格淳朴，具有浓厚的生活气息和民族特色；图案有珍禽异兽、树木花卉或几何图形，形象逼真，栩栩如生。

3. 藏族服饰

藏族服饰的基本结构是长袖、宽腰、大襟长袍。这种服装结构宽敞舒适，既防寒保暖又便于起居、旅行。藏袍是藏族的主要服装款式，衣服材质有锦缎、皮面、氆氇、素布等。男女穿的衬衫有大襟和对襟两种，男式衬衫多为高领，女式衬衫多为翻领。多数女性冬穿长袖长袍，夏着无袖袍，内穿各种颜色与花纹的衬衣，腰前系一块彩色花纹的围裙。藏族服饰配色大胆精巧，如用蓝、绿、紫、青、黄、米等竖立色块依次组成五彩色带；大胆地运用红与绿、白与黑、赤与蓝、黄与紫等对比色，巧妙运用复色、金银线，取得明亮又和谐的艺术效果。藏族男女特别讲究饰物，有头饰、发饰、鬓饰、耳环、项链、胸饰、腰饰、戒指等。饰物材质以银、金、珍珠、玛瑙、玉、松石、丝、翡翠、珊瑚、琥珀等为主。男性普遍佩有各种腰刀、火镰等饰物。

4. 白族服饰

白族主要聚居在云南省大理白族自治州，白族服饰基本构件一致，款式略呈异彩。大理地区的男子多穿白色对襟衣，外套黑领褂，或数件皮质、绸缎领褂，腰系皮带或绣花兜肚，下着蓝色或黑色长裤。女式服装多由白、蓝、雅布（淡蓝）色等缝制的右衽大襟衬衫、领褂、围腰、飘带、宽筒裤、花头巾、白缨穗、绣花鞋等组件构成。白族女性的头饰含"风花雪月"之意，垂下的穗子代表下关的风，艳丽的花饰代表上关的花，帽顶的洁白代表苍山雪，弯弯的造型代表洱海月（图3-16）。白族服饰无论男女都强调明快、简洁、跳跃、对比，常以素、白为基调，反衬黑、蓝等深沉色块。领褂大襟边、围腰、飘带、头巾、袖口等细部则以精美的刺绣、挑花、扎染、镶绳等工艺进行装饰。

图3-16 白族服饰

（五）精湛的织绣工艺

织绣是用棉、麻、丝、毛等纺织材料进行织造、编结或绣制的工艺。中国织绣工艺品种繁多，绚丽多彩，主要有刺绣、织锦、缂丝、抽纱、绒绣、绣衣、绣鞋、珠绣、手工编结等。

1. 织绣工艺的发展

现有考古资料显示，中国的丝织物始于新石器时代的良渚文化。经过殷商的发展，春秋战国时期的织绣工艺已具有较高的水平。1982年，湖北江陵马山楚墓出土了大批丝织品、编织和刺绣等，在大批的刺绣中，有绣衣、绣裤、绣袍等，绣地多用绢，用辫子针绣出龙、凤、虎、三头鸟，以及草叶、枝蔓和花朵，线条流畅，技术高超。

汉代丝织的制作工艺已非常精美，丝织物从纺、染、织工艺到花纹的设计都有了极大的提高。常见的汉代丝织花纹有云气纹、动物纹、花卉纹、吉祥文字、各种几何纹。马王堆汉墓出土的大量刺绣实物皆制作精美，其中的素纱禅衣衣长128厘米、通袖长190厘米，仅重49克，极为精巧。

唐代的织绣工艺非常发达。朝廷设有织染署，专门管理生产，分工很细。民间的织绣生产几乎遍及全国，而且产量很大，以织锦最著名。织锦是用纬线起花，用两层或三层经线夹纬的织法形成一种经畦纹组织，这种方法能织出复杂的装饰花纹，呈现华丽的色彩效果。此外，唐代织锦在传统图案花纹基础上吸收了外来的装饰纹样，呈现出清新、华美、富丽的艺术风格，装饰性的花纹主要有联珠纹、团窠纹、对称纹、散花等。

宋代的织锦具有时代特色，采用小朵花、规矩纹，以及变化多样的八达晕、龟背纹、锁子纹、万字流水等。其组织规则严整，色调沉静典雅，不仅可用于服饰、赏赐及经济贸易，也可作为装裱书画的特殊材料。宋代刺绣由绣院组织生产管理，民间刺绣也较为发达，可以作为商品出售。

元代的丝织、毛织和棉织都得到了显著的发展。丝品织中，织金最具特色。元代统治者偏爱金色，金锦的花纹包括团龙、团凤、宝相花、龟背纹、回纹等。为了满足蒙古游牧民族的生活需要，毛织品在元代得到特别的发展，主要用于制作地毯、床褥、马鞍、鞋帽等。

元代的棉花种植在全国广大地区得到推广，棉织作为一种新兴工艺发展了起来。

明代的丝织业得到了较大发展，以南京云锦的兴盛为代表。云锦以"色泽艳丽，纹样变幻丰富"著称，因其金光闪耀、美若彩云而得名，其中的织金锦、妆花缎、妆花绒都是此前未有的优品种。织锦的图案有团花、折枝、缠枝、几何纹等，造型质朴大方，表现出程式化的装饰美。

清代织绣品主要产自清宫内务府管辖的江宁（今南京）、苏州、杭州三大织造（统称江南三织造），三大织造利用江南盛产的上好丝绸及熟练的技工，在内务府织造局的精心设计和监督下，织造成供皇帝和后妃享用的各种织绣品。此外，全国各地各种具有地方特色的织绣珍品也源源不断地进贡宫廷。这些织绣品代表了当时绣品工艺的最高水平。北京故宫博物院收藏的织绣文物在数量、品种、花色、艺术上都是无与伦比的，这为研究我国的织绣历史、工艺和艺术提供了丰富的实物资料。

2. 织绣工艺简介

（1）苏绣

苏绣（图3-17、图3-18）是中国优秀的民族传统工艺之一，是苏州地区刺绣产品的总称，其发源地在苏州吴中和相城一带，现已遍布无锡、常州等地。苏绣图案秀丽，构思巧妙，绣工细致，针法活泼，色彩清雅，风格独特，地方特色浓郁。2006年5月20日，经中华人民共和国国务院批准，苏绣被列入第一批国家级非物质文化遗产名录，遗产编号为Ⅶ-18。

图3-17 苏绣作品

图3-18 苏绣《江山如此多娇》（局部）

在种类上,苏绣作品可分为零剪、戏衣、挂屏三大类,装饰性与实用性兼备,以"双面绣"作品最为精美。苏绣作品山水能分远近之趣,楼阁具现深邃之体,人物能有瞻眺生动之情,花鸟能报绰约亲昵之态,逼真的艺术效果名满天下。

(2)粤绣

粤绣是"中国四大名绣"之一,是广州刺绣(以下简称"广绣")(图3-19)和潮州刺绣(以下简称"潮绣")(图3-20)的总称。广绣以北京故宫博物院藏品最多,潮绣以戏服为主。粤绣图案繁茂、场面热烈、用色富丽、对比强烈,绣工多为男工。粤绣用线多样,除丝线、绒线外,还用孔雀毛织成线,或用马尾缠绒作线。粤绣针法丰富,有洒插针(撤和针)、套针、施毛针,通过针线起落、用力轻重、丝理走向、排列疏密、丝结卷曲形态等方式强化图案的表现力。粤绣以龙、凤、牡丹、百鸟朝凤、南国佳果(如荔枝等)、孔雀、鹦鹉等传统题材为主。

图 3-19 广绣《吉荔图》

图 3-20 潮绣《金龙鱼》

粤绣运用"水路"的独特技法，使绣出的图案层次分明、和谐统一。"水路"技法是指在每一相邻的刺绣面积之间，在起针和落针点之间留出约 0.5 毫米的等距离，从而在绣面形成空白的线条。例如，在花卉的每朵花瓣、鸟禽的鸟羽之间都留有一条清晰而均齐的"水路"，使形象更加醒目。

（3）湘绣

湘绣（图 3-21）是以湖南长沙为中心，带有鲜明湘楚文化特色的湖南刺绣产品的总称。湘绣强调写实，用真丝丝线在真丝织物上绣制图案，作品质朴优美、形象生动。湘绣品种繁多，有单面绣、双面绣、条屏、屏风、画片、被面、枕套、床罩、靠垫、桌布、各种绣衣，以及团扇、绣花鞋、手帕、围巾等多种用品。湘绣在配色上善于运用深浅灰及黑白色，通过适当的明暗对比、虚实结合等，增强织物的质感和立体感，形成一种水墨画般的素雅品质。穿着古朴典雅而不失现代的手工湘绣服装，会让人有一种富贵、高雅、脱俗的感受。

图 3-21　湘绣《荷塘鸳鸯》（局部）

湘绣以狮、虎、松鼠等为主要题材，以虎最为多见。湘绣狮虎毛纹刚健直竖、眼睛有神，几可乱真，今已有异色、异形、异面的双面全异绣。湘绣绣工以手指劈线，劈线可至二开、四开、八开、十六开等。线劈开后，千丝万缕、细如毛发，分辨不出差别，但绣在面料上会呈现明暗的自然变化，阴阳浑然一体。

（4）蜀绣

蜀绣（图 3-22）是在丝绸或其他织物上采用蚕丝线绣出花纹图案的中国传统工艺，以其明丽清秀的色彩和精湛细腻的针法形成了独特韵味。蜀绣严谨细腻、光亮平整、构图疏朗、浑厚圆润、色彩明快，多以花鸟、走兽、山水、虫鱼、人物等为题材，题材多有吉庆寓意。以自然界为主题（如熊猫、花鸟等）的蜀绣更令人爱不释手。纯手工的刺绣确保了画面逼真、造型多变、图案精美。蜀绣以软缎、彩丝为主要原料，刺绣技法独特，针法严谨、针脚平齐，变化丰富，形象生动，富有立体感。蜀绣还采用"线条绣"，在洁白的软缎面料上运用晕、纱、滚、藏、切等技法,以针代笔,以线为墨,绣出的花纹线条流畅、色调柔和,不仅增添了笔墨的湿润感,还具有光洁透明的质感。2006年,经中华人民共和国国务院批准,蜀绣被列入第一批国家级非物质文化遗产名录。

图 3-22　蜀绣

第三节　丰富的美食与器具

饮食是人们日常生活的基本内容,也是一种休闲生活方式。从饮食中,人们能够感受到轻松、舒适、惬意,也能获得真实的情感体验,产生对生活的热爱之情。

一、丰富的美食

(一)中国传统饮食文化概览

中国饮食文化历史悠久,内容博大精深。它经历了几千年的发展,已成为中国传统文化的重要组成部分。在长期的发展、演变和积累过程中,中国人在饮食结构、食物制作、食物器具、营养保健和饮食审美等方面,逐渐形成了自己独特的饮食民俗,最终创造了具有独特风味的中国饮食文化,成为世界饮食文化宝库中一颗璀璨明珠。

1. 中国传统饮食的结构

中国是个农业大国,南方以种植水稻为主,北方以种植麦、稷为主。水稻加上小米、高粱、玉米、豆类,构成了中国人的主食。古代人的主食统称为"谷",有"五谷""六谷"之说,即稷、黍、麦、菽、麻为"五谷","五谷"加上稻,为"六谷"。春秋时期,以黍、稷最为重要;战国时期,菽广泛种植;到了汉代,就是以稻、麦为主了。汉魏以后,基本上形成了稻谷第一、小麦第二的粮食作物构成格局。明末宋应星在《天工开物》中说:"天下育民人者,稻居什七,而来(小麦)、牟(大麦)、黍、稷居什三。"《黄帝内经》这样描述中国人的食物结构:"五谷为养,五果为助,五畜为益,五菜为充。"其中的"五果、五畜、五菜"为中国人饮食结构中的副食。"五果"泛指桃、杏、李、枣、栗子等多种鲜果、干果和硬果。"五畜"泛指牛、犬、羊、猪、鸡等动物性食物,它们含有丰富的脂肪、优质蛋白质、无机盐、微量元素和维生素;"益"即增进之义,表明五畜可发挥增进营养的作用,但不能取代主食。"五菜"泛指冬葵、韭菜、豆芽、藿头、大葱等蔬菜。合理的膳食结构以杂食五谷为主食,在"为益"的五畜、"为充"的五菜、"为助"的五果的配合下,主副食互为补充,辨证施食。

2. 中国传统饮食的特征

(1)以谷物为主

中国人的传统饮食习俗是以植物性食料为主,即以"五谷"为主食,辅之以各种蔬菜,外加少量肉食。北方的居民大多以面食为主,兼食黍类、豆类,面食从馒头到饺子,花样繁多;南方的居民大多以稻米为主食;西北、北方少数民族则形成了以肉食和乳酪为主的饮食习惯。北方人大多嗜葱蒜,喜盐口重;蜀湘人大多嗜酸辣;粤人大多嗜淡,口轻;江浙人大多嗜糖,喜甜食。

(2)以熟食为主

中国人的饮食历来以烹调精致而闻名。大约从魏晋时起,便逐渐形成了煮、烹、煎、爆、炸、卤、糟等一系列烹饪技术,并有了专门记载烹饪技术的书籍,如崔浩的《食经》、袁枚的《随园食单》等。食品制作讲求营养与观赏并重。

(3)讲究"色、香、味、形、器、效"

中国传统饮食讲究"色、香、味、形、器、效"并举。"色"是指食品的色泽要鲜艳,"香"是指食品的香气要浓郁,"味"是指食品的滋味要无穷,"形"是指食品的摆放形状或外观形象要优雅,"器"是指盛放食品的容器要秀丽,"效"是指食品食用后的营养保健效果要优良。在许多特定场合的餐桌上,我们可以看到,摆设的各种菜肴不仅是道道营养与保健作用并存的美味佳肴,更像件件技艺高超的艺术品,令人赏心悦目。因此,许多文人墨客,如唐代的韩愈、李白,宋代的苏洵、苏轼、苏辙等,纷纷借餐饮活动吟诗作赋。明代作家陈嶷特作《豆芽菜赋》赞美豆芽菜:"金芽寸长,珠蕤双粒;匪绿匪青,不丹不赤;宛讶白龙之须,仿佛春蚕之蛰。"随着时代的变迁,许多食品在不断优化、翻新,体现出适应时代进步的特征。

为了使各种食品色泽鲜艳、香气浓郁、滋味无穷、形象优雅、容器秀丽、营养保健效果优良,古人做了大量研究。在食物原料的选择、质量的把控、配料、初加工和烹调方法的精致操作方面表现出高超的智慧和独特的创造力。

(二)茶之美

中国茶文化源远流长,有几千年的茶叶发展史。历代茶人著书立说,积累下来的茶叶历史资料众多,包括茶书、茶诗词、茶书法、茶画、茶歌、茶舞以及茶的历史文献、地方志中有关茶的记载等,内容非常广泛。茶不仅赋予了中国人从古至今的一种健康饮食习惯,还贯穿着中国人"天人合一"的传统思想。茶之美,美在名、形、色、香、味。

1. 茶的名称之美

在中国,人们历来有一个传统,喜欢为美好的事物取一个美好的名字。茶是自然的馈赠,茶名则是人们对自然的回报。欣赏茶的名称之美,就是欣赏中国传统文化之美,不仅能够增长知识,而且能够深刻体会中国茶文化的艺术底蕴和美学造诣。

美的茶名能够引发人们美好的联想。以"千岛玉叶"为例,千岛是一个地名,这里群山叠嶂,湖水晶莹如镜,湖中鱼跃千岛,岛上绿荫成林,空气清新怡人;"玉叶"很好地突出了茶叶色泽莹润翠绿的特点。有的茶是以地名加茶树的植物学名称来命名的,如安溪铁观音、西湖龙井、闽北水仙、武夷肉桂等,这样的命名可以明确茶的品种和产地;有的茶是以地名加茶叶的形状来命名的,如凤冈翠芽、君山银针、古丈毛尖等,这样的命名可以明确茶的产地和茶形;有的茶是以地名加想象来命名的,如庐山云雾、敬亭绿雪、恩施玉露、日铸雪芽等;有的茶是以美妙动人的传说或典故来命名的,如洞庭碧螺春、文君嫩绿、绿牡丹等。赏析茶名之美实际上是赏析中国传统文化之美,从中不仅可以感受到茶文化,而且可以看出我国茶人的艺术底蕴。

2. 茶的形态之美

按照色泽或制作工艺不同,可以将茶分为绿茶、黄茶、白茶、青茶、红茶、黑茶以及各种花茶等。按季节分类,可以将茶分为春茶、夏茶、秋茶和冬茶。按茶树的生长环境分类,可以将茶分为平地茶和高山茶。这些茶的外观形态各有千秋。图3-23所示为红茶干茶。

图 3-23 红茶干茶

绿茶、红茶、黄茶、白茶等多属于芽茶类,一般由细嫩的茶芽精制而成。绿茶就可以细分为光扁平直的扁形茶、细紧圆直的针形茶、紧结如螺的螺形茶、弯秀似眉的眉形茶、芽壮成朵的兰花形茶、单芽扁平的雀舌形茶、圆如珍珠的珠形茶、片状略卷的片形茶、细紧弯曲的曲形茶,以及卷曲成环的环形茶等。

对茶的形态之美,评茶师有专业的术语,如显毫、匀齐、细嫩、紧秀、紧结、浑圆、圆结、挺秀等。古代的文人雅客更是妙笔生花,将茶的形态之美刻画得入木三分,如苏轼形容当时龙凤团茶的形状之美为"天上小团月"。

3. 茶的色泽之美

茶叶的色泽给人一种质的美感。茶色之美包括干茶的茶色、叶底的颜色及茶汤的汤色三个方面。不同的茶类,其审美标准是不同的。例如,绿茶要求色泽灰绿、汤色黄绿、叶底翠绿;红茶要求红汤、红叶、叶底红匀;黄茶要求黄汤、黄叶、叶底黄亮。其中,茶叶汤色最是赏心悦目。

在茶叶评审中,常用的术语有清澈、鲜艳、鲜明、明亮等。清澈是指茶叶汤色清净透明而有光泽,鲜艳是指茶叶汤色鲜明而有活力,鲜明是指茶叶汤色明亮略有光泽,明亮是指茶叶汤色清净透明。茶叶汤色一般可以用嫩绿、黄绿、浅黄、深黄、橙黄、黄亮、金黄、红艳、红亮、红明、浅红、深红、棕红、暗红等来描述。例如,质量上乘的普洱茶汤色红浓带金圈,如油裹,像凝脂,似宝石,比玛瑙、琥珀还要光彩夺目、艳丽迷人。

4. 茶的香气之美

古人说,好茶妙在其味,最重其"香"。茶香使人心脾清爽、神志清新、心旷神怡,属于一种沁人心脾的嗅觉之美。温庭筠描写茶香:"疏香皓齿有余味,更觉鹤心通杳冥。"苏轼描写茶香:"仙山灵草湿行云,洗遍香肌粉未匀。"范仲淹称赞茶香:"斗茶香兮薄兰芷。"

茶香缥缈不定、变化无穷,会随着温度的变化而变化。茶叶中含有众多香气化合物,这些物质有的在高温下挥发,有的在较低温度下挥发。茶香有的甜润馥郁,有的清幽淡雅,有的高爽持久,有的鲜灵沁心。按照评茶专业术语,仅茶香的性质就有清香、高香、浓香、幽香、纯香、毫香、嫩香、甜香、火香、陈香等;茶香的香型可分为花香型和果香型,或细分为水蜜桃香、板栗香、木瓜香、兰花香、桂花香等;香气的表现可分为馥郁、高爽、持久、浓郁、浓烈、纯正、纯和、平和等。

5. 茶的味道之美

茶有百味,这里主要介绍苦、涩、甘、鲜、活五味。苦是指茶汤入口,舌根感到类似奎宁的一种不适味道;涩是指茶汤入口有一股难以名状的麻舌之感;甘是指茶汤入口回味甜美;鲜是指茶汤的滋味清爽宜人;活是指品茶时人的心理感受到舒适、美妙、有活力。

饮茶重在品味,决定茶味道的关键因素是茶叶的制作方法与水质。不同的制作方法、不同的水质都会产生不同的茶味。例如,云南苦丁茶先苦后甜,有清热解毒、消炎止渴的功效。该茶是精选天然苦丁茶树的嫩芽,利用纯手工特殊工艺制作而成的。水质会直接影响茶汤质量,水质不好,则很难正确反映出茶叶的特性及色、香、味。明代许次纾在《茶疏》中言:"精茗蕴香,借水而发,无水不可与论茶也。"因此,用上好的水泡茶才能真正品出茶的美味。

古人品茶最重茶的"味外之味"。不同的人,不同的社会地位,不同的文化底蕴,不同的环境和心情,可从茶中品出不同的"味"。宋代欧阳修从茶中品出了人情如纸、世态炎凉的苦涩味，文彦博从茶中品出了春之味，苏轼从茶中品出了君子味。

（三）酒之美

1. 酒与文学

中国是世界上酿酒历史最悠久的国家之一，早在《诗经》中就记载有"八月剥枣，十月获稻。为此春酒，以介眉寿"的诗句，表明中国酒的兴起至今已有3000年的历史了。关于酒的起源，历来传说最多、影响最大、最深入人心的是上天造酒说、猿猴造酒说、仪狄造酒说、杜康造酒说。酒的品种成千上万，分类方法也不尽相同，按生产方式可分为蒸馏酒、发酵酒、配制酒；按酒精含量可分为低度酒、中度酒、高度酒；按酿酒原料可分为黄酒、白酒、果酒。酒具有鲜明的色泽和透明度，带颜色的酒很早就出现了。李贺笔下的"小槽酒滴真珠红"、杜甫笔下的"鹅儿黄似酒"等诗句描写的就是带颜色的酒。红葡萄酒的色泽是原料的天然色泽，啤酒的色泽则是在酿造过程中生成的。

在中国传统文学作品中，处处可见酒的踪影。从《诗经》到《红楼梦》，文学著作中几乎都离不开酒。源远流长的酒文化对古代作家的精神世界、创作心态及作品风貌都有着深远而强烈的影响；如果没有酒，中国文学史会黯然失色不少。

古代文人大多嗜酒豪饮，李白自称"酒仙"，欧阳修自号"醉翁"，辛弃疾"总把平生入醉乡"。酒是中国古代文人艺术创作的重要素材，许多诗人以酒作诗，以诗歌酒，诗酒同风。陶渊明性嗜酒，"造饮辄尽，期在必醉"，写出《饮酒》二十首；杜甫写出"醉里从为客，诗成觉有神"；李白的"兰陵美酒郁金香，玉碗盛来琥珀光"，把酒之精美推向了极致，一首《将进酒》更是豪迈奔放、气象不凡；苏轼因酒起兴，写下《水调歌头》，借月抒发情感，从空间感受写到时间感受，表现出一般人难有的宇宙意识。

酒在绘画和书法艺术中的作用更是奇异。"画圣"吴道子作画必先酣饮大醉再动笔，醉后作画，挥毫立就。"书圣"王羲之挥毫所书的《兰亭集序》也是在其醉酒时所作。"草圣"张旭留下的《古诗四帖》，也是在大醉状态下所作的。

此外，酒还是小说、戏剧创作中构思故事情节、塑造人物形象的主要素材。例如，《三国演义》中曹操煮酒论英雄，《水浒传》中武松豪饮十八碗酒去打虎，《红楼梦》中刘姥姥醉卧怡红院。

2. 酒与酒器

酒器质量的好坏，往往成为饮酒者身份高低的象征之一。山东大汶口遗址的一个墓穴曾出土了大量的酒器。在新石器时代晚期，酒器以龙山文化为代表，类型增加，用途明确，与后世的酒器有较大的相似性。这些酒器有罐、瓮、盂、碗、杯等。酒杯的种类繁多，有平底杯、圈足杯、高圈足杯、高柄杯、斜壁杯、曲腹杯、觚形杯等。

在商代，由于酿酒业发达和青铜器制作技术提高，中国的酒器达到前所未有的繁荣。我国古文字学家容庚、张维持在《殷周青铜器通论》将商周的青铜器分为食器、酒器、水器和乐器四大部，共五十类，其中酒器占二十四类，按用途分为煮酒器、盛酒器、饮酒器、储酒器。当时的职业中还出现了"长勺氏"和"尾勺氏"这种专门以制作酒器为生的氏族。

在周代，饮酒风气虽然不如商代，但酒器基本上沿袭了商代的风格，有了专门制作酒器的"梓人"。在汉代，人们饮酒一般是席地而坐，酒樽放在中间，里面放着挹酒的勺，因饮酒器具置于地上，故形体较矮胖。魏晋时期开始流行坐床，酒器变得较为瘦长。因唐代的酒杯形体比之前的要小得多，故有人认为唐代出现了蒸馏酒。唐代出现了桌子，也出现了一些适于在桌上使用的酒器，如被唐代人称为"偏提"的注子，其形状似今日之酒壶，有喙，有柄，既能盛酒，又可注酒于酒杯中，取代了以前的樽、勺。宋代是陶瓷生产的鼎盛时期，出现了不少精美的酒器，因宋代人喜欢将黄酒温热后饮用，故发明了注子，和注碗配套组合。明代的瓷制品酒器以青花、斗彩、祭红酒器最有特色。清代的特色瓷制酒器具有珐琅彩、素三彩、青花玲珑瓷及各种仿古瓷。

二、返璞归真的器物

人们的生活中离不开盛东西的器物，在几千年的历史传承中，中国所产的珍贵器物不计其数。每一件器物背后都有一片精神领地，这不仅是物质化的呈现，还有对创造和对生活品质的不懈追求。

（一）陶器

陶器是用黏土或陶土捏制成形后烧制而成的器具。陶器历史悠久，在新石器时代就有了简单、粗糙的陶器。在江西万年县曾出土了距今 10000 多年前用陶土制成的陶罐。陶器在古代是一种生活用品，当今一般作为工艺品收藏。陶器分为不上彩的陶器和上彩的陶器，这些陶器始终与生产、生活紧密联系，将实用性和美观性有效统一起来，具有浑厚、质朴的风格和明显的时代特征。原始陶器以黄河上游的仰韶文化彩陶和龙山文化黑陶最具代表性，后世陶器则以唐三彩为代表。

1. 彩陶

彩陶是在打磨光滑的橙红色陶坯上，以天然的矿物质颜料进行描绘，用赭石和氧化锰作为呈色元素，入窑烧制而成的；是在橙红色的胎地上呈现出赭红、黑、白等多种颜色的美丽图案，形成纹样与器物造型高度统一，达到装饰美化效果的陶器。早在距今 6000 年左右的半坡文化时期，陶器上就出现了彩绘。彩陶造型一般有盆、瓶、罐、瓮、釜、鼎等，其色彩热烈、格调明快。器物上绘制的精美彩色花纹反映了当时人们生活的部分内容及艺术创作的聪明才智。我国新石器时代的彩陶成就主要体现在黄河流域的仰韶文化和马家窑文化之中。

仰韶文化是黄河中游地区重要的新石器时代文化，1921 年，在河南省三门峡市渑池县仰韶村被发现，分布在整个黄河中游地区（甘肃省到河南省之间）。仰韶文化主要包括半坡和庙底沟两种类型。1953 年，"半坡彩陶"（图 3-24）首先于陕西西安市半坡村被发现，主要有水壶及碗等，陶器上有独特的符号，纹饰有动物纹、几何纹、编织纹等。此后，在邻近各省也发现了类似的陶器。器形以卷唇盆和圆底盆、钵，以及小口细颈大腹壶、直口鼓腹尖底瓶为主，造型较单纯；纹饰多为自然形态的再现，形象可爱，如鱼纹、人面纹、蛙纹等；风格朴实厚重，表现了人类童年的天真稚气和与自然的亲密关系。

图 3-24　半坡彩陶

仰韶文化彩陶艺术在庙底沟时期达到高峰，进入了成熟的发展期。器形仍以盆、钵、瓶为主，形体多呈倒三角形，造型挺秀饱满、轻盈而稳重；纹饰由半坡的写实向变形发展，以几何图案为主，通常以圆点、弧线、三角、曲线等组成回旋勾连纹，尤其以花瓣图案和鸟纹最富特色，节奏鲜明，韵律感很强，显得轻快、活泼，别有一番意趣。马家窑文化将彩陶文化推向前所未有的高度，马家窑类型彩陶一般为泥质红陶，质地细腻，呈橙黄色和土黄色。制作者以明亮的黑彩在打磨光滑的陶底上绘出草叶、旋涡、波浪、圆点、平行线等纹饰。其构图严谨，笔法娴熟，图案极富变化，色彩绚丽。

2. 黑陶

黑陶被誉为"土与火的艺术，力与美的结晶"。在公元前 2000 年的龙山文化中，出现了黑陶，这标志着中国制陶工艺的一次高峰。黑陶文化属黄河流域文化，以其深厚的历史底蕴和丰富的人文内涵成为中华文化体系的重要组成部分。出现在新石器时代晚期的滇藏文化、大汶口文化、龙山文化、屈家岭文化和良渚文化等遗址中。

黑陶分为细泥、泥质和夹砂三种。其中，细泥薄壁黑陶制作水平最高，展现出了匠人惊人的技艺，享誉中外。制作细泥薄壁黑陶时，陶土经过淘洗、轮制，形成的胎壁厚度仅为 0.5～1 毫米，再经打磨，烧成后漆黑光亮，因其"黑如漆、薄如纸"，故有"蛋壳陶"之称。中国黑陶的制作工艺比原始彩陶更纯熟、精致、细腻和独特。黑陶制作工艺失传已久，经几代学者的不懈努力，终于在 1989 年被完全破译。新技术在传统黑陶工艺的基础上不断涌现，使黑陶这一远古艺术获得了辉煌的新生。

（二）青铜器

青铜器主要指先秦时期用铜锡合金制作的器物，包括炊器、食器、酒器、水器、乐器、车马饰、铜镜、带钩、兵器、工具和度量衡器等。青铜器以商周器物最为精美，最初出现的是小型工具或饰物。夏代始有青铜容器和兵器，到商代中期，青铜器的品种已很丰富，上面还出现了铭文和精细的花纹。商晚期至西周早期是青铜器发展的鼎盛时期，器型多种多样、浑厚凝重，铭文逐渐加长，花纹繁缛富丽。随后，青铜器胎体开始变薄，纹饰逐渐简化。春秋晚期至战国，由于铁器的推广使用，铜制工具越来越少。秦汉时期，随着瓷器和漆器进入日常生活，铜制容器品种减少，装饰多为素面，胎体也更为轻薄。青铜器完全由手工制造，没有一模一样的两件，每一件都独一无二、举世无双。

1. 鼎

鼎是青铜器中重要的品种之一，随着原始社会的发展，鼎由最初的烧煮食物的炊器逐步演变为一种礼器，成为权力与财富的象征。鼎的多少反映了主人地位的高低；鼎的轻重标志着主人权力的大小。青铜器上布满的饕餮纹、夔龙纹或人形与兽面结合的纹饰，形成神灵的图纹，反映了人类从愚昧向文明过渡的状态。

鼎有三足的圆鼎，也有四足的方鼎，圆鼎和方鼎又分有盖和无盖两种。若鼎成组由大到小排列，则称列鼎。列鼎的数目通常为单数，在周代代表着不同的身份等级，其中九鼎是诸侯之制。最早的鼎是黏土烧制的陶鼎，后来才有了用青铜铸造的铜鼎。传说夏禹曾收九牧之金铸九鼎于荆山之下，以象征九州，并在上面镌刻魑魅魍魉的图形，让人们警惕，防止被其伤害。自从有了"禹铸九鼎"的传说，鼎就从一般的炊器发展为传国重器。国灭则鼎迁，夏朝灭，商朝兴，九鼎迁于商都亳京；商朝灭，周朝兴，九鼎又迁于周都镐京。商、周都把定都或建立王朝称为"定鼎"。

后母戊鼎（图 3-25）是商周时期青铜器的代表作，出土于河南安阳。此鼎口长 110 厘米、宽 79 厘米，壁厚 6 厘米，连耳高 133 厘米，重达 832.84 千克，是已发现的中国古代最重的单体青铜礼器，因鼎腹内壁上铸有"后母戊"三个字而得名。此鼎铸造工艺十分复杂，鼎身与四足为整体铸造。制作如此之大的器物，在塑造泥模、翻制陶范、合范灌注等过程中存在一系列复杂的技术问题，同时必须配备大型熔炉。后母戊鼎的铸造充分说明，商代后期的青铜铸造不仅规模宏大，而且组织严密、分工细致，显示出商代青铜铸造业的生产规模与杰出的技术成就，足以代表高度发达的商代青铜文化。

图 3-25 后母戊鼎

2. 尊

尊是中国古代的一种大中型盛酒器，盛行于商代至西周时期，春秋后期已经少见。尊多为圆腹或方腹，长颈，口径较大。此外，还有一种牺尊，通常呈鸟兽状，有羊、虎、象、豕、牛、马、鸟、雁、凤等形象。牺尊纹饰华丽，在背部或头部有尊盖。商晚期至西周早期有方形尊和觚形尊，这两种尊器外表多饰有凸起的扉棱，雕铸着繁盛厚重的蕉叶、云雷和兽面纹，显得雄浑而神秘。西周垂腹圆尊的形状为大口、长颈、鼓腹下垂、圈足低矮，整件器物线条柔和，花纹也比较简单，已失去了前期尊的气势。

四羊方尊（图3-26）是现存商代青铜方尊之中形体最大者。四羊方尊为祭祀用品，高58.3厘米，重约34.5千克。其造型雄奇，肩、腹部与足部巧妙地设计成四只卷角羊，各据一隅，在庄重中突出了动感，匠心独运。整器花纹精丽，线条光洁刚劲。通体以细密云雷纹为地，颈部饰由夔龙纹组成的蕉叶纹与带状饕餮纹，肩上饰四条高浮雕式盘龙，羊前身饰长冠鸟纹，圈足饰夔龙纹。四羊方尊边角及各面中心线均置耸起的扉棱，这既可用以掩盖合范痕迹，又可改善器物边角的单调，增强了造型气势，浑然一体。在装饰手法上，四羊方尊将圆雕与浮雕相结合，使四羊与器身巧妙地结合为一体，实现了技术与艺术的完美结合。

图 3-26　四羊方尊

3. 爵

爵（图3-27）是中国古代一种用于盛放、斟倒和加热酒的容器，流行于夏、商、周。爵前有倾酒的流槽，后有尖锐状尾，中间为杯，一侧有鋬，下方有三足，相当于现今的酒壶。爵的表面雕刻着精美的花纹，显得高雅古朴。

图 3-27　爵

（三）玉器

玉器是使用天然玉石加工制成的器物，古玉或古玉器是指 100 年以上的玉器（自雕琢成器起）。在漫长的历史发展过程中，玉器被人们赋予了丰富的文化内涵，成为中国历史文化的重要组成部分。

玉器艺术的发展大致经历了祭祀祈福阶段、权力富贵象征阶段，直到走进千家万户。中国玉器的历史悠久，有关玉器的物质文化遗产相当丰富。据考证，玉器最早出现在旧石器时代。玉起源于石，玉器起源于石器。在旧石器时代，原始先民曾用大量的石头来制造工具，为狩猎等人类早期生活服务。后来，人们发现玉石比一般石头更为坚硬，于是人们用它来加工一些石制品。玉石有着与众不同的色泽和光彩，晶莹通透，惹人喜爱，人们便慢慢就用它来做装饰品。在长期的生活实践中，人们逐渐认识到了一部分"美石"的特殊性质，就把它们从"石"中独立出来，称为"玉"。玉的雕琢也有独特的技巧，在金属精工发明之前，玉是用间接的磨制方法来雕琢的，即使用器物带动解玉砂来磨玉。由于玉的数量不是很多，而且加工困难，因此，只有族群里少数头面人物，如族长、祭司才有资格佩戴并使用这种耗费人工的物品，这使它渐渐演变成礼器、祭器和图腾。正是在这种长期缓慢的进化过程中，玉由原来仅仅是一种特别性质的石头转化为权力、地位、财富、神权的象征。

进入新石器时代，玉器除祭天祀地、陪葬殓尸等用途外，还有辟邪、象征权力与财富等功能。这一时期，玉器的造型除了玉璧、玉玦、玉管、玉珠、玉环等以简单几何形状为主的装饰品，还出现了鸟、鱼、蝉、蛙、龟等动物形态的立体雕刻品，风格质朴豪放，象征性较强。代表性的作品有 C 形玉雕龙（图 3-28）、玉兽面纹嵌饰（图 3-29）等。C 形玉雕龙玉料为淡绿色，龙体较为粗大，卷曲，呈倒 C 形，长吻微微翘起，背部有一个钻孔，可以系绳穿挂。从整体上看，C 形玉雕龙造型夸张、奇特，兼具写实与抽象的手法，结构虽然简单，却充盈着生命力，显得质朴而粗犷。玉兽面纹嵌饰表面纹饰较为模糊，有大面积的赭色斑,总体形状似梯形,凸面,顶端上凸,中线两侧向后折,上下折角的角度不同。嵌饰正面是浅浮雕兽面纹,兽面两侧饰前肢,短小,带足爪,背面有四组通孔,每组孔由两个斜孔对接,孔中可穿绳。专家分析认为,这个作品可能嵌在柱形器的角部,三四件为一组。新石器时代的大型玉璧和高矮不同的多节玉琮标志着制玉工艺已经与石器工艺分离。

图 3-28　C 形玉雕龙

图 3-29　玉兽面纹嵌饰

商代是中国发现的第一个有书写文字的奴隶制国家。商代文明不仅以庄重的青铜器闻名,还以众多的玉器著称。商代早期玉器的发现较少,琢制也较粗糙。商代晚期的玉器以安阳殷墟妇好墓出土的玉器(图 3-30)为代表,共出土玉器 755 件,按用途可分为礼器、仪仗、工具、生活用具、装饰品和杂器六大类。从妇好墓出土的玉器可以看出,商代的玉雕工艺在选料、造型、制作技巧上都有了显著的发展。在选料上,商代已经开始使用质纯色美的和田玉。从众多出土的玉器来看,配饰占大多数,玉器作为装饰品、佩戴品的身份逐渐凸显。

图 3-30　妇好墓出土的玉器

商代玉匠使用和田玉的数量较多。商代出现了仿青铜彝器的碧玉簋、青玉簋等实用器皿。动物、人物玉器大大超过几何形玉器，玉龙、玉凤、玉鹦鹉神态各异，形神毕肖。中国最早的俏色玉器——玉鳖就是商代出现的。最令人叹服的是，商代出现了大量的圆雕作品，并且玉匠还有意识地将一条阳纹刻在双线并列的阴刻线条（俗称双勾线）中间，让阴阳线起到刚劲有力的作用，使整个图案曲尽其妙，这既消除了完全使用阴线的单调感，又增强了图案花纹线条的立体感。

西周玉器在继承商代玉器双线勾勒技艺的同时，独创在鸟形玉刀和兽面纹玉饰上以大放异彩的一面坡粗线或细阴线镂刻的琢玉技艺。但从总体上看，西周玉器没有商代玉器那样活泼多样，显得有些呆板，过于规矩，这与西周严格的宗法、礼俗制度不无关系。春秋战国时期，玉雕艺术光辉灿烂，可与当时地中海流域的希腊、罗马石雕艺术相媲美。

汉代是玉器创作的一个高峰期，汉代玉器继承了战国时代玉器的传统，礼器相对减少，不再是玉器品种的重要组成部分。装饰用的玉佩饰大量增加，用于殉葬的玉冥器也显著增多。纹饰的风格由以抽象为主转向以写实为主，形神巧妙结合。唐代玉器（图 3-31）的品

图 3-31　唐代玉器

种式样几乎是全新的，即使名称与之前的相同，样式也是不同的，作用也较单纯，多数与实用和佩戴有关，主要有作为佩饰的玉簪（或玉簪头）、玉梳（或玉梳背）、玉镯、带板，以及作为实用器具的玉杯等。

中国玉器发展至宋代进入了一个辉煌的阶段。宋代玉器（图3-32）以中国传统纹饰和自然写实为主，这需要更加细致地观察生活，捕捉生活中美的情趣，描写生活中美的动态。此时的艺术作品没有过分的矫揉造作，比较接近现实，也比较讲究细腻纯洁、意境高雅的文人格调，给人一种清新舒畅、自然恬静的含蓄美。宋代玉器摆脱了礼制的束缚，完成了向世俗化、日用化的转型，开始与当时的绘画、雕塑工艺同步发展。

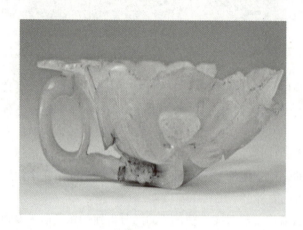

图3-32　宋白玉荷叶杯

明清时期玉器的造型与当时的绘画、书法及工艺雕刻紧密联系，追求工笔画的功力，玉质之美、品种之多、应用之广空前绝后。明清时期的玉器较为注重技巧，而非神韵。玉器精雕细琢、以材定型，以型喻美，追求玉的特有之美。例如，明代的菊花耳荷鹭纹玉杯盘（图3-33）、玉石荷叶洗，清代的莲藕形笔架（图3-34）、玉镂雕梅花纹瓶（图3-35）等。

图3-33　明代的菊花耳荷鹭纹玉杯盘

图 3-34 清代的莲藕形笔架

图 3-35 清代的玉镂雕梅花纹瓶

现代玉饰的品种非常丰富,如珠串、手镯、发夹、挂件、套装装饰品、戒指、金镶玉品、腰带等。玉饰除采用岫玉、玛瑙、密玉等玉料外,还采用翡翠、青金、鸡肝石、孔雀石、东陵石、珊瑚、水晶、芙蓉石、木变石等玉石原料。玉饰规格款式不断翻新,仅珠串就有平串、宝塔串、花色串、异形串、随形串等。通过精心搭配,这些玉饰会与人们的生活、衣饰产生珠联璧合的效果。

(四)瓷器

瓷器是中华文明的瑰宝,是中国古代人民的伟大发明。瓷器是在陶器技术不断发展和提高的基础上产生的。商代出现了原始瓷器,经过长期的改进,东汉时期终于烧制出成熟的青瓷。从浙江绍兴上虞的上浦小仙坛发现的东汉晚期瓷窑遗址出土的青瓷文物来看,这时的瓷片质地细腻,釉面有光泽,胎釉结合紧密牢固,已符合真正的瓷器标准了。

隋唐五代时期，中国瓷器形成了"南青北白"的局面，南方以生产青瓷为主，北方以生产白瓷为主。青瓷（图3-36）以越窑产品的质量最高，白瓷（图3-37）以邢窑产品质量最高。越窑青瓷明澈如冰，工艺精湛，温润如玉，色泽青中带绿，与茶青色相近；白瓷由青瓷发展而来。两者的主要区别在于胎、釉中含铁量的不同，瓷土含铁量少，则胎呈白色；瓷土含铁量多，则胎呈灰、浅灰或深灰色。

图 3-36　唐代越窑带钮盖横柄执壶

图 3-37　唐代邢窑菱花形洗

唐代陆羽在《茶经》中这样评价邢窑白瓷："若邢瓷类银，越瓷类玉，邢不如越，一也；若邢瓷类雪，则越瓷类冰，邢不如越，二也；邢瓷白而茶色丹，越瓷青而茶色绿，邢不如越，三也。"晚唐诗人皮日休在《茶中杂咏·茶瓯》中说："邢客与越人，皆能造兹器。圆似月魂堕，轻如云魄起。"这些记载充分描述了邢窑白瓷胎体细腻、质地轻盈、釉色洁白的特点。邢窑白瓷器型典雅古朴，注重器型和釉色的搭配与设计，外层装饰较少，即使有些许纹路，也比较简单，仅是为了衬托器型的优美，并不夸张。

到了宋代，中国古代瓷器进入了全面鼎盛时期，在胎质、釉料和制作技术等方面又有了提高,烧瓷技术达到完全成熟的程度。宋代闻名中外的名窑有很多,如耀州窑、磁州窑、景德镇窑、龙泉窑、越窑、建窑,以及被称为"宋代五大名窑"的汝窑、官窑、哥窑、钧窑、定窑等。它们的产品,如北宋汝窑的天青无纹椭圆水仙盆(图3-38)、定窑的白瓷婴儿枕(图3-39),都有自己独特的风格。

图 3-38　北宋汝窑的天青无纹椭圆水仙盆

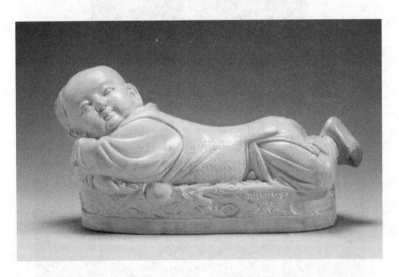

图 3-39　定窑的白瓷婴儿枕

汝窑被誉为"宋代五大名窑"之首,其瓷器釉色以淡青为主,色泽清润。宋代官窑的瓷器釉质精细,釉面光润,呈乳浊状,施釉较厚,具有玉质感,其中天青色、青绿色为上品。钧窑烧造的彩色瓷器较多,以胭脂红为最佳,葱绿色及墨色的瓷器也颇具特色。定窑生产的瓷器胎质细腻,质薄而有光泽,瓷色滋润,白釉似粉,被称为粉定或白定。

明清时期是中国陶瓷发展史上又一个黄金时代，传统的制瓷工艺发展到了历史最高峰。景德镇成为制瓷业的中心，青花瓷（图 3-40）成为陶瓷产品的主流。明代的青花瓷器质地细腻，畅销中外。青花瓷器是一种白地蓝花的作品，是明代主流瓷器之一。它的釉料中含有氧化钴青料，这种青料的色调会随着温度的高低和火焰性质的变化而变化。如果瓷器不是在还原焰中烧成，那么，青料中的钴便不会显现出美丽的蓝色；温度太高或太低，也会使青花大大减色。因此，必须严格地掌握火焰的性质和釉料配制的准确性。清代彩瓷在明代瓷器基础上分化出多种颜色，出现了斗彩、五彩、珐琅彩、粉彩等，造型更加丰富，纹饰繁多而精美，彩瓷品种丰富多样，如康熙珊瑚红地珐琅花卉纹宫碗（图 3-41）。

图 3-40　清代青花勾莲纹烛台

图 3-41　康熙珊瑚红地珐琅花卉纹宫碗

第四节　社会美与社会环境

美的表现形态是千变万化而且丰富多样的。呈现于现实生活之中的美叫现实美；现实生活经过艺术家的加工改造之后，可以变成供人们欣赏的艺术品，这些艺术作品中所展现出来的美叫艺术美。现实美是客观存在的第一性的美；艺术美是现实生活的反映形态，因而是第二性的美。现实美又包括自然现象的美——自然美，以及社会现象的美——社会美。而作为现实社会生活主体的人，也是人们重要的审美对象，并且居于整个现实美的中心地位。本节介绍社会美及其特点、人的自身美以及社会美的重要领域——劳动美。

一、社会美及其特点

（一）什么是社会美

现实生活中一切社会事物的美，统称为社会美。社会美在现实生活中占有重要的地位。我们所说的社会事物的美，是从人的各种社会实践活动中体现出来的。人是生活的主人，人的社会实践活动构成了整个社会生活的核心。因此，实践活动本身的美、实践成果的美、实践主体（人）的美以及人与人关系的美，构成了社会美的主要领域。至于人生活的环境和条件，除了社会环境，还有大量的自然事物，其美则属于自然美。我们可以这样说，现实生活中的美，除去自然美，其他皆属于社会美。

毛泽东同志在《关于农村调查》里说："马克思主义者认为人类的生产活动是最基本的实践活动，是决定其他一切活动的东西。"但是，"人的社会实践，不限于生产活动一种形式，还有多种其他的形式，阶级斗争、政治生活、科学和艺术的活动，总之，社会实际生活的一切领域都是社会的人所参加的。"因此，我们所说的社会美，就是体现在生产活动、阶级斗争、科学和艺术活动等各种社会实践活动中的美。

生产劳动是人类最基本的实践活动，是美得以产生的最早领域，也是人们获得审美愉快的基本领域。人类的自由的创造性的劳动，是"按照美的规律来建造"的活动，是显示人的本质力量的活动，因而它本身就是使人获得审美愉快的活动。通过创造性的劳动而创造出来的产品，也是显现人的本质力量的具体形象，是人们重要的、审美的对象。无论是古代先民留下的石器、骨器、陶器，还是现代化的公路、桥梁、人造卫星，它们的美都具有强烈的感人力量。

在阶级社会中，阶级斗争是推动人类历史前进的重要动力之一。劳动人民为了实现自己的美好理想而进行的斗争，包括在强大敌人面前斗争失败而作出的流血牺牲，都是美的，是鼓舞后人继续进行斗争的力量源泉。历史上的剥削阶级，在它还处于上升时期的时候，它的利益与劳动人民的根本利益具有某种一致性，它为推动社会进步而进行的斗争同人类的自由自觉的本质力量的发展相一致，因而也是美的。但是，它还有剥削、压迫劳动人民，甚至骄奢淫逸的一面，也有着不美的甚至丑的方面。一旦剥削阶级完全转化为历史前进的阻力，它便会镇压人民群众、阻挡历史前进，与人类自由自觉的本质力量的发展背道而驰，转化为丑恶的代表，成为美的对立面。毛泽东说："真的、善的、美的东西总是在同假的、恶的、丑的东西相比较而存在，相斗争而发展的。"从美学意义上说，阶级斗争实质上也是一种美丑斗争。在美与丑的斗争中，美总是在艰难曲折中不断发展壮大，最终走向胜利。这就是社会历史发展中美丑斗争的总规律和总趋势。

除了生产斗争、阶级斗争，人类社会生活实践的领域仍然是相当广阔和丰富多彩的。例如，科学实验、艺术创造、文化教育等活动，日常生活、家庭温暖、爱情友谊等等，只要是能够显示人的健康向上的本质力量的，就都是美的。

总之，一切符合历史进步、体现人的本质力量的社会生活方面，都属于社会美。由于美总是表现为具体的形象，我们可以这样说：社会美是符合社会发展本质规律、体现人的理想愿望，并能给人以精神愉悦的社会生活现象。

（二）社会美的特点

1. 社会美是一种积极肯定的生活形象

社会美直接来源于人类的自由自觉的实践活动，是人的本质力量在创造性实践活动中的具体体现，因而社会美总是同积极、向上的肯定性生活相联系，同人类社会不断向前发展的客观规律相联系。从人类历史发展的总背景来观察分析社会事物的美，我们可以清楚地看到，在每一个历史时期，只有那些代表历史前进方向的积极肯定的生活现象才是美的；反过来说，那些与历史前进方向相背离的消极落后的生活现象，则不可能是美的，只能是丑的。所以，社会美是一种具有积极肯定性质的生活形象。

人类的社会生活像长江大河一样滚滚向前发展，正如孔子所说："逝者如斯夫，不舍昼夜。"这一向前发展的过程，是新与旧、正确与错误、进步与落后、革命与反动相互斗争的过程，是一个除旧布新、推陈出新的辩证运动过程。一切旧的、错误的、落后的、反动的东西，尽管它暂时还可能是强大的，气势汹汹的，但终将被历史淘汰，被人们唾弃。因而从审美上来说是没有什么美的价值的；而那些新的、正确的、进步的、革命的事物，尽管它暂时还可能是弱小的，其貌不扬的，但终将被历史肯定，被人们欢迎，因而从审美上来说就是富有生气的、美的。拿集中体现了社会美的特点的人的美来说，决定一个人美不美以及美的程度的，可以有许多方面的内容，但其中最根本最核心的内容是看他在认识世界改造世界的活动中，是否体现了与社会发展趋势相一致的进步思想和高尚情操，是否为人类历史进步做出了自己的贡献以及贡献的大小，等等。由此可见，是否具有进步性、积极性、肯定性，是社会事物美与不美的决定性因素。

社会美之所以必然具有积极肯定的性质，是因为社会美与人的创造性实践活动直接相联系。如前所述，一切美的根源都在于人类的社会实践，一切美的事物的出现都与人类历史上一定阶段的实践活动相关联。换句话说，没有人类的社会实践就不会有任何美。我们仔细考察一下各种形态的美，就会发现它们与人类社会实践之间的联系，有些是直接而明显的，有些则是间接而隐蔽的。例如，高山大河、海洋沙漠、太阳月亮、极地奇光等自然事物，在人类社会出现之前早就存在了。人们发现和认识这些自然事物的美，是在人类通过社会实践活动而改变了与这些自然事物的客观关系之后才有可能的，因而也与人类社会实践相关联。但是，这些自然物都是未经人类直接改造过的，是人类实践难以直接施加影响的，因而这些事物的美与人类实践活动的关系就相当疏远和间接。人们如今欣赏沙漠的荒凉、火山的威力，是在更为曲折隐约的意义上唤醒和肯定人类的本质力量，荒凉的沙漠、富有破坏力的火山本身并不直接具有积极肯定的性质。而社会美则不然，社会美直接是人类实践活动本身及其产品的美，是人类的创造力量的直接体现，因而它与人类历史前进相一致的、积极肯定的性质就十分明显。

2. 社会美和人的理想紧密相连

人的理想是在社会实践过程中提出的奋斗目标，是通过奋斗力图实现的蓝图。从一定意义上来说，人的实践活动都是努力实现理想的奋斗过程；人类社会实践发展的历史，也是一部不断提出理想、实现理想的奋斗史。这里所说的理想，既可以指社会理想、革命理想、人生理想等大的方面，也可以具体地指某一生活理想、道德理想、审美理想等小的方面。一个工程设计方案的实施，一种道德行为的完成，一件作品的创作修改，甚至爱情、家庭等生活愿望的实现，等等，都包含着实现理想的意义。实现理想的过程，也就是人发挥自己的主观能动性进行创造性实践的过程。

人们在进行一项创造性的实践活动之前，总是先在头脑中设计好了关于未来结果和产品的蓝图，这个关于未来结果和产品的蓝图，也就是"按照美的规律来建造"的理想。马克思在《资本论》中说："蜘蛛的活动与织工的活动相似，蜜蜂建筑蜂房的本领使人间的许多建筑师感到惭愧。但是，最蹩脚的建筑师从一开始就比最灵巧的蜜蜂高明的地方，是他在用蜂蜡建筑蜂房以前，已经在自己的头脑中把它建成了。劳动过程结束时得到的结果，在这个过程开始时就已经在劳动者的表象中存在着，即已经观念地存在着。他不仅使自然物发生形式变化，同时他还在自然物中实现自己的目的，这个目的是他所知道的，是作为规律决定着他的活动的方式和方法的，他必须使他的意志服从这个目的。"马克思在这里清楚地论证了，人类的劳动实践与动物的根本区别就在于，人在劳动之前就已经在自己的头脑中构思好了体现劳动结果的"表象"（即"观念地存在着"的理想），实现这个在表象中存在着的理想成为人进行实践活动的目的，制约着人的整个活动过程。由此可知，提出和实现理想乃是一切创造性实践活动的重要推动力，因而也是一切社会美得以实现、得以发展的重要推动力。人类在实践过程中，不断地发展自己的理想，推动着人类不断地按照美的规律来创造。从古代的石器、陶器、青铜器、铁器，到现代的蒸汽机、电子计算机等最新产品，这些人类所创造的工具发展的历史，是一部社会美发展的历史，也同样是一部物质化了的人类理想的发展史。

3. 社会美重在内容

社会美直接与人的创造性实践活动相联系，与人的理想相联系，因而它必然具有比较明确、稳定的社会内容。社会美的内容，是与符合社会发展规律的"真"相联系的，是以符合大多数人民的根本利益的"善"为基础的，因而是合规律性与合目的性相统一的，是真与善的统一。进一步说，社会美的比较稳定、明确的内容就是以真善统一为内涵的进步的社会理想。凡是与真善统一的社会理想相联系、相一致的社会现象，都可能具有或强或弱的美的品格；凡是有悖于真善统一的社会理想的社会现象，则只能是丑的或不美的。在这里，美的内容起着主要的决定作用，至于这一事物的外表形式的影响退居到相对次要的方面。所以说，社会美重在内容。

为实现真善统一的进步理想而斗争的生活，与这种进步理想相联系的生活，以及展现理想实现状态的生活，都能够体现出人类的自由自觉的创造力量，使人们感到鼓舞和愉快，这就是社会美具有的巨大魅力。在为实现真善统一的进步理想而斗争的过程中，有些为大多数人谋利益的志士仁人不畏强暴，不怕流血，甚至不惜牺牲自己的生命而舍生取义。虽然他们为之奋斗的理想在当时难以实现甚至不可能实现，但是，他们的高尚品质和道德行为依然是崇高而伟大的，在人类历史上放射着美的光辉。由此可见，社会美的主要内容是善。古希腊思想家亚里士多德说："美是一种善"，这句话在社会美领域内来说是完全正确的。社会美在本质上就是以感性形态体现出来的善，即以具体生活形象形式体现出来的善。例如，雷锋的事迹以及体现雷锋精神的行为都是美的。在这里，显然起决定作用的就是这些活动和行为体现了雷锋精神——善。

社会美重在内容的特点，在与重在形式的自然美的比较中，更能清楚地看出来。这一点，我们将在讲述自然美的特点时再进行详细说明。

二、人的美

人是社会实践的核心，是社会生活的主体。因此，社会美的核心是人的美。人的美集中体现了社会美的特征。

人的美包括外在美与内在美两个方面。外在美主要体现在人的形体、相貌、风度、服饰以及行为举止等方面；内在美则是指人的心灵，即人的精神世界。下面分别予以说明。

（一）人的外在美

人的形体相貌，是人的重要审美对象之一。就人体的生理形态而言，主要是通过人体的自然性因素体现出来的。在自然界许许多多的生物物种之中，人是最高级的生物，从这个意义上说，人的形体美是最高级的自然美。骨骼比例匀称，肌肉发育饱满、结实有力而富有弹性，五官端正、适中，身材具有正常的生理曲线和灵活自如的活动能力，这是一个健康而美的身体的必备条件。一句话，便于显示人的本质力量（如速度、力量、敏捷、灵巧、耐力等）的形体，就是美的形体。

世界上不同的人种、民族，因生活条件和遗传因素的不同，各有自己的形体美的标准。一般说来，人的形体的各个部分、各个器官的大小、形状、位置、颜色等，都是以接近本民族本地区同性形体的平均值为最美。近几十年来，世界各民族的人大多表现出身材不断增高的趋势，因而略高于平均值的身材被普遍认为是美的身材。以鼻子为例，不同民族不同地区的人们对于什么样的鼻子是最美的理解，显然是有差异的。我国古人常用"悬胆"来形容鼻子的美，意思是说我们中华民族成员的鼻子总是从上到下逐渐增大，就像悬吊起来的胆一样。"悬胆"代表了黄种人鼻子的常态，而塌鼻、鹰鼻、蒜鼻等脱离常态的鼻子我们就认为是丑的。

一些人以为人体美仅仅是由人体的自然属性决定的，这种看法是片面的。人的外表体形如何，虽说得自遗传因素，但其中也不可避免地包含着人类历史长期发展的成果。人类的祖先是类人猿。恩格斯曾说："达尔文曾经向我们大致地描述了我们的这些祖先：它们满身是毛，有须和尖耸的耳朵，成群地生活在树上。"经过多少万年的劳动实践的锻炼，手、喉、大脑以及其他各个器官，都发生了惊人的变化。人体各个部分发展成今天的现代人的样子，一方面是在劳动实践中不断进化的结果；另一方面也打上了数百万年来人类文化历史发展的印记。

如果说整个人类的形体变化是在漫长的发展过程中得来的，那么我们同样可以理解，就每一个具体的人来说，他的外表形态同样也烙有他的文化教养的印痕。人的肢体在运动中形成各种各样的姿态，一个人的姿态常常在变化中表现出相对稳定的风度。俗话说"站有站相，坐有坐相，走有走相"，这里所说的"相"，实际上就是指的风度，即在一举一动中显示出来的比较稳定的美好的格调。古人说的"坐如钟，站如松，行如风""静若处子，动如脱兔"等，也就是指的一种理想的风度。今天的年轻人，站立时挺胸收腹，端庄稳重，横看有开阔感，竖看有挺拔感；即使偏胖，胖而不臃，即使偏瘦，瘦而不瘪，给人一种健康向上、英姿勃勃的印象，就是一种美的风度。风度是一个人在长期生活实践中形成的，体现着一个人的道德品质、心理气质和文化教养。中国人民解放军提倡的"三八作风"，实际上就是自觉地培养革命军人风度的要求。在日常生活中我们都会感受到，不同的人养成的风度是有很大差异的：有的人沉着干练，从容不迫；有的人举止翩翩，风流潇洒；有的人礼貌周到，文质彬彬；有的人粗犷豪放，不拘小节，等等。这些都可称为各具特色的美的风度。相反地，有的人在公共场合敞胸露怀，甚至歪戴帽子，乱打口哨，显得流里流气；有的人故意邋遢，不修边幅，甚至蓬头垢面，显得萎靡不振。这些都是不美的，应予改正的。

服饰，包括衣服的样式和装饰、鞋帽发型以及手镯、耳环等，虽说并不是人体本身的组成部分，却是袒露在外的人的外在美的组成部分之一。整容、化妆等人工修饰手段，主要是通过遮盖某些部分或突显某些部分，以增添形式美的魅力，因而有助于突出显现人的精神力量。而过分的装扮修饰，则会给人弄虚作假的感受，反而不如"天然去雕饰"。至于服装穿戴，在现代人的生活中自然仍有御寒、遮羞等实用功能，但更重要的意义在于服饰是形成人的外在风度的重要成分，因而具有不容忽视的审美功能。不同的服装会给人以不同的感受，显示不同的精神风貌。因而，军服宜显威武，运动服应显矫健，演员的服装宜显洒脱，教师的服装宜显尊严，老年人的服装应显庄重，小伙子的服装应显英俊，姑娘们的服装宜显轻盈娟美，儿童的服装应该鲜艳活泼，等等。服饰美的格调也是多样的，衣着华贵艳丽是一种美，淡雅清秀也是一种美，衣冠楚楚是一种美，朴素大方也是一种美。俗话说"量体裁衣"，说明服装的大小、长短、色彩、款式、质料等，以及职业、身份、性别，都必须与自己的体形相协调，与自己的年龄、学识、修养相协调，与自己的内在精神相表里，因人而异，因时因地而异，才能使服饰与人的形体和谐统一，适度得体。离开了这一总的原则，有的人越打扮越不相称，反而会使人感到滑稽可笑。

人的外在表现的美，还显露在人的举止姿态、面部表情等"动"的方面。人作为万物之灵，完全能够自觉地甚至带强制性地控制和表现自己的言行举止和情绪表现。人的举止、情绪如何，都是与他所遇到的社会环境条件，以及自己对这些外在条件所做出的反应分不开的，因而其中包含着深刻的社会历史、阶级、民族等丰厚的内容。考察人的外部表现的美丑，抛开机体的自然属性是不对的，但若忽视了人的外形的高度社会化的特征，则是无法深刻理解其外形的美丑意义的。应当把一个人的姿态、外部表情放在一定的社会历史的背景下，看他是否站在推动历史前进的人民群众一边，是否显示出作为自然和历史的主人的人的本质力量，才能恰当地确定他的外部表征的美学意义。正因为这样，我们才能从艺术家的肖像画、人体雕塑等作品所显示的人体外部动作、表情，来窥视人物的内心世界，理解作品所蕴含的深刻的社会历史意蕴。例如，罗丹的著名裸体塑像《欧米哀尔》，是一个比木乃伊还要皱缩的老妓女的形体。她弯着腰蜷缩着，绝望地看着自己干瘪的胸膛和满是皱纹的腹部，肌肤松弛无力，包在隐约可见的骷髅般的骨架上，皮下的关节似乎都在战栗和摇动。这是一种外形丑陋的雕塑作品。她那丑陋痛苦的外形下显示着社会下层人民的悲惨命运，她那控诉般的社会内涵使人感到不寒而栗，是足以促使观者深思的。

（二）人的内在美

人的内在精神的美，即心灵美，是指人的品德、情操、人生观念和人生理想等所具有的美。人的内在精神方面，或称人的内心世界，并不是坦露在外的，而是通过人的外在实践活动，通过人的言谈举止透露出来的。人的心理活动过程，则是人的内在精神的变化过程。人的内在心理活动与外部言行动作相结合，就能充分地展示出一个人的内心世界来。

历史上存在过"相面术"。相面的术士单纯从人的外貌特征来判断人的本质和命运，这是缺乏科学依据的。因为人的相貌、形体、骨骼、肌肉、器官等，属于人的自然属性，主要是由先天遗传、后天营养等自然条件决定的。这些自然属性与人的内在精神面貌的关系是比较疏远的，只是人的内心世界的外形式；而人的言语、行为、表情、动作等动态变化才是直接体现人的内在精神面貌的内形式，与人的心理活动过程直接相联系。外在形式与内在本质的关系较为遥远，独立性更强，它们之间并不存在直接的、必然的、对等的关系。外形式通过内形式才与内在本质相联系。这中间的层次关系是不应该被忽视的。

人的内在本质究竟是什么？我国古代有性善性恶的争论，或云"人之初，性本善"，或云"人之初，性本恶"。我国古人所说的"性""情"或"心"，以及西方哲人所说的"人性""性相"等，都是脱离人的社会实践来抽象地研究人的本质的，因而常常把人性当作先验的固定不变的抽象物，也就无法科学地揭示人的内心世界的奥秘。马克思在批判费尔巴哈时指出："费尔巴哈把宗教的本质归结为人的本质。但是，人的本质并不是单个人所固有的抽象物。在其现实性上，它是一切社会关系的总和。"按照马克思主义的唯物史观，认为每一个人都生活在一组特定的社会关系（人与人的关系）的焦点上；每一种社会关系都会给他带来一定的影响，而他对每一种社会关系都会有自己的反应态度；一个人的本质就是由这些社会关系的相互影响为其内容的。人与社会的关系，是一种辩证的对立统一的关系。人的七情六欲、人的思想观点，都是由一定的社会关系、交往方式所引起和决定的。所以说，在其现实性上，即每一个现实生活中的实际生活着的人，其本质都是"一切社会关系的总和"。马克思的这一结论，为我们分析认识人的社会本质，理解人的内心世界的形成和发展，提供了一把历史唯物主义的钥匙。

　　人的一生的整个心理活动，是在社会生活的波涛中，为实现其具有一定阶级、时代内容的最高生活目的而呈现出来的发展演变过程。这个最高生活目的，联系着一个人的人生价值观念，表现为这个人的人生理想。为实现这个目的而出现的心理活动过程，也叫作心理航程，就是这个人的精神世界的主要内容，决定着这个人的内心世界的风貌。每个人都在确立和实现自己的最高生活目的，以及与之相适应的生活准则，并且从生活目的和生活准则出发，对于眼前的事物作出一定的反应，呈现出丰富复杂的内心活动。一个人的内心世界的丰富性，同他所意识到的外部世界的复杂性，完全是相对应的。因此，每一个人的内心活动，都必然折射并反映着他所生活的那个时代的特征，以及阶级的、民族的各种历史发展的烙印。

　　人的内在心灵的美与不美，根据人所追求的人生价值观念和人生理想，表现为人的品德、情操等素质方面。这些内在精神方面，虽然也与先天的气质禀赋有一定关联，但主要是在后天的社会实践、社会生活的过程中逐步形成的。处在复杂的社会生活中的个人，都会对真与假、善与恶、美与丑作出自己的判断，逐渐形成自己的真、善、美的价值观念，进而在生活中对真、善、美有所追求。这种对于人生价值的追求，作为一种比较稳定的有系统的习惯情绪，便是情操。而在处理人与人的关系方面，形成自觉的道德意识和良好的道德行为习惯，就被称为品德高尚。品德和情操，是一种相对稳定的待人处世的原则、信条，它表现在人的言行等各个方面。品德优秀、情操高尚的人，就是心灵美的人。一个为人类进步事业而奋斗的人，内心充满着为真理和正义而献身的精神，为祖国和人民而奉献的精神，他就必然在自己的一言一行、一举一动中表现出高尚的品德和情操。对于集体和祖国的责任感、正义感、廉洁奉公、是非分明、热爱劳动、助人为乐等，都是人的高尚品德和情操的表现。"对待同志要像春天般的温暖，对待工作要像夏天一样的火热，对待个人主义要像秋风扫落叶一样，对待敌人要像严冬一样残酷无情。"雷锋日记中的这几句话，是他的高尚品德和情操的体现，是雷锋精神的重要方面。

　　进步的革命人生观和人生理想，是心灵美的核心内容。它作为人生的根本态度，对一个人的品德、情操的形成具有巨大的影响，成为一个人言论行动的内在根据。人究竟应该怎样度过自己的一生？"人的一生应当这样度过：当回忆往事的时候，他不会因为虚度年华而悔恨，也不会因为碌碌无为而羞愧；在临死的时候，他能够说'我的整个生命和全部精力，都已经献给了世界上最壮丽的事业——为人类的解放而斗争'。"这段出自《钢铁是怎样炼成的》一书主人公保尔·柯察金之口的话，曾经教育和鼓舞了全世界一代又一代的无产阶级革命者，我国的很多仁人志士都曾深受其影响。树立共产主义人生观，把自己造就成具有共产主义思想品德的新人，就是我们时代的理想人格，也是每一个有志青年的人生理想。在我们时代，每一个人都应该努力学习，加强自己的政治思想、道德品质以及文化知识等方面的修养，做一个有理想、有道德、有文化、有纪律的劳动者，为实现中华民族伟大复兴的中国梦奉献自己的青春和力量。这样的革命者、劳动者，不论他职位高低、能力大小，都是无愧于时代的具有美好心灵的人。

（三）人的外在美与内在美的统一

人的外在表现的美与人的内在精神的美，在理想人物身上应该达到和谐统一。我们每一个人都应该向着这一理想目标而努力。但是，在现实生活中，人的服饰、风度等可以随着自己的思想文化修养和审美意识的发展提高而变化，而人的形体器官本身的缺陷却是无法通过主观努力而弥补的。人的身材、相貌的美丑，在很大程度上取决于先天的遗传因素，个人的主观锻炼和修饰措施只能在一定程度上发生作用。因而，现实生活中人的外在美和内在美只能是相对的平衡和统一，很难达到那种和谐统一的理想状态。现实生活中具体的人，有的外表美内心也美，有的外表好看而内心丑恶，有的外表虽丑而内心美好，有的外表和内心都是丑的……总之，在外在与内在的关系上，实际上呈现出多种多样的类型和复杂的情况。但是，无论情况多么复杂多样，在这一内外矛盾中，人的内在心灵的美始终占据主导地位。

就像其他社会现象的美侧重于内容的美一样，人的美也是侧重于内在精神的美。当你对一个陌生人的内在精神方面还不甚了解的时候，这个人的形体、相貌、衣着、装饰等外表的美，也许会引起你较多的注意；一旦进一步了解到这个人原来是品质恶劣、趣味低下、灵魂丑恶的，那么他那漂亮的外表，就会特别引人厌恶和反感，变成了"空有一具好皮囊"。相反地，那些肢体残缺的战斗英雄、因公受伤的劳动者，虽然形体畸形，仍然因其具有崇高的内在精神而得到我们的尊敬和爱戴。这些事例说明，在纵观整体而确定一个人美与不美的时候，内在精神方面往往会压倒外在形体方面而占据支配地位。所以，我们认为，在人的美的内外因素中，心灵美应该是起决定作用的。与此相反，单纯以貌取人则往往会导致错误，产生遗憾。

虽然心灵美对于一个人来说是具有决定性意义的，但这并不意味着完全忽略人的外表形体的美。人的外在美，也有一定的相对独立性。它本身已经可以成为人的一种欣赏对象。而在体现审美理想的各个艺术部门那里，特别是作为表演艺术家来说，形体是否健全美丽，服装是否好看得体等，就绝对是一个不可忽视的重要方面。这时候，人的外在美往往能更鲜明、更充分地展现人的内在美，两者相得益彰，才能感人至深。今天，我们重视人体美，提倡人的外在美，除了艺术科学的需要，还可以促进广大群众自觉地锻炼身体，达到体魄强壮而健美。在我们建设现代化的社会主义国家时，广大群众都体格健壮、姿态宜人、文明礼貌、生气勃勃，这是整个民族、整个国家精神文明建设的硕果之一。近几年来，我们提倡社会主义核心价值观，这是建设社会主义精神文明的重要方面。

　　对于人的外在形体美和内在心灵美的鉴别与评价，历来存在着不同的标准。车尔尼雪夫斯基就曾经指出：农民认为"体格强壮，长得很结实"是乡下美人的必备条件，"弱不禁风"的贵族上流社会的美人，在农民看来断然是"不漂亮"的。农民与贵族对于人体美的不同看法和理解，反映着不同阶级的审美标准，是由不同的阶级地位、生活方式等条件所决定的。乡下农民整天下地劳动，以吃苦耐劳为看人的标准，因而强壮结实、面色红润与能干耐劳相联系，就成为乡下美人的必备条件。相反地，不劳而获的贵族夫人，却常以面色苍白，甚至偏头痛作为美人的条件。不同时代、不同阶级、不同民族对于人的美的看法不同，不仅表现在人的体格等外在方面，同时也表现在看待人的内在心灵方面。如前所述，心灵美的主要内容是"善"，是体现善的人格理想和道德品质等。在对善的理解和评价方面，显然也存在着时代的、阶级的、民族的差异。对于建设社会主义现代化的中国人民来说，我们的"善"是以体现绝大多数人的根本利益为标志的，是与社会进步相联系的。我们的善，就是共产主义的人生理想和共产主义的道德原则。对于我们来说，共产主义新人就是心灵最美的人。

第四章 美育浸润 以"艺"化人

谈美，必然使人想到艺术。同社会美、自然美不同，艺术美不是美的客观存在形态，而是人类审美意识的结晶。本章除了讲述艺术美的实质及其特点外，还将阐述艺术分类与艺术欣赏的基本知识。

第一节 艺术美及其特点

一、什么是艺术美

古往今来，谈论艺术的人极多，历史上许多美学家甚至把艺术同美等同起来，认为美学仅仅以艺术为对象，是艺术哲学。通过前几章的学习，我们发现，其实美的存在范围远远超出艺术之外。人们不满足于现实生活中的美，还要执着于艺术的创造，追求艺术美。因此，人们不禁要问，艺术美的本质何在？人类为什么要创造艺术？我们认为，所谓艺术，指的是艺术作品的美，它来源于现实美，是艺术家对来自实际生活的体验进行加工、提炼，并使之典型化的产物。艺术美具有客观性；它不是艺术家凭空捏造的，不是一种纯粹的"心灵的力量"，其根源仍存在于客观现实中。谢晋导演的电影为什么深受中国观众喜爱？从《天云山传奇》到《牧马人》，再到《高山下的花环》《芙蓉镇》，一系列作品的成功关键在于他扎根于现实生活，经过对生活的精心提炼，在其影片中塑造了一系列可歌可泣、可赞可颂的人物形象：罗群、许灵均夫妇、梁三喜、胡玉音等。他们的出现，观众是那么熟悉，他们使人看到了生活中美好而温馨的一面，看到了人情的温暖与可爱，看到了顶天立地的中国人的脊梁。观众在或悲或喜、或庄或谐的艺术场面中体悟到了自己生活中真正美好的东西，在被净化、被激励的同时，带着希望走向美好的未来。即使一些现代派的作品，虽以变形、夸张，甚至荒诞的手法加以展示，但它所传达的艺术家的感受、体验，毫无疑问仍来自实际生活。只需欣赏一下毕加索的画、一些现代城市雕塑，就不难得到理解与体会。它们已由传统作品着重表现具体的生活内容与思想，转而向人们的感觉、情绪、心理等作出了进一步的探索。所以，表现主义的代表人物蒙克说："我要描绘的是那种触动我心灵与眼睛的线条和色彩。我不是画我所见到的东西，而是画我所经历的东西。"他最负盛名的作品《呐喊》，为了表现出现代社会中人的孤独感以及由于极度的痛苦而战栗所造成的无法遏制的呐喊，画中的人完全变形，无性别又无年龄，"他"似乎掉进了周围形成的湍急旋涡之中，绝望地嘶喊着。这幅画当然不是模仿具体的自然和人，但是一幅画不可能脱离当时的社会环境。蒙克所处的时代是19世纪末，那时的欧洲充斥着不安、颓唐、悲观，甚至绝望的情绪，因而被称为"世纪末"的思潮。蒙克的画正是这种"世纪末"情调的写照，它追求一种心灵的真实。可以说，世上绝没有超越社会和时代的纯自我表现的艺术。现代派艺术的出现，只是使人看到了艺术作为一种理解与把握世界的特殊方法在当代的发展。为此，在强调艺术美之客观性的同时，也不该忽略艺术家的作用。艺术之所以能创造出一种不同于社会和自然之美的对象，恰恰在于艺术家创造性的劳动。现实的美不仅能通过不同艺术家的创作，以不同的形态、角度得以在艺术品中体现出来，而且即使是现实生活中不美的乃至丑的种种现象，只要经过艺术家心灵的创造性处理，就有可能变成对丑的否定而具有震撼人心的力量，从而满足人们审美的特殊需要。莎士比亚在其剧作中就塑造了许多恶人形象，如麦克白、哈姆雷特的叔叔克劳狄斯、伊阿古等，但给人的艺术感染力和震撼作用的强度却并不逊色于一些正面形象。人们不禁要问：为什么生活中一些人们唯恐避之不及的丑的事物和人物能在艺术世界里脱胎换骨，产生如此效果呢？这是因为，艺术创作是艺术家通过一定的物质手段，把自己对现实生活的审美认识与评价，借助形象表现出来。生活丑恰恰是作为生活美的对立面进入艺术天地，使人认识到美丑是相互斗争而存在和发展的。为追求美，就必须认识丑、克服丑，因此，将丑真实地揭示出来，可以达到合乎艺术规律的真。同时，生活丑经过艺术处理后进入艺术殿堂，便已成为一种渗透着艺术家否定性评价的艺术形象，从反面肯定美，从而体现合乎艺术价值的善。因此，一旦生活中的丑获取和谐优美的艺术表现形式，就构成了具有审美价值的艺术形象，受到观众的喜爱。

艺术作品和任何美的事物，都是内容和形式的统一体。存在于艺术作品中的艺术美，就其内容来说，是艺术家对于现实生活中的美以及相关的丑的自觉的、能动的反映；就其形式来说，它是作品的存在方式，是艺术家运用一定的物质媒介创造出来的体现一定生活内容的艺术形式。没有形式，艺术作品无以存在；而没有内容，艺术形式也无所依托。然而，艺术美是经过艺术家精心加工创造的，它既不同于侧重内容的社会美，又不同于侧重形式的自然美，而是要求内容与形式的完美融合。实践表明，美的艺术作品其形式往往能最充分地体现其内容，以增强作品的艺术感染力。比如，鲁迅写阿Q，本想写成滑稽人物，但这样一来势必损害其内容的深刻性，因此，鲁迅便在细节、人物关系乃至笔调上进行了选择和协调，突出了阿Q身上的"精神胜利法"和悲剧性。再如，昆曲《思凡》中的小尼姑赵色空，本来是秃头的，但梅兰芳扮演这个角色时，却梳大头，戴尼姑巾，穿水田衣，这种俊扮显然与人物身份相矛盾，但为了不削弱观众的美感，不损害艺术感染力，艺术家在形式上进行了必不可少的创造，提高了整部戏的审美价值。梅兰芳自己也对这个问题作了很好的说明，他说："在舞台上，是处处要照顾到美的条件的。像这样一个人演的独幕歌舞剧，要拿真实的尼姑姿态出现在舞台上，那么，脸上当然不可能擦粉抹脂、画眉点唇。这就跟京剧美的身段、唱腔、表情都不能够调和融合了……"如果尼姑不俊扮，似乎更真实些，可是观众看了这样的《思凡》，就容易当作一种滑稽的闹剧。黑格尔曾就内容与形式的关系有过精辟的见解，他说："内容无他，乃形式之转化；而形式则是内容之转化。"一些失败的艺术创作，原因往往就在于无法做到内容与形式的完美融合。

由此可见，符合形式规律的、灌注生气的艺术形式不仅对于揭示体现人生普遍经验的生活真理和传达健康向上的思想感情是重要且必要的,而且其本身并不是完全被动的,它还具有相对独立的审美价值,是产生艺术感染力所不可缺少的。对陈凯歌拍摄的《黄土地》,尽管人们褒贬不一,但影片精心构思的某些艺术性画面,如欢腾奔放、充满生命活力的百人腰鼓方阵,那麻木呆滞、愚昧虔诚的祈雨人群等等,其艺术感染力和震撼力却为人们赞叹不已。这种在电影语言上的创新和追求,使《黄土地》成了一部真正的电影,一部以画面为主传达思想、情感、故事的电影。

形式要发展、要创新,不能老是"旧瓶装新酒"。为形式而形式,为新奇而新奇,却是不可取的。生活是艺术的源泉,传统是艺术的流脉。形式的创新,不能脱离生活、割断传统,否则就将成为无源之水、无本之木;同时,也不能违背艺术的规律,无视对内容充分表现的基本需要,随意地生编硬造。比如,在音乐史上,复调音乐的出现曾经丰富了音乐的表现力,但发展到后来,复调乐派专门把复调音乐发展成稀奇古怪的音响游戏,它的那套倒影、蟹行、倒影加蟹行的手法使音乐成了一种机械化的排列组合。所以说,艺术的内容与形式,既存在革新、创新问题,也存在继承、借鉴问题,但其目的则在于达到两者的完美融合。

二、艺术美是美的较为完善和集中的形态

俄国美学家车尔尼雪夫斯基曾经说过:"真正的最高的美正是人在现实世界中所遇到的美,而不是艺术所创造的美。"的确,从某种角度讲,艺术美不如现实美生动和丰富,也不可能把客观世界的现实美全部再现在作品里。然而,艺术美和现实美相比较,却有着特殊的价值。众所周知,艺术是人类认识和把握世界的一种特殊方式,它以审美化的典型形象、表达生活中的美与丑,而这一审美化的典型形象恰恰就是艺术家能动创造的成果。因此,艺术美能够按照人类一定的审美理想,以美的较为集中和较为完善的形态来补足现实美的种种不足。

人们经常讲,艺术作品要塑造艺术典型。之所以称之为典型,最关键的便在于艺术品要以形象化的手法揭示出生活的某些本质和规律。我们知道,生活是艺术的源泉,艺术是生活的反映。生活是丰富多彩的、纷繁复杂的。生活中的各种现象是自然形态的、粗糙的、分散的,在生活中往往真伪混杂,美丑兼呈。而艺术品中所描述的生活,却绝不会是随意的、可有可无的。相反,它们都经过艺术家的精心锤炼、匠心安排,目的在于透过创造出的典型形象这一"特殊个别"来揭示生活的本质和规律。比如,鲁迅写阿 Q,原本确有一个原型,是个无业游民,平时打架、押宝、偷东西……但我们所看到的,老老实实帮人舂米、向吴妈求爱、喊"儿子打老子"、要求革命遭拒绝、最终落个"大团圆"下场的阿 Q,却是鲁迅从大量生活经历、生活感受中提炼出来的中国落后国民的典型形象。《阿 Q 正传》的主题思想之所以深刻,其根本原因在于鲁迅以其冷静深邃的目光看到了旧中国的病根之所在。作品对生活本质和规律的深刻揭示,即使在今天仍具有极大的反省价值。同样,作家富尔曼诺夫笔下的恰巴耶夫(夏伯阳)这一形象,也是以现实生活中某位师长为原型的,同时,他又是具有高度概括性的典型形象。富尔曼诺夫说:"恰巴耶夫比之于许多人都更

全面地体现了战士的未成熟的、勇敢的品质……在他身上异常地综合了分散在他的战友身上的其他个性和其他性格。"正因为审美化的典型形象集中概括了生活的某些本质，所以，艺术美有着"以少胜多""以一持万"的效能，有着普遍的认识、教育和审美意义，其魅力也更为持久。

艺术美是生活中美的新发现和创造性的表现。艺术贵在创新，艺术美的本质要求艺术家对生活中刚刚萌芽的美反应敏锐。高尔基在小说《母亲》中塑造的巴威尔这一最早走向自觉与成熟的工人革命者形象，蒋子龙笔下的乔光朴这一中国企业改革家的形象，以及歌曲《血染的风采》等颂扬共和国卫士情操与奉献精神的一批艺术作品，它们之所以一出世就引起轰动，能够传颂一时，主要在于敏锐地捕捉住了生活美的最新闪光点。不仅如此，艺术美还能透过生活繁复易逝的表象层，在人们的一些不经意、不理解处挖掘出真正的美。比如，齐白石的《白菜辣椒》之类生活情趣很浓的作品，虽寥寥数笔，画的也是寻常生活之物，但呈现给欣赏者的却是具有浓烈中国韵味的淡泊宁静的美，它使人透过熟悉的日常生活品尝到了一股清新的诗意，一种淡幽的情趣；鲁迅的《一件小事》，从很普通的一件事上展示了劳动者美好而高尚的心灵，使人读后不由得肃然起敬。类似的挖掘与创新可以明显看出人类审美意识的作用，艺术家是从人们审美需要出发，按照其美的理想来提炼生活，从而创造性地把生活中的美反映得更为集中和纯粹。电影与电视可以说是较为新型的艺术，却日益受到人们的重视，为什么？原因固然很多，但显然与其独具的艺术手法的作用分不开。比如，特写镜头、蒙太奇手法等，其剪辑、对比、放大的效果使画面的艺术震撼力大为增强。由此可见，艺术的新往往和艺术的美紧密结合在一起，其创造性的结果不仅给予欣赏者强烈的审美感受，而且还能培养人们新的审美趣味和能力。

艺术美之所以高于现实美，成为人类理想的美，还在于它对现实美的反映是以人为中心的整体形象的反映。人类的审美活动，是人类在对象中观照自己、肯定自己、欣赏自己的活动。人类文化发展史的丰碑，正是人类改造自身的巨大成果，世上所谓美的一切无不带着人类这一"宇宙精华、万物灵长"的特殊印痕。且不说艺术作品对人的赞美、对人之生活的赞美，即使是对神话传说中的神，也是把他们描绘得极富人情味，有喜怒哀乐、工作、恋爱，甚至也嫉妒、也犯错误。艺术能够完整全面地描写以人为中心的生活整体，而不像自然界和社会生活中的美往往彼此孤立、分散，缺乏明显的内在联系，相互间也不协调。艺术围绕人这一中心，展示人的生理外貌、思想感情、心理活动、意志行为等。一旦抽离人这一核心，去抽象地谈论艺术，艺术的生命力也就随之消失。比如，西方曾有一种偶然音乐，是用占卜和赌博的方法来决定音高、力度、速度、音色等的变化和配合。其创始人凯奇曾创作一首叫《4分33秒》的钢琴曲，即凯奇坐在钢琴前，静默，一看表，4分33秒到了，这个曲子也就"演奏"完了，而听众听到的尽是外面传来的人声、脚步声、汽车声等。这首曲子把观众"作弄"四分多钟，还容易忍受；他的另一首曲子叫《34分46.776秒》，听的人则要受罪半个多小时。所以，艺术只有以人为核心，才能充分表现人们的审美感受、审美体验和审美情感，使人类的审美理想以更加完善的形态呈现出来。

以上种种分析表明，正因为艺术是通过审美化的典型形象来反映生活的，所以艺术美应该同现实美具有不同的审美价值。正如毛泽东同志所说:"人类的社会生活虽是文学艺术的唯一源泉,虽是较之后者有不可比拟的生动丰富的内容,但人民还是不满足于前者而要求后者。这是为什么呢?因为虽然两者都是美,但是文艺作品中反映出来的生活可以而且应该比普通的实际生活更高、更强烈、更有集中性、更典型、更理想,因此就更带普遍性。"

第二节 艺术美的欣赏

一、艺术的分类

希腊神话传说中的文艺女神缪斯,一共有九个姊妹,分管音乐、诗歌、喜剧、悲剧、舞蹈等。这说明古人已经意识到文艺有不同的种类,而且各种艺术之间有着明显的区别。事实上,艺术的分类在美学史上也早有论述。亚里士多德曾从模仿所用的媒介、所取的对象以及所采用方式的不同,区分画家、雕刻家、歌唱家、史诗作者,以及悲剧、喜剧等。此后,德国的莱辛在其著作《拉奥孔》中又论述了"画与诗的界限",认为画描绘在空间并列的事物,诗则描述在时间上先后承续的动作,而且两者采用的媒介以及给人的感受也大不相同。除此之外,康德在其《判断力批判》一书中,把艺术分为三类,即语言的艺术、造型的艺术和感觉游戏的艺术。黑格尔在其《美学》中,根据理念的内容与物质形式相统一的观点,从历史与逻辑相结合的角度,把艺术分为象征型(其特点是物质压倒精神)、古典型(物质与精神的和谐统一)和浪漫型(精神超越物质)。到近代,西方的美学家更是从各自的分类原则出发提出过不少分类方法,甚至出现了意大利的克罗齐、美国的开瑞特这样的极端派。克罗齐从其"艺术即直觉"的观点出发,认为各类艺术在本质上都是直觉的表现,他说:"因此,就各种艺术作美学的分类,那一切企图都是荒谬的。它们既没有界限,就不可以精确地确定某种艺术有某种特殊的属性,因此,也就不能以哲学的方式分类。讨论艺术分类与系统的书籍若是完全付之一炬,并不是什么损失。"显然,如此彻底地否定区分艺术种类的美学意义,肯定不利于美学的发展和艺术的繁荣。即使像中国传统上追求浑然一体、不求概念系统化的艺术理论,也早就明确注意到了艺术种类之间的区别与联系。汉人写的《毛诗序》说:"诗者,志之所之也,在心为志,发言为诗。情动于中而形于言,言之不足故嗟叹之,嗟叹之不足故永歌之,永歌之不足,不知手之舞之,足之蹈之也。"

归纳以上种种分法可见,艺术作品是艺术家审美意识的物态化成果。因此,不同艺术种类的特点应该是由艺术家审美意识的特点以及利用什么材料作媒介、以什么样的物态化方式呈现在欣赏者面前这两方面所决定的。即使是面对同一株盛开的鲜花,不同的诗人也会唱出不同的赞歌,或喜,或愁;或偏重于再现客观事物,或偏重于表现主观感受。相对于此,不同种类的艺术就为艺术家审美意识的特殊性提供了合适的艺术展现形式。比如,有些艺术是以再现客观事物的形象为主,如绘画、雕塑、叙事文学、戏剧、电影等;有些艺术则更适合表现艺术家的主观情感，如音乐、舞蹈、建筑艺术、工艺装饰、抒情文学等。此外，各种艺术所运用的材料和媒介，对于艺术形象的呈现方式具有客观的制约作用。建筑采用的砖、石、土、木，工艺采用的黄泥、象牙、水晶，雕塑用的大理石、石膏、金属、木料等，都是占有一定空间位置的静物，因而宜于塑造呈现一定空间的静态形象；而音乐所采用的流动的声音，舞蹈采用的人体动作，戏剧、电影所运用的演员表演等，则都是伴随着时间的流逝而运动的，因而适宜塑造呈现于时间之中的动态形象。因此，通过以上两条原则的纵横交织，我们大致可把艺术分为听觉艺术、视觉艺术和综合艺术。唯有文学较复杂，因为它兼有表现与再现的特点，又是呈现于时间的动态艺术，因此根据其以语言为创造媒介，而把它称为语言艺术。

有了分类，我们还需指出，各个艺术种类的特点及其相互间的区分，只是在一定条件下相对而言的，它们之间既相互联系，又相互渗透。随着人类生活的发展，艺术也不断发展和丰富。

（一）听觉艺术

我们观赏名画《蒙娜丽莎》，会情不自禁地赞许达·芬奇为人类创造了一个魅力无穷的艺术形象。但据传记作家瓦萨里说，在画肖像前，蒙娜丽莎因爱女不幸夭折，十分伤心，并无那么欢快迷人的笑脸。为了使这位郁郁寡欢的少妇露出笑意，达·芬奇绞尽脑汁逗她高兴。先是请人给她说笑话，又请喜剧演员来作滑稽表演。她有时也微微一笑，但很不自然。最后，一位朋友建议让乐队演奏她家乡的歌曲，这位难以解颐的美人果然真心地笑出声来。达·芬奇抓住时机，把这最珍贵的瞬间留在了画面上。音乐的魅力竟是如此巨大。孔子听韶乐，三月不知肉味；瓠巴鼓瑟而流鱼出听；伯牙弹琴则六马仰秣。古人早已高度重视音乐的感染力，并且用之于移风易俗，改造国家社会。荀子的《乐论》就说："夫声乐之入人也深，其化人也速……而可以善民心，移风易俗，故先王导之以礼乐而民和睦。"到了现代，音乐更成了人民生活中不可或缺的精神食粮，成了青年人最热衷的艺术。

音乐是用有组织的乐音构成声音形象来表达人的情感。音乐的表现手段如旋律和声、配器等，都是按一定规律组织起来的，由人的声带和器物发出的音响所构成。通过对声音的高低、长短、强弱的有效控制，对声音进行有目的的选择和组织，以及节奏、速度、力度等因素的控制，组成曲式，构成创造音乐形象的物质材料。音乐语言的基本成分是节奏和旋律。节奏是乐音的强弱、长短的有规则的反复、交替发展的序列。它和人体节奏有着密切关系。古人击壤而歌，拊石而舞，投足而唱，击节而赏，便是节奏与情感的结合。节奏的强弱和变换，表明情感的波动变化。所以，不同的曲调便有不同的节奏形式。抒情曲调的节奏自然，进行曲的节奏急促，舞曲的节奏轻快，儿歌的节奏活泼。而旋律则是音乐的主要表现手段，它将所有的音乐基本要素有机地结合，成为完整不可分割的统一体，来表达一定的思想感情。如曾流行的"西北风"流行歌曲，节奏都相近，但旋律却不一样，体现了不同的地方色彩，个性十分鲜明。

音乐形象是在声音的运动中形成的，是活跃的、发展的、流动的形象。音乐可以运用最富有特征的声音形象（如钟声、流水声、鸟叫声等），使人产生明确的艺术联想。但总的来说，音乐的描写和造型是表情性的。音乐不可能像绘画那样直接再现生活中的情景，也不可能像文学那样具有鲜明的现实观点。音乐善于在声音的流动过程中表现一个有始有终、有起有伏的情绪发展过程，甚至可以表现最细微的情绪变化，使人产生与声音进程相应的联想和想象，引起听者生理机制的相应变化。因此，音乐富有激励人心、振奋精神的感染力。

音乐品种繁多，大致可分为声乐和器乐两大类。常见的器乐体裁有奏鸣曲、协奏曲、小夜曲、交响曲等，声乐则包括颂歌、进行曲、抒情歌曲等。此外，还有所谓的"标题音乐"和"无标题音乐"。

（二）视觉艺术（造型艺术）

视觉艺术的基本特点，在于运用一定的物质材料在空间塑造可视的平面或立体的艺术形象，以反映社会生活，表现艺术家的思想感情和审美意识。造型艺术是静态的、偏重于再现的艺术。

1. 绘画

绘画恐怕是世界上最昂贵的艺术之一，凡·高的画能卖几千万美元，这多少证明了绘画艺术魅力的不凡。实际上，绘画是以笔、刀等工具和墨、色等物质材料，在平面上通过构图、造型、设色等手段，塑造视觉形象反映生活。绘画不同于雕塑，它是在二维空间内展现对象，通过透视、色彩、光影比例等方法，造成视觉上直接观照的真实性，表现事物的纵深内容和多侧面。有些作品，甚至可达乱真的程度。相传三国时曹不兴替孙权作画，不慎溅墨于画绢，便索性急中生智，挥毫点染。画成后，孙权一看，见是一篮杨梅，旁边却停有一只苍蝇，跃跃欲试，便伸袖去拂，不料竟纹丝不动，定睛一看，才知是画的。

绘画，本来描绘的是事物相对静止的一瞬间的状态。但是，优秀的画家却能"选择最富有孕育性的那一刻"，以典型性的画面把动的过程蕴含在静的形象中，去展示过去和未来，从而给人以充分的联想和想象的余地。达·芬奇的《最后的晚餐》、席里柯的《梅杜萨之筏》等名作，都是这样的例子。另外，绘画虽是一种以再现为主的造型艺术，但它所创造的视觉形象，并不是客观事物的简单翻版，而是画家用自己的感情改造过的对象，它具有极大的感染力和表现力。王维的诗画被苏轼誉为"画中有诗""诗中有画"；法国龚古尔兄弟称赞18世纪的大画家华多为"十八世纪的大诗人"。相对而言，中国较早注意到结合绘画再现和表现的两种功能；西方传统的绘画，在再现方面曾达到很高的艺术成就，而当今的现代派则以高度的抽象把绘画的表现功能推向极致。

绘画的种类繁多，如按使用的材料、工具分，有水墨、水彩、水粉、油画、版画、镶嵌画等；按题材分，则有肖像画、风俗画、风景画、静物画、漫画等；中国民族画又分山水、人物、花卉、虫鱼等科目。

2. 雕塑

雕塑，是在三维空间中表现人和物形象的艺术。其艺术特点在于通过对有体积材料的处理，在形体变化的姿态和节奏中，塑造出可以观看、可以触摸的艺术形象，以展示对象的形体美和精神美。

雕塑以人体作为其基本对象，这一点与舞蹈相似。因此，人们往往把舞蹈比作活动着的雕塑，把雕塑称为凝固了的舞蹈。雕塑依靠人体的运动规律、肌肉的语言，特别是人体所形成的转折的韵律来表现情绪。雕塑不宜表现对象的动态过程，因而它像绘画一样，特别注意抓取具有典型意义的"瞬间"动作和表情，来表现人物的性格和思想感情。例如，米隆的《掷铁饼者》、米开朗琪罗的《奴隶》和阿基桑德罗斯的《拉奥孔》等，都是优秀之作。同时，雕塑艺术还要求其艺术语言具有比较强的概括力，细节处理必须高度凝练。黑格尔曾指出，雕塑即是要把具有普遍性而又具有个性的精神体现在作品里，从而获得实际存在的形象，这就要"在精神和肉体两方面都排除外在现象中的偶然的特殊细节"。罗丹曾雕塑了《思》与《思想者》两尊表现思想活动的作品。前者表现一个少妇的冥想，低垂的头，凝神的眼，微蹙的眉，这已足够表示主人公头脑中纷纭的思绪，白色的大理石更与少妇温柔沉静的性格相协调；后者表现劳动者的觉醒，他坐在那里，低头苦思，全身肌肉饱满，筋脉暴露，连脚趾也处于紧张状态，青铜坚实的质地和古朴丰实的色调与这位勇士有力的形体相一致。这两座雕像，前者简练，却没有少一点必要的东西；后者细致，也没有一点多余的成分，可以说，都达到了造型的单纯性与思想感情的完美统一。

雕塑主要有圆雕和浮雕两种形式。圆雕是使用独立的、没有背景的立体形象来再现生活，它仿佛实际存在于它周围的空间，观众可以从四周各个角度去欣赏它，例如上海鲁迅公园的鲁迅像。浮雕介于圆雕和绘画之间，形象具有凸出的、可触摸的厚度，它更适宜于表现较复杂的情节和群众场面，比较著名的如人民英雄纪念碑上的浮雕。

3. 书法

书法是我国历史最悠久的艺术种类之一，但对它的理论性思考发展得比较晚。鲁迅在《汉文学史纲要》中曾经指出，中国字有"形美以感目"的特点。这"形美"主要指它的形象性和节奏感。《易经·系辞》说：文字的创造，"仰则观象于天，俯则观法于地，观鸟兽之文与地之宜，近取诸身，远取诸物"。这是中国文字反映自然的最早说明。后来，适应文字记录的简便之需，汉字渐渐演变成今天"不象形的象形文字"。

汉字基本笔画形态多样，有点、横、竖、折、撇、捺、挑、钩等，偏旁结体变化多端，加之笔墨、纸张等书写工具的特殊性能，运笔方法极其讲究。因此，书法能极大地获得运用形式美规律的自由，寄托象征意义，反映书法家的性格。比如，点可"高峰坠石"，可圆润如珠玉，或活泼如蝌蚪；一捺，可显"崩浪奔雷"之势，也可形成"游鱼三折"等印象；与钩结合的各种折画的写法，还可造成浮鹅、龙尾、凤翅、飞雁等形体。唐人张怀瓘认为，书法艺术是"无声之音，无形之象"。前者指其是有声语言的符号，读之有声；后者则指它的形象带有抽象的性质，要借助于想象，才能在读者头脑中出现一种意象。这是对书法艺术的正确概括。

书法是一种带有实用性和表现性的线的艺术，其字体有篆、隶、楷、草、行五种。篆、隶、楷三体主要表现静态的美，但静中有动；草书和行书，于变化中求平衡，表现动态美，动中有静。

4. 篆刻

篆刻艺术，也是我国最有特色的艺术形式之一。它把诗情、画意、书法和雕刻的技艺，集中于大约一寸见方的平面上，故被人称为"方寸容天地"。篆刻艺术的美，以书法美为前提，因而与书法美有共同之处。但篆刻是以刀刻字，不仅要表现书法的美，而且要表现刀法的美，即要有"刀情"。篆刻的材料，有玉、石、木、角等，而以石料为多，因而又要求其有"石趣"。"刀情石趣"是构成篆刻美的物质因素。篆刻是在一方狭小的平面上雕刻文字以表现某种思想内容，依靠几根横斜曲直的线条，构成变化万千的图案，表现雄浑、秀丽、飘逸或凝重的艺术情趣。因而，一方印石，首先给人以总的印象是字的结构和布局，这就是它的"章法"。总之，篆刻这一方寸艺术巧妙地结合了书法艺术、刀情石趣和图案结构。

（三）语言艺术（文学）

和各类艺术相比，文学占据着特殊的地位，它是一切艺术中唯一运用语言作为物质媒介，形成一种想象的艺术形象，以反映生活和表达艺术家的审美意识。

"语言是思想的直接现实。"语言是思想的表现，任何思想和观念都不能脱离语言而存在。人的思想活动领域无限广阔，凡是思想能到达的地方，语言也能达到，文学家的笔也就能写到。而且，和其他艺术形式相比，语言受到物质材料的限制最少，它可以更广泛、更多面地再现现实，也能更细致深入地表现人的情感活动和精神世界。"两个黄鹂鸣翠柳，一行白鹭上青天""前不见古人，后不见来者，念天地之悠悠，独怆然而涕下"。文学描写各种色彩、声音、气味、活动、形态、心理状态和过程，不必依赖其他艺术形式、听觉或视觉等的直接性，就给我们提供关于这一切的形象，从而深深地触动读者。然而，文学虽然能比其他艺术更深刻地揭示事物的实质，能够自由地深入社会生活的任何领域，但是它在体现感觉的具体性方面，不如其他艺术那样明显和确切，容易造成欣赏中的巨大差异。文学形象不是直接的感性形象，而是通过语言唤起有关现实的表象经验，在联想和想象中把握对象。同时，为文学形象所激发的情感更带有理智的性质，与人们的理解力紧密相关。

文学是语言的艺术，作家必须对日常语言进行提炼和加工，充分发挥语言描绘形象、传达思想、表现情感的功能，将其熔铸成富有形象性和表现力的文学语言。高尔基在谈到托尔斯泰的语言技巧时，曾劝告青年作家学习其造型技巧、浮雕般的描写等。的确，不仅托尔斯泰驾驭语言的能力非凡，一切优秀的作家都体现了这方面的追求。诗人极为注重语言的音乐性，他们发展了音步、平仄、对仗、韵脚等多种艺术手段；而散文和小说也素来重视文气的流畅等优良传统，并充分发挥抒情、议论、象征等表现手段，从而把作家的审美认识和情感态度淋漓尽致地表现出来。

文学体裁细分起来有很多，简单而言，偏重于表现的抒情类有抒情诗、抒情散文等，偏重于再现的叙事类有叙事诗、叙事散文、小说等，以及作为戏剧、电影基础的戏剧文学、电影文学等。

（四）综合艺术

1. 戏剧

戏剧综合了文学、绘画、音乐、舞蹈、建筑等艺术要素，成为一种独立的艺术形式。它不是上述各种艺术要素的简单组合，而是"一个特别的有机的整体"。文学剧本的创作是戏剧的思想内容和演出的基础，它把生活中的矛盾斗争集中化、戏剧化，变为戏剧冲突的发展过程——戏剧情节。"戏"就是矛盾冲突的艺术表现，它是艺术的生命。"没有冲突就没有戏剧"，这是公认的戏剧规律。一方面，人物性格只有在矛盾冲突中表现、塑造；另一方面，戏剧的情节也必须在矛盾冲突中展开。易卜生的《玩偶之家》以娜拉和丈夫不同性格和思想的冲突，表现了娜拉不愿做丈夫玩赏的小鸟，为争取独立的人格和地位，最后弃家出走。在曹禺的《雷雨》中，那个果敢阴鸷、桀骜不驯的繁漪和冷酷、伪善、专横的周朴园之间的性格冲突，推动了全剧各种矛盾的发展，揭露了周家这个封建色彩浓厚的资产阶级家庭的罪恶和必然崩溃的命运。正是通过这些矛盾冲突，观众看到了现实生活中的善与恶、美与丑、理想与现实、民主与专制、先进与落后等具有普遍意义的矛盾。

当然，有了剧本还不是戏剧，戏剧艺术的创造是以舞台演出而最后完成的。因此，剧作家所创造的文学形象，要经过导演的艺术构思，然后和绘画（布景、化妆）、音乐（伴奏、伴唱）、舞蹈（歌、舞表演）、建筑（舞台布置的空间感）等因素结合，依靠演员的表演化为可供观赏的舞台艺术形象。就舞台演出而言，以演员为中心。演员通过自己的表演（语言、行为和表情），和观众面对面地交流，使构成戏剧的各种因素成为有机统一的整体，直观地再现剧本的思想感情内容。可以说，舞台人物形象既是剧本人物形象的舞台再现，又是演员的再创造成果，它表现了演员的创作个性。奥利弗之所以被尊为演莎士比亚戏剧最成功的演员，是因为他成功地处理好了这两者的关系。近代戏剧史上曾发生过"表现派"与"体验派"的争论，虽深刻反映了创作原则上的分歧，争论的结果却告诉演员，应把体验和表现创造性地结合，从而恰到好处地体现剧中角色的要求。

戏剧就其表现内容的性质来看，可分为悲剧、喜剧和正剧三种。用鲁迅的话说：悲剧是把人生有价值的东西毁灭给人看；喜剧则是将无价值的东西撕破给人看。前者突出审美效果的悲壮感和崇高感，后者重讽刺和幽默。正剧则综合了这些元素，或使人悲，或使人喜，或令人愤激，或发人深思。

2. 电影

电影比之戏剧有更大的综合性和集体性。它吸收了各种艺术的特长，并利用现代科学技术和现代工业的成就，形成了一种具有新特质的艺术。可以说，它既是一种十分新的艺术，又是发展最快的艺术。从1895年放映第一部影片《工厂大门》至今，电影经历了从无声到有声、从黑白到彩色、从窄银幕到宽银幕的重大发展，成为最大众化、最有影响的一种艺术形式。

电影和戏剧联系密切，中国最早的一些电影，如《定军山》等，就是对戏曲表演的记录，其拍摄方法沿用的就是戏剧的固定位置，也受"三面墙"的限制。后来电影逐渐发展了自己的表现能力，通过镜头的不同角度和推、拉、摇、移的变化，拍出了远景、中景、近景、特写等不同距离和不同角度的画面，突破了舞台的时空限制。电影也讲究戏剧性，在矛盾冲突中刻画人物，但它是通过运动的可视画面来展现，因此演员可以根据剧情发展和表演的需要，任意地转换位置和交换地点，充分调动时空关系，以最真实地再现现实。可以说，电影艺术最重要的特征就在于运动着的视觉形象。它有极强的表现力，小到可以细致地描绘一个人睫毛的抖动，大到将巍巍群山和江河平原再现如画。

除此之外，电影还运用"蒙太奇"表现手段创造形象、结构影片。就是说，它能根据情节发展和表现主题的需要，合乎逻辑和观众理解，按程序地把某些具有不同影像的镜头加以剪辑和连接，从而产生一种有新内容的新影像，造成连贯、对比、联想、衬托、悬念等各种不同的艺术效果。如《南征北战》中抢占摩天岭的场面，我军奋勇攀登与敌军军官强迫士兵往上爬的镜头，组接对照的效果，一下子表现出两种军队截然不同的士气。而悬念大师希区柯克在其杰作《蝴蝶梦》中更是成功地运用蒙太奇技巧，描写了一个神秘的爱情故事。影片中已死的德文特的前妻丽贝卡，始终未在银幕上出现，但由于导演的出色技巧运用，使曼德利庄园所有的一切都带上了阴魂的森森气息。

总之，运动的视觉画面形象和蒙太奇特殊功能的有机统一，使电影具有巨大的表现能力。它能真实地再现包罗万象的客观世界，也能细致地展现人的内心复杂情感。电影的视觉形象还因蒙太奇的作用，将感性因素和理性因素较好地统一了起来。这是电影具有巨大审美和认识作用的原因。

跟随电影之后，出现了利用无线电波传送图像技术的电视艺术。其特点和手法与电影相似，人称"小电影"。但电视毕竟有自己的特色，如场面较小、对话较多、能拍摄连续剧等，受到人们欢迎。

总之，各类艺术都有自己的特点，它们的发展都伴随着整个社会的发展变化。我们区别不同艺术种类，掌握它们所使用的物质媒介和审美特征的不同，对于艺术的欣赏和创作都有重要的意义。

二、艺术欣赏及其特点

艺术修养，除了掌握一定的艺术知识，还要培养对艺术品欣赏的实际能力。在面对一件艺术品时，能够迅速捕捉它的真实含义和形式的优劣，从而辨析其美丑。当然，要达到这种境界不是一蹴而就的，这需要对艺术欣赏有比较清楚的认识，并在艺术审美上接受一定程度的熏陶。

艺术欣赏，归纳而言，指的是人们对艺术作品的具体把握，是审美活动的重要形态之一。一种艺术作品实际上就是一个有着完整结构层次的有机整体，而艺术欣赏恰恰是欣赏者对其由表及里、由浅入深的具体把握。一般来说，艺术作品在欣赏者眼中可分为"言""象""意""道"四个基本层。

"言"，指艺术作品的物质媒介。艺术的表现手段往往被人称为艺术语言，如舞蹈是身体的姿态和动作，绘画是线条、色彩、形状，音乐是音响、旋律、节奏，等等。这就是作品的第一层次，是欣赏的基础。马克思说："对于不辨音律的耳朵来说，最美的音乐也毫无意义。"能否捕捉住这些艺术信息，而非"如牛听琴"，就成为艺术欣赏的基本条件。

"象"，是指艺术的物质手段所创造的形象。绘画的线条、色彩、形状组合成了徐悲鸿的《奔马图》、凡·高的《向日葵》；舞蹈的姿态和动作能构成小天鹅、孔雀之类的视觉形象；音乐形象较复杂，但也同样存在。要掌握"象"这一层次，已不仅是感受而已，这要求欣赏者发挥主观能动性，把外在物质手段所创造的形象与心灵对这个形象的主观感受的形象结合成一个新的有生命的整体。否则，仍然进入不了艺术境界，最多只能像蜜蜂和猴子光顾画得逼真的花卉和水果一样，摆脱不了肉体需要的控制。

"意"，指艺术形象所蕴含的意蕴。意蕴中最为活跃和丰富的因素是情感。因为我们对艺术形象的体验并不像对一个概念的理解，这是一种形象知觉，一种具体而非抽象、整体而非局部、情感而非纯理智的心理现象。例如，凡·高的名画《向日葵》与"向日葵"这一概念内涵相比，使人感受到了八月的阳光灿烂和阳光照耀下炽燃的黄色，感受到凡·高本人的激情和人格。我们对这幅画的知觉与其说是对向日葵的知觉，还不如说是对凡·高通过画表现出来的情感的知觉。当然，使作品意蕴得以稳定和深刻固然少不了理解。艺术虽以情动人，但这种情感已凝聚了一定的理性内容。名画《向日葵》的理性因素较为含蓄，是凡·高对生活理解的一种折射，他把对生活犹如阳光般燃烧的热爱灌注到了向日葵之中。而像《我爱你，中国》《我的中国心》之类的歌曲，其理性因素则较为外露，这是赤子之心的坦荡闪烁。

"道"，指艺术品所渗透的艺术家心灵中的世界观、抱负、理想等。马克思认为，人的本质是一切社会关系的总和。人生活于具体的社会历史环境中，他的理智和意志总要打上社会的烙印。所以，艺术品中的道，广义上还包括时代精神和社会观点。张乐平画"三毛"，新中国成立前与新中国成立后是截然不同的两种形象。新中国成立前的"三毛"皮包骨头，瘦骨伶仃，一脸愁苦；而新中国成立后的三毛则是笑意盎然，健康活泼。当然，艺术中的道不像哲学和逻辑思维中的道那样通过推理形式来表达，而是积淀在作品的最深层次，我们通过想象、体悟才能领会得到。正如黑格尔所说："艺术的使命就在于为一个民族的精神找到适合的艺术表现。"如果我们对艺术品的欣赏不是停留在表面形象的完美和轻洒一把感动的眼泪的话，就应"知人论世"，深入了解艺术品的作者和他所处的社会历史环境，这样才能发掘出更为深刻的意义，得到更大的欣赏收益。比如，如果我们只把《红楼梦》作为爱情小说来阅读，收益会很有限，但如果同时把它当作封建社会没落阶段的缩影来看，欣赏的收益将大大增强。

通过以上对艺术品结构的分析，我们不难看出艺术欣赏的特点。因为艺术美的创造和欣赏毕竟是相辅相成的统一体。艺术欣赏不同于科学观察、理性推理，甚至也不同于一般的形象思维,它是一种感觉与理解、感情与认识相统一的精神活动,是一种再创造的过程。艺术品中常会出现一些违背科学原理甚至生活常识的东西,如毕加索将三度空间的立体感置于平面的抽象画,中国画《松鹤祝寿图》等等,但它给人的感受远远超出生活本身。庄子曾告知人们,欣赏一物,应"以神遇而不以目视"。欣赏者在感情的驱策下,通过想象和再创造,完全可以超越有限的物质媒介,去领会艺术品的意蕴,从中得到乐趣。这也就是说,艺术欣赏还能"寓教于乐"。人们之所以乐于进行艺术欣赏,首先因为它是一种审美活动,能够给人以娱乐和愉悦,能够使人在娱乐中潜移默化地受感染,自觉去领会、寻找问题的答案,从而加深审美的愉悦性。比如,看莎士比亚的《哈姆雷特》,大概不会有人仅仅停留在感情宣泄这一层次,我们所获得的艺术享受还包含了对人性的进一步思索,对善恶的进一步理解与认识,并由此促使心灵和情操的升华。也可以说,世上唯有成功的艺术杰作才能具备如此巨大、深刻的教育作用。

三、艺术欣赏的一般过程

艺术欣赏是以艺术作品为审美对象的一种审美的精神活动。欣赏者接触艺术作品的外在形式,把握作品的艺术形象,具体地认识形象所反映的社会生活,并体会到其中所蕴含的作者的思想感情,从而获得理智的满足和情感的愉悦。因此,艺术欣赏是一种极其复杂的多方面综合活动的心理过程。它包括对艺术品的感觉、知觉、理解、思考以及联想、想象等诸多认识过程,同时还包括与认识过程相伴随的主观方面的感受和情感活动。而且,所有这些活动都不是互相分离、单独孤立地进行的,而是互相联系、彼此渗透。

(一)感知和感受

艺术欣赏是一种审美的精神活动,其美感认识必定也以感性认识为基础。欣赏首先从对一定对象的形状、色彩、线条、声调等形式和形象的感知开始。所谓娱耳、悦目,就是听觉或视觉的美的感受。我们欣赏徐悲鸿的《奔马图》,感官首先就为其潇洒自然的笔势、超凡脱俗的外在形态所打动。同样,我们观看舞蹈《孔雀开屏》《天鹅湖》等,不也首先为其惟妙惟肖、婀娜多姿的模仿造型所倾倒吗?这一切往往发生在一刹那,但欣赏者就是于此一刹那超越了物质媒介的各种个别属性,把握到艺术对象这一完整的统一体,从而进入一个令人无限遐想的艺术欣赏天地。从心理学意义上说,也就是完成了感觉—知觉—表象的重要过渡。

然而,如此短暂的一瞬间,在每一个欣赏者身上的感受却不尽相同,它涉及欣赏者的个性、见识以及艺术欣赏力的培养等。最起码的一点,就是欣赏者是否善于准确、敏锐地感知对象在感性形式和形象上的特点,从而在脑中形成鲜明独特的印象。欣赏达·芬奇的《蒙娜丽莎》,如果只是看看而不去充分感知对象的形式和形象特征,所得的美感就很有限。但如果注意观察人物面部和双手柔和而美丽的光线,几乎难以用肉眼分辨的色阶变化,由眼神和嘴角所流露的温柔、深情、微妙的微笑,丰润、纤丽的手……我们脑海中就会留下一个十分深刻的印象,感受到对象所呈现的美丽、典雅、恬静和信心,从而产生强烈的美感。再如，中国园林之美，堪称世界一绝，可是再美的园林，如苏州的网师园、北京的颐和园等，若只是不经意地去浏览一番，也无法体会其奥妙之处：那些大有讲究的隔、贴、曲、引等美的造型。至于文学，那更不用说了，因为它毕竟不是直观艺术形式。所以，培养准确而敏锐的感知能力，是进行真正美的欣赏的必要条件，是一个人审美感受能力的重要标志。若在此出发点起跑得不好，那将直接影响欣赏活动的进一步充分展开。

（二）想象、体验、理解

艺术欣赏作为一种审美的认识活动，是对艺术作品的直接感知，并对此加以思考和规范。否则，人们的欣赏很容易流为"掬一把同情泪"或盲目地追随、仿效，而难以领会《红楼梦》《悲惨世界》、莎士比亚戏剧等伟大艺术品的博大精深。当然，艺术欣赏中的理解虽然也经过由此及彼、由表及里的分析、综合过程，达到对欣赏对象本质和规律的把握。但是，这种理解不是用抽象的概念和逻辑推理，而是用具体的形象进行思索并达到理性认识。理解和思考完全融于具体形象的感知、想象中，不着痕迹地起作用。

由感知、感受到联想、想象，以及情感的激发和理解的参与，这一复杂的欣赏心理过程的发展，最终自然地导向欣赏者对于形象的再创造，以及因再创造而获得的愉悦。聪明的作者明白自己的创作不可能包罗生活中的一切，而必须给欣赏者留有再创造的心理空间；而聪明的欣赏者也知道不必亦步亦趋地去诠释创作者的意图、用心，而应让自己真切的感受和体验相对自由地向前发展，可以从欣赏对象中发现作者不曾发现的东西。于是，经常发生这样的情况：面对欣赏者滔滔不绝的感想和洋洋洒洒的评论，创作者露出尚未来得及反应的惊愕的脸色。所以，现在越来越多的人认识到，所谓艺术的效应只能是创作者与欣赏者共同作用的结果。

"一千个读者就有一千个哈姆雷特"，不同的欣赏者对于艺术形象的再创造往往各有不同，使再创造的艺术形象染上了"我"之色彩。出现在"我"心目中的哈姆雷特并不一定等同于你心目中的哈姆雷特，出现在"我"心目中的阿Q也不一定就是你心目中的阿Q。甚至同样看《红楼梦》，有人看到的是人生的渺茫和苦恼，有人看到的只是爱情的缠绵，有人看到的却是对封建制度的深刻揭露。所有这一切，是每个欣赏者根据自己的生活经验、思想感情、文化素养等，对艺术形象有所发现、有所充实、有所改造的结果。而再创造本身，不仅有助于欣赏者深入体会、发掘艺术形象的思想内容，而且也可以从中获得更大的审美愉悦。只要再创造的个性差异不是对作品的任意曲解，那么，它就是欣赏者主观能动性积极发挥作用的结果，这种差异对于艺术欣赏是必需的。当然，我们也该看到，"再创造"不是无限制的，它受到艺术形象的制约。艺术欣赏毕竟是对艺术对象的一种认识，所以，应当正确反映作品的形象。正如鲁迅所说，读者所看见的人物，虽然并不一定和作者所设想的相同，"不过那性格、言行，一定些类似，大致不差，恰如将法文翻成了俄文一样。要不然，文学这东西便没有普遍性了"。不同的读者可以在脑海里想象出不同的林黛玉，但是，她毕竟还是林黛玉，而不会是王熙凤。如果欣赏者再创造的形象与欣赏对象南辕北辙,这将不是欣赏,而成了艺术创作。

(三)再评价

艺术欣赏尽管仁者见仁,智者见智,但最终都有一个再评价的问题,即欣赏者对艺术家在作品里已评价过的生活以及艺术品本身的评价。在任何创作中,艺术家都会按照其思想观点对他所描写的生活作出一定的评价,说明人物的好坏,决定事物应该的发展方向,以及感情色彩的涂染,等等。但是,由于作者世界观或创作原则、表现方法上的问题,可能使这一已有的评价或正确或错误。而再评价恰恰决定着欣赏者是否接受这样的"事实",或完全接受,或部分接受,或完全不接受。读托尔斯泰的《安娜·卡列尼娜》,有的人会对作者的思想观点不以为然,而把同情的目光从安娜身上移到其丈夫卡列宁身上,认为安娜的悲剧是自找的,这就明显同作者的思想观点大相径庭。那么,个人欣赏趣味的明显差异是否就意味着欣赏者的再评价没有一定的客观标准呢?不!对此我们主要从两方面加以考虑:第一,考虑艺术品对生活的作用及影响好坏,也就是所谓的社会性评价,特别是政治的、道德的评价;第二,考虑艺术创作本身的成败、得失,也就是所谓的艺术性评价。当人们从这两个不同角度去考察艺术品时,实际上已对体现于艺术同现实关系中的真、善、美分别作了判断。

作者描绘生活、刻画人物必然有其思想标准和情感的倾向,强调什么或贬低什么,赞扬什么或反对什么,有时甚至自己直接站出来议论。托尔斯泰、巴尔扎克就喜欢在自己的作品中高谈阔论,宣扬自己的主张。对此,欣赏者在欣赏时必然会作出自己的评价。如雨果在《巴黎圣母院》中利用人物美丑对照的浪漫主义手法,着意让人们看到生活中并存的美与恶、光明与黑暗。由于他站在人民善良正义的角度对笔下人物进行塑造,因此读者也自然而然地艾丝美拉达和卡西莫多,而鄙视和仇恨卫队长和副主教。相反,莫泊桑由于美丑、善恶观念的模糊,使他晚期的几部长篇小说因缺乏现实的社会批判精神,而不为人们欢迎和接受。当然,更多的时候,欣赏者的再评价往往同原作既有共同之处,又有相异之点。比如,读屈原的《离骚》,对作品中洋溢的爱国热情以及奋斗不息的精神自然会产生共鸣,但对诗中流露的儒家忠君思想,却会有所保留与否定。

除此之外,艺术品形式的完美与独创性也应成为再评价的一个方面。艺术品的形式,是艺术品存在的物质形态。艺术形式的优劣,直接关系到艺术内容的体现,影响艺术品感人力量的强弱。写小说的人经常讲,"故事是叙述出来的",关键看你怎么讲,这就是一个形式的问题。一些大师在作品中倾注其伟大思想的同时,往往也在艺术形式上留下了不朽的业绩,如鲁迅的小说、莎士比亚的戏剧、达·芬奇的绘画、贝多芬的音乐、罗丹的雕塑等。当然,一旦碰上在艺术形式上不成功或处理有欠缺的作品,欣赏者的再评价就应作出合理的分析和取舍。例如,一些作品中塑造的高、大、全式的正面英雄人物,从创作者的思想观点来说,立意未见得有多大问题,意在颂扬英雄人物,赢得人们的尊敬,但其效果却适得其反,形式上的这种刻意渲染,反而给人以不真实的感觉,因而英雄人物的善与美也就失去了发挥作用的基础,削弱了作品的艺术性。反之,我们只要看看罗丹创作的批判现实主义大师巴尔扎克塑像就会明白。巴尔扎克既胖又矮,腿短肚圆,如果用写实手法去雕刻,人们对其丑陋的形象会掩目而过。但也不能不顾人物真实,硬把他雕成一个美男子。罗丹最后决定在形式上采用以虚代实的办法,让巴尔扎克扬长避短,主要突出他内心精神世界的美:巴尔扎克披着睡衣,双手交叉于胸前,昂着沉重而膨胀的脑袋,像在思索,又像在蔑视眼前的黑暗世界,而他两条短腿和难看的大肚子却被睡衣巧妙地遮住了。总之,我们在艺术形式上的再评价应该持冷静合理的立场和态度,对于一些探索性作品,既要看到它创新、积极的一面,尽可能对其创造性的贡献进行思考和理解,也要注意其形式的创新是否为其内容的充分展示作出贡献,是否注意到欣赏者的接受基础。否则,就应进一步指出其形式追求上的不成熟之处,以便于艺术向更高、更完美的方向发展。

四、艺术欣赏能力的提高

法国伟大的雕塑家罗丹曾经深有体会地说:"美是到处都有的。对于我们的眼睛,不是缺少美,而是缺少发现。"要善于发现艺术作品的美,不能光靠直觉,这需要欣赏者在艺术作品的审美实践中,做出多方面的努力。

(一)培养审美感受能力

从审美心理的生理机制看,人的感知能力的确具有某些先天的因素,然而,其决定因素则主要是后天的教育与培养。如果不进行后天的教育培养,那点天生的生理、心理的初步感知机能必然萎缩消退,而不可能获得全面的发挥与完善。通过美术教育,可以训练我们的视觉感官,提高其感受力,掌握有关线条、形体、色彩、表现手法的知识技巧;通过音乐教育,则可以训练人们的听觉,懂得节奏、旋律,提高发声、吐字等表现声音之美的能力,以及掌握某种乐器的性能、技巧等。对青少年来说,审美感受的范围很广,它包括对声音、颜色、形状等的感知,以及从感知中得到情绪快感,也包括对复杂高级的艺术整体及其内涵的感受和再创造的愉悦。后者的感受能力是在前者基础上发展起来的。因此,对审美感受力的培养,应由简单低级开始,逐渐发展到复杂高级。

(二)积累审美经验

艺术欣赏是一种主动积极的艺术再创造活动,而不只是被动、消极的感知。从某种意义上说它,它也是艺术创造的延续。然而,依靠什么来保证艺术欣赏这种创造性活动得以实现呢?那就需要逐渐积累起丰富的审美经验,包括实践经验与理论修养。这正如马克思所说:"如果你想得到艺术的享受,那你就必须是一个有艺术修养的人。"中国文学史上曾有这样一些记载:贺知章读了《蜀道难》,便感叹李白是"天上谪仙人";顾况读了《赋得古原草送别》,预见到白居易前途无量;左光斗夜间在破庙读了贫困书生史可法的文章,大考时便亲自选他为状元……显然,这些美谈都与欣赏者的审美经验密切相关。所以,刘勰说:"凡操千曲而后晓声,观千剑而后识器,故圆照之象,务先博观。"确实,当著名艺术家或艺术修养较高的人参观美术展览时,并不像一般人那样逐一细看,往往只需在一定距离一站，目光一扫，优秀之作就会"跳到"他眼里来。然后，他们再对这样的作品进行比较，仔细欣赏，进一步明确自己的感受，作出恰当的判断。没有丰富的知识和高深的艺术修养，就难以达到如此境界。因此，我们除了平时对具体感受能力和艺术知识进行培养和学习外，还应注意文化、历史、哲学乃至科学等知识的积累，并要尽可能多地参加一些社会实践活动，使书本知识能联系到具体的生活体验；甚至还不妨搞些创作，体验一下美创造的过程。

（三）提高审美情趣

艺术欣赏能在很大程度上提高人们的精神品位和生活情趣，但欣赏者自身是否具有高尚的审美情趣也是至关重要的。应当说，一些简单的审美能力，如识别自然物体的美丑，对美丽服饰和器具的喜爱等，儿童就能具备，更不用说常人了。但说到对艺术进行较复杂、高级的欣赏，甚至在评价时，就不能不考虑到欣赏者的审美情趣。有的人读《红楼梦》只看到一个"淫"字，而看《三国演义》只体会一个"奸"字。甚至还有这样的人，就阶层而言，远非"下里巴人"，文化素养也不低，却一味试图从黄色小说、录像中去寻求刺激，说穿了，无非就是审美情趣的问题。情趣不对，完全可以把审美变成审丑。视丑为美的事例，在陈腐落后的观念、情趣支配下，生活中是经常发生的。因此，我们必须用马克思主义的美学理论武装自己的头脑，欣赏先进的、美好的、代表着社会发展方向的东西，绝不能沉醉于一些落后的、麻醉人的糟粕里。我们应致力于自己欣赏情趣和文化素养的提高与发展。只有培养健康向上的审美情趣，我们才能满怀激情地去追求应该追求的艺术美。

第五章 美育浸润 以"乐"化人

第一节 悠扬的音乐

音乐是最能激发人情感的一种艺术，也是人们普遍喜爱的艺术。著名音乐家冼星海说："音乐是人生最大的欢乐，音乐是生活中的一股清泉，音乐是陶冶性情的熔炉。"音乐能带给人审美的愉悦，能陶冶人的性情，能促进人的想象力和创造力的发展。

一、音乐艺术的特征

任何一种艺术都有它自身的一些基本特征，音乐作为一种艺术形式，亦是如此。音乐在遵循艺术发展的普遍法则的同时，也遵循自身的发展规律。

（一）音乐是声音的艺术

音乐是人们创造的一种声音艺术，声音是构成音乐的物质材料。自然界本来就存在各种各样的声音：春暖花开时百鸟和鸣，林间幽静处泉水叮咚，秋叶微凉中聆听蛐蛐声，还有那稻花香里的一片蛙声……这些声音给人们的生活增添了诗情画意，也诱发了人们的灵感，为音乐创作活动奠定了基础。

音乐与自然界的声音不同。自然界的声音是自然而然发生的，没有任何外力的影响，没有进行任何修饰，原始本真、清雅平淡，充满自然意趣。而音乐是一种有组织、有规律的和谐乐音，通过流动的音响、旋律、节奏、和声等表现要素去抒发感情、表现情感、寄托情感。音乐里的声音是经过长期实践、反复选择而留存下来的，是人们能进行有效控制的一些特殊声音。

（二）音乐是时间的艺术

与美术作品或雕塑艺术可以在时间流逝的过程中保持不变不同，音乐艺术是在时间中进行的。一方面，音乐通过各个组成部分的陆续呈现而发展着，直到最后一个部分呈现完毕才能给听众带来完整的作品形象；只听音乐作品中的个别片段，是不可能获得完整的音乐意象的。另一方面，音乐的乐音是由乐器或人的声带振动产生的，当乐器或人的声带的振动停止时，乐音也就消失了。尽管科技的发展为音乐信息的存储和声音的还原提供了条件，但并未从本质上改变音乐的时间性。

（三）音乐是听觉的艺术

音乐是声音的艺术，它诉诸人们的听觉，因此听就成了欣赏音乐最基本的技巧。音乐是对声音的听与理解，没有理解也就没有音乐。人们对音乐的感受、认识、理解都是从听开始的。心理学的定向反射和探究反射原理认为，在一定距离内的各种外在刺激中，声音最能引起人们的注意，能够迫使人们的听觉器官去接收声音。这决定了听觉艺术较之视觉艺术更能直接地作用于人们的情感，震撼人们的心灵。

（四）音乐是情感的艺术

音乐的创作、表演和欣赏都需要人们的情感及思维活动作为基础，音乐首先激发人们情感的交流。好的音乐能使人心潮澎湃、精神振奋，懂音乐的人会随着音乐激动、悲愤、兴奋。音乐作品中的这种情感表达不是单纯的听觉感受，而是整体的感受。人们在创作和欣赏音乐的时候，是通过整个身心去感受和体验的。在进行艺术构思和艺术表现的时候，音乐家会把自己多方面的感受凝聚为听觉意象，用具体的音符表现出来。音乐可以直接反映人们内心感情的起伏和复杂的情绪，不受人种、民族、国家、地域等限制，不同民族、国家、地域、阶层的人民都能通过音乐直接感受这种真挚朴素的感情。

二、音乐的基本要素

美国作曲家艾伦·科普兰（Aaron Copland）在《怎样欣赏音乐》中指出："音乐有四种基本要素，即旋律、节奏、和声及音色。"

（一）旋律

旋律是由许多高低不同、长短不同、强弱不同的音组成的音的线条，是由若干乐音经过艺术构思而形成的有组织、有节奏的序列。旋律是音乐的灵魂，是塑造音乐形象的重要手段。旋律由各种音程连续构成，可分为级进和跳进，旋律线的起伏具有重要的表情意义。一般来说，采取小音程上下起伏的旋律线通常表现微波荡漾的形象；水平式的旋律线通常表现庄严肃穆或坚定有力的情绪，且受节奏的影响较大；波动幅度较大的波浪式旋律线通常表现活跃奔放或热烈、激动的情绪；连续上行的旋律线有紧张度增长、情绪高涨和兴奋的意味；连续下行的旋律线常用于表现情绪的低落和紧张度的下降。旋律线的起伏不仅可以表现情绪的涨落，还体现了艺术上一张一弛、缓急相济的美学原则。

（二）节奏

节奏是自然、社会和人的活动中一种与韵律结伴而行的有规律的突变，是指长短不同、强弱不同的各种音符的组合方式，有的紧凑，有的舒展，有的悠扬，有的短促，有的徐缓……节奏是抒情作品的重要表现手段，可以赋予音乐鲜明的性格特征，使音乐形象更加生动。

不同的节奏在情感表现方面作用各异。紧凑的节奏常常给音乐带来活泼、紧张、急促、兴奋、欢乐的情绪；舒展的节奏会使音乐的旋律变得更加明显，适合表现辽阔、平和、优美的情绪和意境；悠扬的节奏能够表现舒畅、豪放、兴奋的心情；徐缓、均匀的节奏能够表现平和、安详、向往的情怀。

(三)和声

和声是两个以上的乐音按照一定的规律结合时产生的音的共鸣,是多个声部音乐的音高组织形态。如果说旋律构成了音乐的横向进行,那么和声就构成了音乐的纵向方面。和声可以为曲调的背景作衬托,为曲调作伴奏,使曲调变得浓厚起来;还能在表现音乐内容和情绪上起到色彩性作用,如和谐的和声表现平和,不和谐的和声表现紧张等,具有较强的描绘性。在器乐作品中,合奏曲、协奏曲、交响曲等都广泛地使用和声,从而使音响更加浑厚、丰满。

(四)音色

音色是指不同人声、不同乐器及不同音响组合发出的不同声音色彩。不同的音色会产生不同的艺术效果。例如,女高音嘹亮柔美;男高音挺拔高亢;女中音比较暗一些,浑厚而温暖;男中音、男低音则庄重厚实,给人一种坚定的感觉。乐器的音色就更加丰富了,小提琴(图 5-1)音色纤柔灵巧,大提琴音色深沉醇厚,双簧管音色优雅恬美,琵琶(图 5-2)音色清澈明亮……一个旋律,用长笛演奏,觉得明亮;用双簧管演奏,感觉甜美;用低音大提琴演奏,感觉沉重;用二胡演奏,则有几分悲凉。

图 5-1 小提琴　　　　　　　　　图 5-2 琵琶

音乐心理学认为,音色之所以有表情功能,在于它可以激发听众的联想。例如,号角的音色令人想到战争和狩猎,弦乐音色有柔美温馨的意味,童声音色如天使般纯洁,大管的低音好似老态龙钟的老人……音乐家常常根据需要对乐曲"着色",以体现音乐的意境。

各民族不同的乐器及歌唱者的音色也使音色成为民族文化色彩的某种标志。

三、音乐欣赏的阶段

音乐欣赏的过程就是体验审美的过程。美国作曲家艾伦·科普兰在《怎样欣赏音乐》中将聆听音乐的过程分为三个阶段，即美感阶段、表达阶段和纯音乐阶段。

（一）美感阶段

在美感阶段，听众沉迷于音响之中，纯粹为了音响的趣味和美感而聆听。在这个层次上听音乐，不需要任何方式的思考。这个时候，音乐单凭其强烈的感染力就足以将听众带入一种无意识的意境中。每个人都或多或少地用这种方式聆听音乐，无论多么资深的乐迷都会这样，特别是当他们在音乐中寻求慰藉和逃避之时。美感阶段对认识不同作曲家的独特创作风格有着重要的作用。

（二）表达阶段

在表达阶段，听众应寻求音符背后的意义。所有的音乐都有表达能力，有的强一些，有的弱一些，所有音符后面都具有某种意义，而这种意义也是作品内容的构成部分。这种意义不是指音乐描述的某个具体事物或事件，如风暴或战争，而是听众对音乐所传达内容的独特个人理解。这一阶段容易以直觉来理解，难以用言语来表达。伟大音乐作品的意义可能随着时代的不同而不断变化。

（三）纯音乐阶段

在纯音乐阶段，为理解音乐作品，听众应对音乐元素进行独特的处理，即如何运用与整合音乐元素而聆听。聆听者要想从作曲家的创作过程、音乐要素、音乐曲式、音乐体裁等专业角度去欣赏和理解音乐，需要完全有意识地融入音乐本身。虽然这一阶段有些像学术训练，但聆听者对音乐原理的理解越多，就能越好地欣赏音乐。

四、音乐欣赏的要点

德国诗人海涅说："语言停止的地方，才是音乐的开始。"想要从音乐欣赏中获得充分的审美体验，就应把握以下要点。

（一）了解作品的时代背景

一部好的音乐作品会表现出作曲家对现实生活的感受。因此，要想比较深刻地领会作品的时代内涵，就必须了解作者所生活的时代及其时代特点。例如，贝多芬的第三交响曲《英雄》极具英雄气概，作品中渗透着一股反抗精神，这是因为它创作于法国资产阶级大革命时期，人民希望通过斗争推翻反动专制的暴君统治；冼星海的《黄河大合唱》创作于日本帝国主义侵略中国、人民正处于水深火热的情况下，目的是号召民众反抗日本侵略，极具时代精神。

（二）了解音乐的民族性

民族音乐是值得继承和永远欣赏的，内容丰富而韵味无穷。只有民族的，才是世界的。一切好的音乐作品都根植于民族、民间音乐，都有各自的民族特征。例如，我国从西周到春秋战国时期，民间流行吹笙、吹竽、鼓瑟、击筑、弹琴等器乐演奏，涌现出了师涓、师旷等琴家和多首著名琴曲；还有秦汉时期的鼓吹乐，魏晋时期的清商乐，隋唐时期的琵琶音乐，宋代的细乐、清乐，元明时期的十番锣鼓、弦索等，演奏形式丰富多样。近代的各种音乐体裁和演奏形式都是传统音乐的继承和发展。

（三）了解音乐的曲式、体裁和题材

在欣赏一部音乐作品时，我们应了解曲式、体裁和题材方面的知识。曲式是指音乐材料排列的方式，是音乐的结构布局，有一段体、二段体、三段体、回旋曲式、奏鸣曲式等形式。体裁是指音乐作品的种类，如歌曲、舞曲、进行曲、谐谑曲、叙事曲、夜曲、序曲、交响曲、组曲等。不同的体裁有不同的特点，适合表现不同风格的音乐作品。题材是音乐作品表现的内容，主要体现在歌曲和歌剧方面，可以是歌颂祖国的，可以是赞美生活的，可以是歌颂爱情的，也可以是赞美家乡的。

（四）了解音乐语言的功能

作曲家创作乐曲时有一整套表情达意的体系，即音乐语言。音乐语言包括很多要素：旋律、节奏、节拍、速度、力度、音色、音区、和声、调式等。一部音乐作品的思想内容和艺术美，只有通过这些音乐要素才能表现出来。

五、中国传统音乐概况

中国传统音乐包含了中国几千年来的审美品格，是音乐思想本质的集中体现，是音乐思想意识的结晶。

（一）中国传统音乐的产生与发展

1. 上古时期的音乐

不少古籍记载了远古时期在祭祀、宗庙、大典仪式上"撞巨钟、击鸣鼓、弹琴瑟、吹竽笙"的场面。古籍中记载有尧舜古乐，说明中国音乐起源很早。从上古时期到春秋战国时期，音乐与歌唱、舞蹈都有着密切联系。正因为如此，中国音乐虽然在古代艺术门类中占有重要地位，但从未能以自身为中心获得独立的发展，而是依附于文化的其他领域，发挥着独特的作用。丰富多彩的音乐文物大大丰富了我国可考音乐历史的内容，如在龙山文化遗址中出土的一具鼍鼓，是目前我国发现的年代最早的打击乐器。此外，还有在河南舞阳县贾湖发现的骨笛、在河姆渡遗址中出土的骨哨等。需要强调的是，埙是中国特有的、古老的闭口吹奏的旋律性乐器，在世界艺术史上占有特殊的地位。

2. 夏商周时期的音乐

夏朝的代表性乐舞是《大夏》，以歌颂夏禹治水的业绩为内容，还有《九招》和《九歌》。商朝社会凡举行祭祀等"礼"时，必然要伴以歌舞。商朝的乐器对后世影响深远的是钟和磬。周朝在礼乐制度上建立了我国第一个宫廷雅乐体系，其典雅庄严，篇幅长而规整，节拍以缓慢、齐奏为主，多呈现肃穆、安静、和谐、平正的气氛。史籍记载的乐器近70种，并按乐器制造的材料分成金、石、土、革、丝、木、匏、竹，称为"八音"。春秋战国时期"礼崩乐坏"，郑、卫两国的民歌开始流行。

3. 秦汉时期的音乐

秦汉时期开始出现乐府，主要负责收集、整理并改编民间音乐，集中了大量乐工在宴享、郊祀朝贺等场合演奏。汉代主要的歌曲形式是相和歌，这一形式从最初的"一人唱，三人和"的清唱，逐渐发展为有丝、竹乐器伴奏的"相和大曲"。汉代在西北边疆兴起了鼓吹乐，以不同编制的吹管乐器和打击乐器构成多种鼓吹形式，如横吹、骑吹、黄门鼓吹等，主要用于军乐礼仪、宫廷宴饮及民间娱乐。

4. 魏晋南北朝时期的音乐

由相和歌发展起来的清商乐在北方得到曹魏政权的重视，曹魏政权设置了清商署。两晋之交的战乱使清商乐流入南方，并与南方的吴歌、西曲融合。在北魏时期，这种南北融合的清商乐回到北方，从而成为流传全国的重要乐种。汉代以来，随着丝绸之路的畅通，西域诸国的歌曲开始传入内地，各族人民在音乐上交流频繁。这个时期的古琴趋于成熟，出现了一大批文人琴家，如嵇康、阮籍等，有一批著名曲目问世，如《广陵散》《荆轲刺秦王》《猗兰操》《酒狂》等。

5. 隋唐时期的音乐

隋唐两代是以歌舞音乐为主要标志的音乐艺术全面发展的高峰。唐代宫廷宴享的音乐称作"燕乐"，燕乐分为坐部伎和立部伎演奏，风靡一时的唐代歌舞大曲是燕乐中的奇葩。其中，《霓裳羽衣舞》为唐玄宗所作，其艺术表现力显示了唐代宫廷音乐所取得的巨大成就，为世人所称道。唐代还有一系列音乐教育机构，如教坊、梨园、大乐署、鼓吹署及专门教习幼童的梨园别教院。在唐代的乐队中，琵琶是主要乐器之一，与今日的琵琶形制相差无几。

6. 宋金元时期的音乐

宋金元时期音乐文化的发展以市民音乐的勃兴为重要标志，较隋唐音乐有了更为深入的发展。有叫声、嘌唱、小唱、唱赚等艺术歌曲的演唱，也有崖词、陶真、鼓子词、诸宫调及杂剧、院本的表演。宋代的词调音乐获得了空前的发展，有令、引、近、慢等词牌形式。宋代的姜夔是既会作词又能按词度曲的著名词家、音乐家，宋代郭楚望的古琴音乐代表作《潇湘水云》开创了古琴流派之先河。元代出现了民族乐器三弦，戏曲也趋于成熟，以元杂剧为代表。随着元代戏曲艺术的发展，出现了最早的总结戏曲演唱理论的专著，即燕南芝庵的《唱论》；周德清的《中原音韵》则是北曲最早的韵书。

7. 明清时期的音乐

明清时期的音乐文化具有世俗化的特点。明代的民间小曲内容丰富，其影响范围之广已经达到"不问男女""人人习之"的程度。明清时期说唱音乐异彩纷呈，如南方的弹词、北方的鼓词，以及牌子曲、琴书、道情等说唱曲种。

明清时期歌舞音乐在各族人民中有了较大的发展，如汉族的秧歌、维吾尔族的木卡姆、藏族的囊玛、傣族的孔雀舞、苗族的芦笙舞等。明初，昆山腔经过南北曲的汇流，形成了昆曲。最早的昆曲剧目是明代梁辰鱼的《浣纱记》，著名的剧目有明代汤显祖的《牡丹亭》、清代洪昇的《长生殿》等。

明末清初，北方以陕西秦腔为代表的梆子腔得到快速发展，这种高亢、豪放的梆子腔在北方各省经久不衰。晚清时期，由西皮和二黄两种基本曲调构成的皮黄腔在北京初步形成，由此产生了影响遍及全国的京剧。明清时期，器乐的发展表现为民间出现了多种器乐合奏形式。

8. 近现代时期的音乐

19世纪末，西方音乐在中国大规模传播，民间开始吸收西方音乐元素，逐渐形成了中西结合的音乐风格。

20世纪初，许多在国外留学的音乐家回国传授西方音乐基础知识。以20世纪30年代的上海为例，当时许多歌舞厅都流行演奏中西结合的新音乐，既有中国传统音乐的旋律，又有西方爵士音乐的影子。此外，由于特定的历史时代，20世纪上半叶，国内音乐家开始创作表现时代背景、唤起民族共鸣的革命歌曲，如聂耳的《义勇军进行曲》、冼星海的《黄河大合唱》等。20世纪60年代，中国的音乐缺乏丰富的艺术形式，也缺少音乐创作的包容环境，基本处于停滞不前的状态。

从20世纪80年代起，中国音乐在创作、表演、教育、传播、研究等领域都呈现出快速、活跃、繁荣、多元的发展态势。中国音乐借鉴了其他各种音乐风格、创作理念和技巧，形成了中国多元音乐文化的现状。如今，中国音乐的传播也从音像媒体时代进入了以网络为主导、以信息技术为支撑的时代，开始走向世界，受到了全球的关注。

（二）中国传统音乐的文化特征

1. 乐以教化

中国传统音乐从很早的时候就与道德教化紧密地联系在一起。周朝是礼制盛行的时期，音乐被放到了与"礼"同等重要的地位。《周礼·地官司徒·大司徒》说："以乐礼教和，和民不乖。"周朝将制礼和作乐同时进行，把音乐当作一种重要的教育方式。《周礼·春官宗伯·大司乐/小师》记载："以乐德教国子，中、和、祗、庸、孝、友；以乐语教国子，兴、道、讽、诵、言、语；以乐舞教国子，舞《云门》《大卷》《大咸》《大韶》《大夏》《大濩》

《大武》。"由此可见,当时的音乐教育并不是纯粹的艺术教育,而是将"乐"与"德"密切结合起来,把丰富的政治和伦理道德内容融入音乐。

孔子十分重视音乐的社会功用,他把乐看成个人道德修养得以完成的一个重要阶段。他说:"兴于诗,立于礼,成于乐。"(《论语·泰伯》)由此可以看出孔子对个人成长过程的认识:先用诗去启发他的向善之心,再用礼使他得以在社会上立身,最后用乐使其道德修养达到完美,这样才算成为一个真正的"完人"。孔子还说:"礼乐不兴,则刑罚不中;刑罚不中,则民无所措手足。"(《论语·子路》)在孔子看来,乐和礼一样,都具有一定的道德规范作用,因此,只有加强礼乐教化,才能使百姓有规可循。

荀子也十分重视音乐的社会功用,他的音乐思想集中体现在《荀子·乐论》中:"故乐在宗庙之中,君臣上下同听之,则莫不和敬;闺门之内,父子兄弟同听之,则莫不和亲;乡里族长之中,长少同听之,则莫不和顺。"这种一脉相承的音乐观念在整个封建社会中都占有十分重要的地位。

2. 中和之美

中国传统艺术受儒家"中庸"思想的影响,把"中和"作为重要的审美原则。中和之美体现在中国古代的音乐思想中。《左传·襄公二十九年》记载了吴国的季札对周乐《颂》的一段评价:"至矣哉!直而不倨,曲而不屈;迩而不逼,远而不携;迁而不淫,复而不厌;哀而不愁,乐而不荒;用而不匮,广而不宣;施而不费,取而不贪;处而不底,行而不流。五声和,八风平;节有度,守有序。盛德之所同也。"这段话连用了14个排比句来赞叹《颂》的美好,每个句子都是两个对立面的和谐统一。

《颂》对这14组对立关系处理得恰如其分,把握其度,止于中正,既不超越,又无不及,使它们趋于完美的和谐。只有音律平和,富有节度,能够表现美好的道德观念,音乐才算达到了美的最高境界。《左传·昭公二十年》还记载了晏婴对中和之美的阐释:"先王之济五味,和五声也,以平其心,成其政也。声亦如味,一气、二体、三类、四物、五声、六律、七音、八风、九歌,以相成也。清浊、小大、短长、疾徐、哀乐、刚柔、迟速、高下、出入、周疏,以相济也。君子听之,以平其心。心平,德和。故《诗》曰:'德音不瑕。'"荀子的《乐论》和《礼记》中的《乐记》对这种音乐思想进行了阐发。汉代的董仲舒、扬雄,唐代的白居易,也都从不同角度继承了这种思想。

第二节 变幻的舞蹈

舞蹈是一种表演艺术,它运用舞蹈语言、节奏、表情和构图等多种基本要素,塑造出具有直观性和动态性的舞蹈形象,借以反映人们的社会生活、表达人们的思想感情。观看者通过欣赏舞蹈作品所塑造的形象,体会舞蹈作品所蕴含的思想感情,能够接受潜移默化的教育,激发生活的热情。

一、舞蹈的种类

依据功用不同，舞蹈一般可分为生活舞蹈和艺术舞蹈两大类。

（一）生活舞蹈

生活舞蹈是人们在日常生活中出于娱乐、健身、社交等需要而选择的舞蹈形式，目的性比较明确，人人都可以参加。生活舞蹈动作简单，可自由发挥。生活舞蹈主要包括交际舞、广场舞、民俗舞蹈等。国际流行的交际舞主要有"华尔兹""维也纳华尔兹""布鲁斯""狐步""快步""探戈""伦巴""桑巴"等。广场舞是舞蹈艺术中最庞大的系统，因多在广场聚集表演而得名。广场舞融自娱性与表演性为一体，以集体舞为主要表演形式，以娱乐身心为主要目的，内容多种多样，有民族舞、现代舞、街舞、拉丁舞等。民俗舞蹈是指依附于各民族传统风俗活动（如生产劳动、岁时节令、婚丧礼仪、信仰崇拜等）的舞蹈，狮子舞就是代表性的民俗舞蹈之一。

（二）艺术舞蹈

艺术舞蹈是指由专业或业余舞蹈家，通过对社会生活的观察、体验、分析、集中、概括和想象，创作出主题思想鲜明、情感丰富、形式完整，且具有典型化的艺术形象，并由少数人在舞台或广场表演给广大群众观赏的舞蹈作品。根据不同的分类标准，艺术舞蹈可以分为不同的种类。

1. 依据舞蹈风格特点的不同划分

依据舞蹈风格特点的不同，艺术舞蹈可分为古典舞、民间舞、现代舞和新创作舞蹈等。

（1）古典舞。古典舞是在民族民间舞蹈基础上，经过历代专业工作者提炼、整理、加工创造，以及较长期的艺术实践检验流传下来的，被认为是具有一定典范意义的、具有古典风格特点的舞蹈。"身韵结合、形神兼备"是古典舞不可缺少的标志，重视舞蹈的神韵和情感是古典舞的艺术灵魂所在。身韵即身法与韵律的总称，身法属于外部的技法范畴，韵律则属于艺术的内涵神采，只有两者有机结合，才能真正体现中国古典舞的风貌及审美的精髓。

（2）民间舞。民间舞是由广大人民群众在长期历史进程中集体创造、不断积累和发展而形成的，是在群众中广泛流传的一种舞蹈形式，能直接反映人民群众的思想感情、理想和愿望，如汉族民间舞蹈、蒙古族民间舞蹈（图5-3）、傣族民间舞蹈等。不同国家、民族的民间舞带有各自不同的民族风格和地方特色。

（3）现代舞。现代舞是20世纪初在西方兴起的一种舞蹈流派。现代舞反对当时古典芭蕾的因循守旧、脱离现实生活和单纯追求技巧的形式主义倾向；主张摆脱古典芭蕾过于僵化的动作程式的束缚，以合乎自然运动法则的舞蹈动作，自由地抒发人的真实情感；强调舞蹈艺术要反映现代社会生活，允许舞蹈家以个性化的眼光观察事物并做抽象的自由表现。在欣赏现代舞时，不应强调能否看懂、能否表达出主题、能否受到教育等，而应欣赏它通过形体表达出来的美及给人带来的瞬间感受。

图 5-3　蒙古族民间舞蹈

（4）新创作舞蹈。新创作舞蹈是不同于其他风格的舞蹈，舞蹈家可以根据表现内容和塑造人物的需要，不拘一格地借鉴和吸收各个舞蹈流派的各种风格、各种舞蹈表现手段和表现方法，为己所用，从而创作出具有独特风格的舞蹈。

2. 依据舞蹈表现形式的不同划分

依据舞蹈表现形式的不同，艺术舞蹈可分为独舞、双人舞、三人舞、群舞等。

（1）独舞。独舞是由一个人表演完成一个主题的舞蹈，多用来直接抒发人物的思想感情和揭示人物的内心世界。

（2）双人舞。双人舞是由两个人共同表演完成一个主题的舞蹈，多用来直接抒发人物的思想感情和展现人物的关系。

（3）三人舞。三人舞是由三个人合作表演完成一个主题舞蹈。三人舞有独立的主题、内容、情节和意境，要求表演者具有较高的戏剧表演能力与合作意识，具有使舞蹈动作的个性与共性有机统一起来的素养。

（4）群舞。群舞是指人数不等的多人舞蹈，是一种集体性舞蹈，特别强调动作的整齐和风格的一致性，具有丰富的画面变化和舞蹈构图。群舞可以通过舞蹈队形、画面的更迭、变化，不同速度、不同力度、不同幅度的舞蹈动作、姿态、造型的发展，创造出深邃的诗的意境，具有较强的艺术表现力。

3. 依据舞蹈表现方法的不同划分

依据舞蹈表现方法的不同，艺术舞蹈可以分为抒情性舞蹈、叙事性舞蹈、戏剧性舞蹈等。

（1）抒情性舞蹈。抒情性舞蹈是一种直接表现和抒发舞蹈者思想感情的舞蹈。它通过在特定的生活情景中对人物思想感情的描绘，塑造出鲜明生动的舞蹈形象，以此来表达创作者对客观世界的感受和对生活的见解。例如，在舞蹈《春江花月夜》春、江、花、月、夜的特定环境中，一位古代少女漫步于江边花丛中，触景生情，幻想着自己将来美满幸福的爱情生活。中国传统舞蹈风格的动作、姿态和造型能够表现出特定环境和人物的思想感情。

（2）叙事性舞蹈。叙事性舞蹈是通过一定的情节事件来塑造人物、表现作品主题思想的舞蹈。叙事性舞蹈所叙之事一般比较单纯、简短，人物关系也比较简明，因此，舞蹈本身的构成也比较简短。叙事性舞蹈的动作具有鲜明的性格特征，偏重写实，往往能产生更强烈的社会反响。必要时，可辅以哑剧动作和伴唱来使舞蹈情节明朗化。

（3）戏剧性舞蹈。戏剧性舞蹈是表现一定戏剧内容的舞蹈，它是一种综合了舞蹈、戏剧、音乐、舞台美术的舞台表演艺术。戏剧性舞蹈一般分为若干幕，篇幅较长，有较完整的故事情节。

二、舞蹈艺术的基本要素

当观众欣赏舞蹈作品时，舞蹈的动作、节奏、构图、情感表现等要素会让观众产生直观感知，观众无须经过任何思考，就能获得美的感受。

（一）舞蹈动作

与人们的日常生活动作不同，舞蹈动作是经过艺术加工、美化过的生活动作，是对人的各种生活或情感动作以及大自然各种运动形态的模拟、变形与加工。人体是创造舞蹈形象的载体，是创造舞蹈作品的工具。对于舞蹈动作，要想从认知技能向技巧发展，就必须通过长时间的反复练习，从经验的累积中习得个人的动作特质。

狭义上的舞蹈动作是指运动过程中的单一动作和过程性动作，如俯、仰、冲、拧、扭、踢，以及芭蕾舞中的蹲、屈伸等。广义上的舞蹈动作，还包括舞蹈姿态、舞蹈步法、舞蹈技巧等。舞蹈姿态是舞蹈过程中静态性动作或动作后的静止造型。舞蹈步法是以脚步为主的移动重心或移动步位的舞蹈动作，如圆场、磋步、云步及芭蕾舞的滑步等。舞蹈技巧是指有一定难度的技巧性动作，舞蹈演员需要具备各种跳跃、旋转、翻腾、托举、侧腰、柔韧等高难度的技巧能力，这些技巧也是表现人物思想感情、塑造人物性格和精神面貌的一种手段。

（二）舞蹈节奏

舞蹈节奏是指舞蹈动作在力度上的强弱、速度上的快慢、时间上的长短、幅度上的大小等的对比规律。舞蹈节奏是舞蹈的灵魂，能显著地表现舞者的气质、情感和韵致。舞蹈是一种感情冲动的、自由的、有节奏的动作表现，需要节奏比较鲜明的音乐配合。

在舞蹈中也有节拍，舞蹈节拍是指有规律的舞步或动作若干次反复呈现的肢体运动。例如，古典芭蕾舞（摇摆步）的一大步、两小步为一个周期，若干次反复形成规律性的舞动，舞蹈的律动就能呈现出来。舞蹈和音乐通过节奏和节拍的结合，可以用不同的方式表达相同的情感。舞者对这种情感的进一步感受和理解还能激发舞者内心的感情，通过外在的形体动作表现出来。

（三）舞蹈构图

舞蹈构图是舞蹈表演在一定空间与时间内，对色彩、线条、形状等各个方面关系的合理布局，主要包括舞蹈队形变化中形成的图案和舞蹈静态造型所构成的画面。舞蹈构图对作品主题的表现、意境的创造、气氛的渲染、形象的塑造有着重要的作用。舞蹈构图应服从和适应舞蹈作品的内容，能表现人物的情感和思想，能衬托和展现舞蹈作品的环境，符合艺术形式美的规律和法则。

舞蹈家受不同时代社会思想、艺术流派的影响，根据不同的舞蹈构思和审美观，会采用不同的舞蹈构图方法。表演者在舞台空间的运动线主要有对角线、纵线、平行线、弧线、曲折线等。对角线一般表现有力的推进，具有延续和纵深感；纵线有强劲的动势，给人一种紧迫感、压迫感；平行线一般用来表现缓和、稳定、平静自如的情绪；弧线常常给人一种柔和、流畅、匀称、连绵不断的感觉；曲折线则给人一种游移跳荡和不安定的感觉。

在舞蹈画面方面，东西方传统的古典舞蹈与民间舞蹈大多采用轴心运动思想和对称平衡的舞蹈构图方法，即围绕中央和与四面八方交替循环各种舞蹈图形，以及四角、六角、八角环绕中央的弧形对称图形。方形给人以稳定的感觉，三角形能很好地呈现力量感，菱形、梯形等则给人一种视野开阔的感觉。例如，独舞《雀之灵》就是由舞蹈动作姿态的高、中、低对比，身体动作的对称、平衡，以及节奏的快速转换构成一种抑扬顿挫的造型美。

（四）舞蹈的情感表现

情感是舞蹈的灵魂与魅力所在，情感的表现是舞蹈的主要出发点，没有情感表现的舞蹈是不可能打动观众的。舞蹈中的情感属于内在的非视觉心理内容，只有通过相应的形体技能，进行物态化体现，创造出完整的艺术形象，才能成为可视的舞蹈艺术。

"观其舞，看其功，查其色，鉴其貌"，舞蹈演员的眼睛、面部表情、肢体动作等都能起到表达情感的作用。只要舞蹈演员全身心地投入舞蹈表演中，深刻理解角色和动作要领，就能够将情感完全流露出来。例如，在《启示录》中，舞者时而双腿一屈一伸，双手向旁边伸出，时而双腿直立，双手向上伸展，表现出一种低沉的情绪。

三、舞蹈欣赏的要点

舞蹈欣赏是人们在观看舞蹈时产生的一种精神活动，它是观众通过舞蹈作品塑造出的舞蹈形象，具体地认识其所反映的社会生活，体会其所蕴含的思想感情，欣赏其美的动态、韵律和表情，进而受到教育的过程。舞蹈欣赏首先从对舞蹈形象的感知开始，产生情感反应，进而认识作品所反映的社会生活内容和主题思想。

（一）整体把握，厘清思路

在欣赏舞蹈作品时，首先要从整体上理解舞蹈作品的名称、创作时间和地点，捕捉到舞蹈作品中的技术和艺术形象，把握舞蹈作品所表达的情感。表达情感是舞蹈的核心，舞蹈演员的作品能否打动人，是否能看到表达出的情感是最重要的。

（二）局部推敲，品赏动作

在舞蹈表演中，演员不时地做着跳跃、翻腾、旋转等技术性很强的高难度动作，这些高难度动作增强了舞蹈作品的观赏性、新奇性。

在欣赏舞蹈动作时，要注意把握"柔、美、准、轻、稳"的欣赏要点。一个优秀的舞蹈作品，动作柔中有刚、刚中有柔、刚柔相济，柔美却不懒散无力；动作美、体态美、形神兼备，让人赏心悦目、目不暇接；动作规范准确，动作、舞姿、造型不多不少，有分寸；体态轻盈，即使在大跳时也有如燕子般轻盈的感觉；动作有稳定感，表现出稳当、稳妥和稳重。

（三）关注节奏和韵律

舞蹈是贯穿着节奏和韵律的艺术。人体动作的抑扬起伏、轻重缓急、动静刚柔等不同的形态、力度、速度、能量的变化，可以抒发人的内心世界的丰富情感、体验及其变化；可以呈现不同的社会生活情景及事物的矛盾冲突。观赏者通过舞蹈动作的律动，可以把握情绪的性质，还可以了解情绪的起伏、变化，矛盾的对立、冲突，以及情节的发展。

（四）极尽联想与想象，把握主题

在欣赏舞蹈的过程中，想象与联想的作用极为重要。欣赏者通过感觉、想象、体验、理解，把舞蹈作品中的艺术形象"再创造"为自己头脑中的艺术形象，并通过"再创造"对艺术所反映的生活进行再一次的评价。在这一阶段，观赏者对舞蹈作品的感受和体验会更加深刻，也能够发现和挖掘出舞蹈艺术的形式美及内在美，与舞蹈表演者产生强烈的情感共鸣，从而提高自身对舞蹈作品的审美判断能力。

第三节　多样的戏剧

一、戏剧的含义

戏剧是演员将某个故事或情境，以对话、歌唱或动作等方式表演出来的艺术。它以表演艺术为中心，融合了文学、音乐、舞蹈、美术等多种艺术元素。在西方，戏剧指话剧；在中国，戏剧是戏曲、话剧、歌剧等的总称。

现代意义上的戏剧观念强调舞台上下所有演出元素的统一表现，以期达到综合的艺术效果。戏剧涉及的元素主要包括演员、故事、舞台和观众。当然，演员可以脱离剧本进行即兴表演，舞台也不一定需要正式，演员进行艺术活动的地方就是舞台。演员和观众是戏剧存在的基本条件。

二、戏剧的分类

戏剧的种类繁多，按照不同的标准，可以分成不同的种类。

（一）依据艺术形式和表现手法划分

依据艺术形式和表现手法的不同，戏剧可分为歌剧、舞剧、话剧、戏曲等。

1. 歌剧

歌剧是一种以歌唱为主，综合器乐、诗歌、舞蹈等艺术形式为一体的戏剧形式。歌剧最早出现在 17 世纪的意大利，最初是王室贵族的娱乐项目，后来才逐渐走向平民百姓。从总体上来说，歌剧从产生之日起，始终是一种小众艺术。通常情况下，歌剧全剧由独唱、重唱、合唱、道白、序曲、间奏曲、舞曲等元素构成。世界歌剧史上著名的歌剧主要有《费加罗的婚礼》《魔笛》《塞维利亚的理发师》《弄臣》《茶花女》《卡门》《奥赛罗》《蝴蝶夫人》（图 5-4）等。

图 5-4　歌剧《蝴蝶夫人》宣传剧照

2. 舞剧

舞剧是一种以舞蹈为主要表达手段的舞台艺术，由人物、事件、矛盾冲突等要素组成。舞剧剧情的发展、人物形象的塑造主要依靠演员的舞蹈动作和音乐语言来表现。剧中的舞蹈分为情节舞和表演舞两种。情节舞用来表现戏剧情节，而表演舞则用来描绘剧情发生的时代和环境特征。音乐是舞剧的重要组成部分，在表现作品的思想内容、发展戏剧情节、塑造人物形象及其性格上发挥着重要作用。

3. 话剧

话剧是一种移植到中国的外来戏剧形式，主要叙述手段为演员在台上无伴奏的对白或独白，可以使用少量音乐、歌唱等。话剧借助舞台，通过演员的姿态、动作、对话、独白等表演，直接作用于观众的视觉和听觉；通过化妆、服饰等手段进行人物造型，使观众能直接观赏到剧中人物形象的外貌特征；通过大量的舞台对话展现剧情、塑造人物和表达主题。

4. 戏曲

戏曲是中国传统艺术之一，剧种繁多且有趣，表演形式包括载歌载舞、有说有唱、有文有武，集"唱、念、做、打"于一体，具有极强的艺术感染力，在世界戏剧史上独树一帜，与古希腊悲喜剧、印度梵剧并称为"世界三大古剧"。戏曲《白蛇传·情》的宣传海报如图 5-5 所示。

图 5-5 戏曲《白蛇传·情》的宣传海报

（二）依据剧情繁简和结构划分

依据剧情繁简和结构不同，戏剧可分为独幕剧和多幕剧。

1. 独幕剧

独幕剧是独成一幕的短剧，剧情展示受到严格的时间、场景等限制，结构必须紧凑，矛盾冲突的展开要迅速，情节的开端、发展、高潮、结局等均要表现出来。

2. 多幕剧

舞台口的大幕启闭一次为一幕，在全剧演出过程中，大幕启闭两次以上的戏剧称为多幕剧。多幕剧是大型的戏剧，容量大、故事情节复杂。多幕剧采取分幕分场的方法表现时间的间隔和空间的转移，把不便于在舞台上演出的事件转移到幕后，从而反映更广的社会生活。

（三）依据内容性质与美学范畴划分

依据内容性质与美学范畴的不同，戏剧可分为悲剧、喜剧、正剧等。

1. 悲剧

悲剧起源于古希腊，由酒神节祭祀仪式中的酒神颂歌演变而来。在悲剧中，主人公不可避免地遭受挫折，受尽磨难，甚至失败丧命。悲剧以表现主人公与现实之间不可调和的冲突及其悲惨结局为基本特点，揭示生活中的罪恶，从而激起观众的悲愤与崇敬，达到升华思想情操的目的。

2. 喜剧

喜剧借助夸张的手法、巧妙的结构、诙谐的台词及对喜剧性格的刻画，引发人们对丑恶的、滑稽的事物的嘲笑，肯定正常的人生和美好的理想。喜剧在希腊文中是"狂欢之歌"的意思。举行狂欢歌舞之时，领队者常要说些谐谑之词，引人发笑。喜剧的结局总是愉快的、圆满的。

3. 正剧

正剧是介于悲剧和喜剧之间的戏剧类型，是最接近社会现实的一种戏剧形式。正剧的情节有悲有喜、悲喜交织，结局通常是快乐的。正剧既能表现重大、严肃的社会事件，也能表现富有社会意义的日常生活；既有对正面人物的歌颂，又有对反面人物的批判。

（四）依据所选题材的时代划分

依据所选题材时代的不同，戏剧可分为历史剧和现代剧。

1. 历史剧

历史剧是以真实的历史人物、历史事件为题材，经过艺术加工编写而成的。作者通过对大量历史资料进行分析、研究，在符合真实历史的基础上，选取具有典型意义的戏剧性事件，并适当地运用想象、虚构予以丰富和补充，从而再现一定历史时期的社会生活面貌。

2. 现代剧

现代剧主要指的是以现代社会生活为题材的戏剧。这些戏剧通常反映的是20世纪以来从西方传入的话剧、歌剧和舞剧等，其中话剧是现代戏剧的主体。现代剧的题材广泛，可以包括现代都市题材、现代农村题材、现代青少年题材、现代涉案题材等，这些题材的划分可以根据具体的故事内容进一步细分为现代军旅题材、现代都市题材、现代农村题材、现代青少年题材、现代涉案题材、现代传记题材等。这些分类反映了从1949年至改革开放前的一系列社会生活和事件，涵盖了军事、社会、文化等多个方面。

三、中国的戏曲

中国戏曲不仅声腔剧种百花齐放，戏剧文学样式品类繁多，而且剧目也极其丰富。中国戏曲源于原始歌舞，经过汉代、唐代，到宋代、元代才形成比较完整的戏曲艺术。它集文学、音乐、舞蹈、美术、武术、杂技及表演艺术于一身，能够声情并茂地表现人物特性。

（一）中国戏曲的发展概况

中国戏曲的起源、形成、发展、成熟经历了漫长的历史过程。从原始社会以祭祀神灵为主的巫舞，到春秋战国时期的俳优、优舞，到汉魏时期的角抵、百戏，再到隋唐时期的参军戏，最终在宋元之际确定了中国戏曲最初的完整形式。戏曲在成熟与繁荣的过程中，主要出现了汉代的百戏、唐代的参军戏、宋代的南戏、金院本、元杂剧，以及明清传奇等几种戏曲形式。

汉代的百戏可以看作中国戏曲的萌芽。实际上，在春秋战国时期，百戏已相当盛行，包括杂技、魔术、武术、幻术及某些民间歌舞、杂戏等。汉代张衡的《西京赋》中有对百戏演出场面的描写，如当时流行的《湘妃怨》的情景："女娥坐而长歌，声清畅而委婉……度曲未终，云起雪飞。初若飘飘，后遂霏霏。"说明当时的戏曲表演已经相当精湛。元代马端临在《文献通考》中也记录了汉代以来百戏节目及其发展过程。另外，汉代还通过陶俑塑造了百戏的演出场面，如长沙马王堆汉墓出土的"彩绘木乐俑"，是汉代五个百戏演员两人吹竽、三人鼓瑟的场面。

唐代中叶，在都市繁华和音乐发达的基础上产生了"参军戏"。参军戏是各种技艺（滑稽戏、傀儡、皮影、歌舞、杂技、武术等）的泛称，与百戏意义相近，有些可作为单独节目演出，但只是以第三者的身份又说又唱又表演来叙述故事。当时，参军戏常在宫廷梨园中上演，繁华都市中的富豪巨商也广设歌台戏院，邀伎人演出参军戏。但总体来看，唐代的参军戏还不是人们所说的戏曲，因为这种参军戏包含歌舞、说唱、武术，都是以第三者口吻来咏唱和叙述故事的。参军戏没有戏曲中的角色，是戏曲的萌芽。

宋代的南戏是元杂剧的前身，成就较高。南戏是指流行于我国南方的一种戏曲，为区别北方的杂剧而得名，因起源于浙江温州，又称温州杂剧或永嘉杂剧。南戏形成的年代大约是在宋宣和年间。南戏在温州地方民间歌舞的基础上吸收了宋杂剧和其他民间技艺的一些元素，融歌舞、念白和插科打诨于一体，所用音乐是南曲。虽然具备了戏曲的主要要素，但也无角色之分。宋代南戏传世很少，仅有《永乐大典》最后一卷中所列的三种戏文。宋代南戏中戏曲的形式已初具规模。

金院本是金朝的一种戏曲，剧中有各种不同的角色，用大曲演唱。剧中模仿表演各种社会职业的人物，如和尚、秀才、农夫等，反映的生活比以往更广阔，表演技艺也更成熟。后来的元杂剧就脱胎于金院本。

元杂剧是元代文学的精华。元代的戏曲艺术达到了高峰，杂剧臻于完善，呈现出空前的繁荣局面。元杂剧是一种以唱曲为主的戏曲，剧词、音乐的结构十分严谨。一本戏通常表现为四折外加"楔子"的演出形式，如元代《窦娥冤》开头的楔子："'花有重开日，人无再少年。不须长富贵，安乐是神仙。'老身蔡婆婆是也，楚州人氏，嫡亲三口儿家属。"这种戏，全剧只由主角一人歌唱，其他角色只是说白，可见这是一种由说唱故事转化为扮演故事的戏曲形式。剧中主唱的男主角称"正末"，女主角称"正旦"。杂剧的剧目可分为"末本"和"旦本"两种。元杂剧优秀的作家和作品极多，如关汉卿的《窦娥冤》《望江亭》《救风尘》、王实甫的《西厢记》、马致远的《汉宫秋》、白朴的《墙头马上》、郑光祖的《倩女离魂》等。这些作家和作品在文学史、戏剧史上影响都很大，有不少作品改编后至今仍在舞台上流传。元杂剧的歌唱艺术也有很高的成就，不少知名演员都是出色的歌唱家，如名重一时的珠帘秀、梁园秀、陈婆惜等。关汉卿可与同时代的英国戏剧家莎士比亚相媲美。

到了明代，杂剧逐渐衰退，代之而起的传奇成为主要的戏曲形式。传奇盛行于明代与清代前期，又称明清传奇。比起元杂剧来，传奇篇幅较长，一本戏往往分为数十出（折），每一出（折）戏曲情节的组织、乐曲的联套布局、词句四声的和谐、韵脚的流畅等都极讲究，并且非常重视曲词的可歌性。传奇的代表作品有高明的《琵琶记》、汤显祖的《牡丹亭》、洪昇的《长生殿》、孔尚任的《桃花扇》等。

20世纪的中国处于剧烈动荡的变革时期，传统文化与现代观念之间发生了不可避免的撞击与融合。这种撞击与融合为中国戏曲的弘扬与发展提供了必要和可能。辛亥革命前后，一批戏曲艺术家开启了戏曲艺术的改良活动，如潘月樵、夏月珊等，他们为之后戏曲改良发展积累了宝贵的经验。从五四运动到中华人民共和国成立这段时期，一些有志之士对中国戏曲进行了改革，梅兰芳、周信芳、程砚秋等都创作了不少作品，进行民主思想的宣传。

中华人民共和国成立后，在政府文化机构的扶持与知识分子艺术家的参与下，一些原本属于民间小戏的新兴剧种迅速朝着地方大戏的方向发展，如评剧、越剧、昆剧、粤剧、沪剧、黄梅戏、豫剧等。20世纪80年代后，中国戏曲创作的趋势之一是新编历史剧题材，代表剧目有上海京剧院的《曹操与杨修》等。戏曲艺术发展到今天，不断地适应新时代、新观众的需要，始终保持和发扬民族传统的艺术特色，在世界戏剧舞台上独树一帜，散发着独特的艺术魅力。

（二）中国戏曲的艺术特征

中国戏曲艺术具有综合性、虚拟性、程式性的特征，凝聚着中国传统文化的美学思想精髓，构成了独特的戏剧观。

1. 综合性

中国戏曲是一种高度综合的民族艺术，它融汇了各个艺术门类，通过演员的表演实现戏曲的全部功能。其中，"唱、念、做、打"是戏曲综合性的最集中、最突出的体现。"唱"是指唱腔技法，要求"字正腔圆"；"念"是指朗诵技法，要求严格；"做"是指演员的身段和表情技法；"打"是指表演中的武打动作，是在中国传统武术基础上形成的舞蹈化武术技巧组合。"唱、念、做、打"有时相互衔接，有时相互交叉，体现了和谐之美，充满节奏感和韵律感。

2. 虚拟性

戏剧的虚拟性是指在有限的空间内表现出无限的时空。戏曲舞台对时间和空间的处理非常灵活。例如，在《文昭关》中，伍子胥的几段唱有十几分钟，代表的是漫漫长夜。演员表演时多用虚拟动作，不用实物或只用部分实物，依靠某些特定的表演动作指代舞台上并不存在的实物或情境。例如，在《穆桂英挂帅》中，演员在戏台上表演骑马，用的只是一根马鞭，这种鞭子跟真正的马鞭也差得很远，可是观众却能被它吸引住，把它看成一匹真马的代表。

3. 程式性

戏曲艺术在表演身段、剧本结构、音乐设计、服装等方面都要求遵守一定的程式。程式是戏曲反映生活的表现形式，依据一定的规范对生活进行提炼、概括、美化而成，是对生活动作的规范化、舞蹈化表演，并能重复使用，如戏曲表演中的关门、推窗、上马、登舟、上楼等动作。戏曲在剧本形式、角色行当、音乐唱腔、化妆服装等各个方面都有一定的程式。优秀的艺术家能够突破程式的某些局限，创造出具有个性化的艺术规范。

（三）中国戏曲剧种

中国戏曲剧种繁多，经过长期的发展演变，逐步形成了以京剧、越剧、黄梅戏、评剧、豫剧五大戏曲剧种为核心的中华戏曲百花苑。这里简要介绍一下京剧和越剧。

1. 京剧

京剧流行于全国，源于清代乾隆年间的徽调和汉调。徽调和汉调吸收了昆曲、梆子等诸腔之长，因为在北京兴起，具有北京语音特点，故名京剧。有的京剧是歌颂民族英雄和民族气节的，如《苏武牧羊》《文天祥》；有的是表现反封建压迫和礼教的，如《打渔杀家》《野猪林》《闹天宫》《白蛇传》；有的是歌颂抑恶扬善的，如《铡美案》《四进士》；有的是歌颂忠贞爱情的，如《孔雀东南飞》；有的是反映历史上的重大事件和英雄人物的，如《完璧归赵》《鸿门宴》《霸王别姬》《空城计》等。新中国成立后，整理改编的有《将相和》《海瑞罢官》《十五贯》《穆桂英挂帅》等。

在唱腔方面，京剧以七字句或十字句为基本句式唱词，以西皮、二黄等板腔体为主要腔调；在乐器方面，京剧场面用京胡、二胡、月琴、笛子、唢呐等管弦乐器和鼓、锣、铙、钹等打击乐器伴奏；在角色方面，京剧角色根据男女老少、俊丑、正义与邪恶、文戏与武戏分为"生""旦""净""丑"四大行当；在表演手段方面，京剧"唱、念、做、打、翻"五功并重，表情与身段兼顾，运用程式化的表演方法，对生活高度概括。

京剧与其他传统戏曲相比，历史较短，从乾隆五十五年（1790年）进京不过200余年。然而，它却是我国300多个剧种中艺术风格与表演体系最为完整、最为成熟且影响最大的剧种，有"国剧"之称。

2. 越剧

越剧发源于浙江嵊州，发祥于上海，繁荣于全国，流传于世界。在发展中汲取了昆曲、话剧、绍剧等剧种之精华，经历了由男子越剧为主到女子越剧为主的历史性演变。越剧长于抒情，以唱为主，唱腔优美动听、唯美典雅，极具江南灵秀之气。

越剧流派众多，在曲调的组织上，各派都有与众不同的手法和技巧。通过旋律、节奏及板眼的变化，形成各自的基本风格；在演唱方法上，大多通过唱字、唱声、唱情等方面显示自己的独特个性。通过发声、音色及润腔装饰的变化，形成不同的韵味美。

越剧的题材大多是"才子佳人"，越剧的角色行当主要有小旦、小生、老生、小丑、老旦、大面六大类。其中，小旦又分为悲旦、花旦、闺门旦、花衫、正旦、武旦六种；小生又分为书生、穷生、官生、武生四种；老生又分为正生、老外两种；小丑又分为长衫丑、官丑、短衫丑、女丑四种。

越剧的舞台采用带有中国画特色的立体布景、五彩灯光、音响和油彩妆，服装样式结合剧情进行设计，在继承传统的基础上借鉴古代仕女画，款式清新自然，色彩、质地柔和淡雅，对传统戏曲服装的发展起到了良好的促进作用。

越剧有不少为人熟知的优秀剧目，较具代表性的有《梁山伯与祝英台》《红楼梦》《西厢记》《柳毅传书》《碧玉簪》《打金枝》《孟丽君》《孔雀东南飞》等。进入 21 世纪以后，随着人们精神需求的多元化和文化艺术形式的多样化，越剧的生存与发展遭遇了瓶颈。

第六章 美育浸润 以"术"化人

第一节 墨中的书法

一、中国书法发展概况

（一）汉字与书法

书法艺术在汉字形成的同时就已经萌芽了。汉字的雏形是一些刻画符号，最初只能表示混沌的概念，满足大概的记事需要，并没有确切的含义。距今8000多年前，黄河流域出现了裴李岗文化和磁山文化。在裴李岗文化遗址出土的手制陶器上有许多符号，这些符号虽不是真正意义上的汉字，但已具备了汉字的雏形。

距今约6000年前的仰韶文化的半坡遗址出土了一些有类似文字的简单刻画符号的彩陶。这些符号已区别于花纹图案，使汉字的发展又向前推进了一步，是中国文字的起源。之后的二里头遗址和二里岗遗址出土的文物上出现的类似文字的符号更接近甲骨文，具备了文字应有的功能和一定的审美意趣，这时的书法可以称为"史前书法"。

（二）先秦书法

1. 甲骨文

甲骨文（图6-1）是目前学术界公认的最早的成熟文字，因刻写在龟甲、兽骨上而得名，因其内容多是占卜之事，故又称"贞卜文字"或"卜辞"。从字体上来看，甲骨文带有象形

图6-1 甲骨文

图画的因素,具有一种原始和天然的美感。

甲骨文的刻写虽为实用,但契刻者都是当时地位很高的贞人,对线条及造型有极强的把握能力。甲骨文已蕴含了书法艺术的基本要素,如线条的瘦劲犀利、单字造型的对称、粗细及方圆的变化、章法的错落有致等,笔法、结体、章法无不备至。因此,具有很高的书法艺术价值。此外,在甲骨文中还发现了朱书和墨书的痕迹,这些朱迹、墨迹起止处均显露锋芒,线条中间粗、两头细,反映出书写工具富有弹性和柔韧性。甲骨文多纵成行,横有列或无列,排列从左至右、从右至左都有;行款错落自然,宛若繁星在天,笼罩着一层质朴而神秘的色彩。

2. 金文

金文又称钟鼎文,是铸刻于青铜器物(如钟、鼎、盘、彝等)上的铭文,是大篆的一种类型,以西周青铜器铭文为代表。西周金文制作考究,保留了较多的书写笔意。西周初期的金文(图6-2)承袭了殷商晚期甲骨文的形态,字形大小不一,行款参差不齐,起笔尖细,行笔渐粗,收笔又归尖细,形成特有的首尾尖细、中间较粗的蝌蚪状形态,有时还故意用肥笔以华饰其形,于是整体上呈现出线与块面结合的美。

西周中期的金文用笔柔和势畅,笔画圆浑,格调典雅平和。尽管仍保留有肥厚的笔道,但装饰意味已大大减少,用笔意蕴增强,行款也逐渐开朗起来。

西周晚期的金文(图6-3)用笔更加成熟,字形结构更加稳定,给人以豪放质朴、醇厚圆润的感觉,在线条、造型、笔势、章法等方面都保持一种适度美、协调美、整齐美,通过对长与短、粗与细、欹与正、大与小、纵与横、展与促等对立因素的调和与控制,形成丰富、圆满、和谐、协调的对立统一体。

3. 石鼓文

石鼓文(图6-4)是战国时期秦国的文字,刻在十个鼓形石头上,世称"石刻之祖"。

图6-2 《大盂鼎》拓片(局部)　图6-3 《散氏盘》拓片(局部)　图6-4 秦·石鼓文

每一个石鼓上刻有一首四言古诗，因诗中记述的是秦王游猎的事情，故又称"猎碣"。石鼓文的字体趋于方正丰厚，用笔起止均为藏锋，圆润浑劲，结体促长伸短、匀称适中，有疏朗之趣。其笔力之雄强在刻石中极为突出，被历代书家视为习篆书的重要范本，故有"书家第一法则"之美誉。

（三）秦代书法

秦始皇统一六国后，为了强化中央集权，顺应社会需要，实行"车同轨，书同文"。秦统一后的文字称为秦篆，又称小篆，是在金文和石鼓文的基础上删繁就简而来的。小篆横平竖直，粗细相同，用笔劲瘦圆转，委婉之中显出刚劲，具有简洁明快、端庄典雅之美。

秦代刻石是标准的小篆书体。著名的《泰山刻石》（图6-5）传为书法家李斯书写，历代都对其有极高的评价。《泰山刻石》的书体是秦统一后的标准字体，呈长方形，线条圆润流畅、疏密停匀，给人以端庄稳重的感受。秦始皇巡游天下，刻石记功，留下了很多石刻文字，其中以《泰山刻石》、《琅琊台刻石》（图6-6）、《峄山刻石》（现流传拓本为北宋徐铉翻刻本）为代表。

图6-5 《泰山刻石》

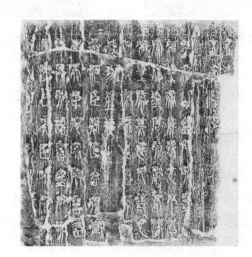

图6-6 《琅琊台刻石》

（四）汉代书法

汉代是书法艺术的成熟期。在这个阶段，隶书得以定型，草书、行书、楷书也应运而生，形成了隶书盛行、诸体兼备的辉煌局面。

隶书的出现是汉字书写的一大进步，是书法史上的一次革命。隶书的出现不仅使汉字趋于方正楷模，而且在笔法上也突破了单一的中锋运笔，为以后各种书体流派奠定了基础。隶书萌芽于战国时期，兴盛于汉代，传为秦吏程邈获罪后在狱中所创。篆书向隶书的演变在文字史上称为"隶变"。

西汉时期，隶书已演变成熟，字形由长趋扁，体势向左右两边展开，世称"八分书"。到了东汉，隶书已成为一种高度完美成熟的书体。东汉时期树碑之风盛行，传世的著名隶书碑刻多为东汉时所刻,如《礼器碑》(图 6-7)、《张迁碑》(图 6-8)等。汉代隶书除碑刻外,书于竹木简牍上的汉简隶书(图 6-9)亦蔚为大观,典型的有山东临沂银雀山汉简、湖南马王堆简书及甘肃的居延汉简等。

图 6-7 《礼器碑》拓片（局部）

图 6-8 《张迁碑》拓片（局部）

图 6-9 隶书西汉《居延汉简》（局部）缩图

章草始于汉章帝时期,其后流传。章草笔画简洁流美,字形扁平而有波挑。章草的代表作品为西汉史游(传)所作的《急就章》。行书、楷书在汉代已萌芽,史传颍川(今河南境内)刘德升开创了行书字体。

(五)魏晋南北朝书法

魏晋南北朝时期是书法承上启下、完成书体演变的阶段,是我国书法最为辉煌灿烂的时期,也是中国书法进入全面自觉发展的时期。这一时期篆、隶、行、草、楷诸体兼备,行书、楷书、草书日趋完善,书法艺术达到了空前的高度,出现了钟繇、王羲之、王献之等对后世书法影响极大的杰出书法家。

钟繇被奉为"楷书之祖",其传世楷书名迹有《宣示表》《贺捷表》《荐季直表》《力命表》《墓田丙舍帖》等。

王羲之在书法上取得了非凡的艺术成就,被尊为"书圣",与儿子王献之并称"二王"。王羲之传世名迹中楷书有《黄庭经》《乐毅论》《东方朔画像赞》,行书有《兰亭集序》《快雪时晴帖》《丧乱帖》等,草书有《十七帖》等。

王献之传世名作有楷书《洛神赋》,传世草书有《中秋帖》《鸭头丸帖》等。南朝书法秉承东晋之遗风,书风受"二王"影响。智永为陈隋间人,是王羲之七代孙,克绍家学,其《真草千字文》传"二王"家法,精熟过人。

北朝书法以雄浑恣肆、古拙朴茂为主,形制有墓志、碑刻、摩崖、造像题记等,尤以北魏时期的楷书最为著名,世称"魏碑""北魏体"。北碑名作结构严密、笔力雄健,如《张猛龙碑》（图 6-10）、《郑文公碑》（图 6-11）、《石门铭》（图 6-12）、《张玄墓志》（图 6-13）等，清代的包世臣、梁启超等对此颇为推崇。

图 6-10 《张猛龙碑》拓片（局部）　　图 6-11 《郑文公碑》拓片（局部）　　图 6-12 《石门铭》拓片（局部）　　图 6-13 《张玄墓志》拓片（局部）

（六）隋唐书法

隋朝虽历时短暂，但在书法上融合南北书风，为唐代书法的全面繁荣奠定了基础。《龙藏寺碑》被誉为"六朝集成之碑"。唐代文化博大精深、辉煌灿烂，无论是书法实践还是书法理论都达到了新的高度，可谓"书至初唐而极盛"。隋唐书法是晋代以后的又一高峰，整个唐代的书法对前代既有继承又有革新。唐代楷书的主要标志是"尚法"，早期楷书代表作有欧阳询的《化度寺碑》（图 6-14）等，中晚期楷书代表作有颜真卿的《王琳墓志》（图 6-15）

图 6-14 《化度寺碑》拓片（局部）　　图 6-15 《王琳墓志》拓片（局部）

等。初唐书法以欧阳询、虞世南、褚遂良、薛稷为代表的"初唐四家"为代表,他们继承"二王"的传统且各有专长;中晚唐书法以李邕、张旭、颜真卿、柳公权、怀素等为代表。

中国书法史可以将唐代的颜真卿作为一个分界点,其前称作"书体沿革时期",其后称作"风格流变时期"。"书体沿革时期"的书法发展主要倾向于书体的变革;"风格流变时期"没有新的字体出现,主要强调书法的主体作用,形成不同的风格。

(七)五代书法

五代十国期间,兵戈迭起。书法艺术虽承唐末之余续,但因兵火战乱的影响,有了凋落衰败的趋向。尽管如此,受盛唐以来书法革新浪潮的深远影响,书坛上仍有一些较为出色的名家,如后周的郭忠恕、南唐的徐铉等,尤其是南唐后主李煜,多才多艺,在诗、词、书、画等方面都有较高的造诣,并将前人执笔法——"二王"的拨镫法传于后世。杨凝式在书法上造诣颇深,书风奔放奇逸,破唐人窠臼,开尚意书风的先河。其代表作有《韭花帖》(图6-16)、《夏热帖》《神仙起居法》等。

图 6-16 《韭花帖》

(八)宋代书法

宋代书法承唐继晋,开创了一代新风。宋代书法在楷书上不及唐人,然而以行草为胜。书法家大多借助书法表现哲理、学识、情性和意趣。宋高宗赵构书宗"二王",书风纯正,开创了复古书风的先河。

宋代书法的繁荣表现在帖学的盛行上。宋太宗留意书法翰墨,购摹古先帝王名贤墨迹,命侍书王著摹刻禁中,集为十卷,这就是《淳化阁帖》。宋初的书法多从《淳化阁帖》翻刻。有了帖,便打破了"现书必真迹"的限制,也打破了前人法度,开始注重意趣,强调主观表现。

宋朝书法尚意之风盛行,出现了追求表现自我意志情趣的书学理论,并涌现出一批对后世影响巨大的著名书法家，其中苏轼、黄庭坚、米芾和蔡襄被人称为"宋四家"。宋徽宗赵佶独树一帜，亦堪称道，他的书体被称为"瘦金体"（图6-17）。

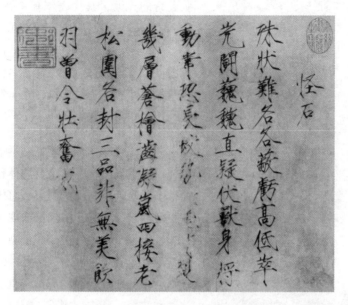

图6-17　瘦金体

苏轼是中国文化史上罕见的全能艺术家，在古文、诗词、书画等方面都卓有成就，其书法为"宋四家"之首，是尚意书风的首创者，开一代风气。其代表作有《黄州寒食诗帖》《洞庭春色赋》《中山松醪赋》等。其中，《黄州寒食诗帖》极具挥洒之妙，被后世誉为"天下第三行书"。

黄庭坚为"苏门四学士"之首，工诗词，擅行草，精赏鉴，通禅学。其行书《松风阁诗帖》跌宕起伏，得自然之趣。草书有《李白忆旧游诗卷》《诸上座帖》等传世。黄庭坚是宋代唯一的草书大家。

米芾，人称"米南宫"，因其举止癫狂，喜唐人服饰，又称"米颠"。米芾多才多艺，诗文、书画、赏鉴诸方面皆有专擅，又富收藏，精于临摹，临古帖几能乱真。其代表作有《蜀素帖》《苕溪诗帖》《虹县诗卷》《多景楼诗帖》等。其书法如风樯阵马，沉着痛快，个性最为强烈。

蔡襄世称"蔡端明"。其代表作有《谢赐御书诗》《暑热帖》等。其书法秀雅清朗，浑厚端庄。

（九）元代书法

元代是书法以复古为革新的时代。元初经济文化发展不显著，在书法方面崇尚复古，宗法晋、唐而少创新。这一时期书法的代表主要有赵孟頫、鲜于枢、康里巎巎等，主张书画同源，注重结字的体态。

赵孟頫在诗词文赋、音律书画、鉴赏篆刻等方面皆有独到的造诣，书画方面更是开创了文人画题诗的先河，其代表作有《妙严寺记》《胆巴碑》《玄妙观重修三门记》《汲黯传》《赤壁赋》等。鲜于枢的行草圆转劲健，以《论草书帖》（图6-18）、《苏轼海棠诗卷》名世。康里巎巎的行草代表作有《李白古风诗卷》等。

（十）明清书法

明代书法承宋元之势，帖学盛行，整个明代书体以行楷居多，篆、隶及魏体作品几乎绝迹，而楷书皆以纤巧秀丽为美。从总体上看，明代书法呈江河日下之势。明代虽出现了一些有造诣的大家，但没有重大的突破和创新。

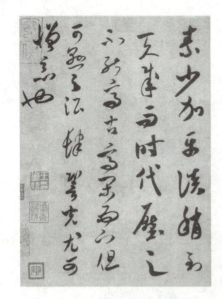

图6-18 《论草书帖》（局部）

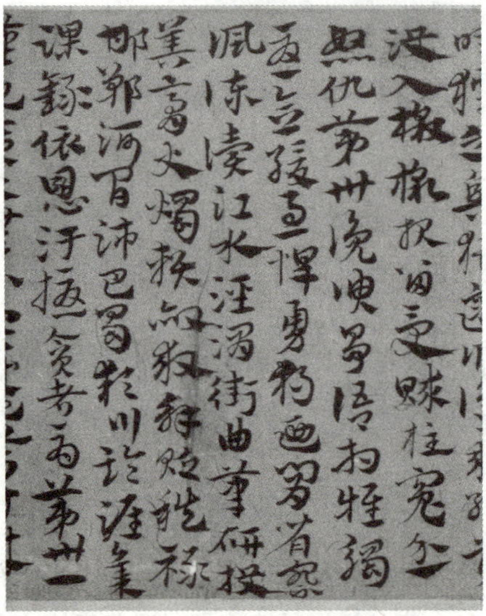

明初盛行"馆阁体"，字体呆板齐整，缺少神韵，书法成就较高的应推宋克、宋璲、宋广、沈度和沈粲。其中，宋克、宋璲、宋广均以草书见长，以宋克成就最高，他的《急就章》（图6-19）影响深远。

明中后期出现了祝允明、文徵明、董其昌、米万钟、邢侗等影响较大的书法家，张瑞图、徐渭等有创新的书法家，其中董、米、邢、张被称为"晚明四大家"。

清代书法经历了一场艰难的蜕变，突破了宋、元、明以来帖学的樊笼，开创了碑学。特别是在篆书、隶书和北魏碑体书法方面取得的成就，可以与唐代楷书、宋代行书、明代草书媲美。碑学书法家借古开今的精神和表现个性的书法创作，使书坛显得十分活跃，流派纷呈，呈现出一派兴盛的局面。

图6-19 《急就章》（局部）

清代书法家极多。清初，书坛代表有徐渭、张瑞图、黄道周、倪元璐、王铎、傅山等。他们力图摆脱传统书法的束缚，另辟蹊径，书法面目独特，开创了新境，影响深远。清代前期，董其昌、赵孟頫书风天下风靡，帖学代表书法家有张照、姜宸英、刘墉、王文治、梁同书、翁方纲等。清代中期以后，帖学衰落，碑学大兴，著名的理论著作有阮元的《南北书派论》《北碑南帖论》、包世臣的《艺舟双楫》、康有为的《广艺舟双楫》等。

清代碑派书法，呈现出金农、伊秉绶、邓石如三足鼎立的态势，三者冠冕群伦。其中，邓石如被誉为"碑学派第一人",融合篆隶,以隶法写篆,为碑学创新开启了无限法门。隶书代表作有《节录文心雕龙》(图 6-20)。

二、中国书法的审美标准

(一)书法艺术的美学标准

1. 整体形态美

汉字的基本形态是方形的,但是通过点画的伸缩、轴线的扭动,可以形成各种不同的动人形态,从而组合成优美的书法作品。整体的结体形态主要受两个因素的影响:一是书法意趣的表现需要;二是书法表现的形式因素。就后者而言,主要体现在三个方面:一为书体的影响,如篆体取竖长方形;二为字形的影响,有的字是扁方形,有的字是长方形;三为章法的影响。因此,只有在上述两类因素的支配下进行积极的形态创造,才能创作出美的结体形态。

图 6-20 《节录文心雕龙》

2. 点画结构美

点画结构美的构建方式主要有两种:一种是将各种点画按一定的组合方式直接组合成各种美的独体字和偏旁部首;另一种是将各种部首按一定的方式组合成各种字形。汉字的部首组合方式主要包括左右式、左中右式、上下式、上中下式、包围式、半包围式等几种。组合原则主要有比例原则、均衡原则、韵律原则、节奏原则、简洁原则等,其中,比例原则中的黄金分割比原则对构建点画结构美非常重要。

3. 墨色组合美

书法结体墨色组合的艺术性主要指其组合的秩序性。作为艺术的书法,其各种色彩不能是杂乱无章的,而应是非常有秩序的。书写时应遵循重点原则、渐变原则、均衡原则等美学原则。书法结体的墨色组合主要涉及两个方面:一是对背景底色的分割组合,如"计白当黑";二是点画结构的墨色组合。从作品的整体效果来看,书写时不仅要注意点画墨色的平面结构,还要注意点画墨色的分层效果,从而增强书法的表现深度。

(二)书法鉴赏的要点

1. 笔法

中国书法之所以能够成为永不衰竭的东方艺术,其重要原因是毛笔所写出的线条变化丰富,含有自然物象和艺术造型的意趣与哲理。因此,鉴赏书法首先应该鉴赏笔法。

广义的笔法包括执笔方法和用笔方法,狭义的笔法仅指用笔方法。此处所指的笔法是狭义的笔法,包含笔的运行轨迹、运行速度、笔毫与表现载体的接触部位、笔锋所处的位置、笔的竖立程度和笔的运转状态等，具体表现为中锋、偏锋、侧锋、藏锋、露锋、提按、转折、方笔、圆笔、疾涩、轻重等方面。这些技巧在一个具体的书法作品里体现得越多，表明作者驾驭笔墨的能力越强，艺术功力越深厚。但在实际运用中，由于书体的不同，笔法是有所侧重的，不同的书法家在用笔上有不同的审美要求，从而会体现出不同的风格。例如，行草书与楷书相比，在用笔上更富于变化，笔画之间由于笔势与韵律的加强，多了牵引和流动。但总体来说，各种书体的线条均要达到圆润饱满、自然灵巧、不肥不瘦、干湿得宜等标准。

2. 笔力

笔力是指书法线条的力量感。书法艺术的美必须以笔力为基础，缺乏笔力，无论怎样善于运用笔墨技巧，作品也难以焕发神采。纵观历代名家书迹，虽然风格各异，但都富有笔力。由此可见，书法艺术的各种美必须通过笔力才能显现出来。

人们经常用"力透纸背""入木三分"来形容饱含笔力的线条。如果用笔沉着，墨能入纸，点画浑厚饱满，就能显现出笔力。要达到这样的效果，除了掌握正确的执笔方法，还必须学会中锋行笔。

3. 墨法

墨法是指挥毫运笔时的用墨方法，即调配用墨、用水的方法。笔法已广为人们所重视，但墨法往往被人忽视。人们认为把墨的稀稠调得适于书写即可，实际上这种认识是片面的，字的形质（如笔画、结体、章法、笔力、笔势、笔意等）都是靠水墨留在纸上的痕迹来表现的，因此，只有墨用得好，才能使作品更富有韵味，更能表现出书法的形式美和内在美。自古以来，墨就有"五色"之说，即"干、湿、浓、淡、枯"，在此基础上又有"沉、浮、虚、实"之分。现代书法对墨法有了进一步的探讨，出现了烟墨、渗墨等表现形式，必须注意的是，只有在用墨时把用笔、结构、章法等书法要素一并考虑进去，才能取得好的效果。

4. 结字

结字，又称间架结构法，是研究汉字笔画安排和结构布置的一种方法。间架结构法有广义和狭义之分：广义的结构法是指字与字、行与行，乃至整个篇章的结字方法；狭义的结构法是指单个汉字的结字方法。

元代大书法家赵孟頫说："书法用笔为上，而结字亦须用工，盖结字因时相传，用笔千古不易。"即字的结构因时因人而异，比用笔具有更大的灵活性。在鉴赏一幅书法作品时，首先映入人们眼帘的就是字的结构，而字的结构是否得体、相宜，直接影响着人们的审美情趣。一般来说，单个字的结体要求整齐平正、长短合度、疏密均衡。但是，平正、均衡并非呆板如算子，而是要正欹巧生、错综变化、形象自然，于平正中见险绝，于险绝中求趣味。

5. 章法

章法又称布白，是按照美的规律，先将若干个文字串连成行，再将若干个行安排成篇的布局方法。章法至少包含两方面的含义：一是指局部方面，即每个字本身及字与字的间架结构之间相辅相成的关系，如笔断意连、相互照应等；二是指整体布局方面，即文字与纸张的配合和协调程度，反映着作品的格式和美观度。一幅优秀的书法作品必须使字与字、行与行及整体空间的构成趋于完美统一。

从局部来说，每个字本身及字与字的间架结构必须做到前后、左右、上下呼应，大小参差，错落有致。楷书、隶书、篆书等静态书体虽然字字独立，但笔断而意连；行书、草书等动态书体可以萦回连绵，游丝牵引。

从整体来看，字与字、行与行之间应做到疏密得宜，平整均衡；计白当黑，欹正相生；参差错落，跌宕起伏；变化多姿，如行云流水，使点、画、线条对纸面空间的切割趋于完美。

6. 神采

神采是指书法作品的精神气质、格调风韵。南齐王僧虔在《笔意赞》中说："书之妙道，神采为上，形质次之，兼之者方可绍于古人。"唐代张怀瓘也说："深识书者，唯观神采，不见字形。"由此可见，神采是书法作品的灵魂。

常言道，"聚墨成形"。形质通过笔墨技巧来完成，看得见，摸得着；而神采则是整幅作品透露出来的一种精神境界，虽看得见，但摸不着，它是作者性格、修养和思想感情的一种体现，好比一个人的风度、气质。书法的点画美、结构美、章法美等是形质美；气韵生动、风神蕴藉，审视时有深邃的内涵、咀嚼不尽的感受，才是书法的神采美。优秀的书法作品必须是形美神足、神形兼备，不仅传意，而且传神，能一步步引导鉴赏者的思维渐入佳境，似有永远也体味不完的美的快感。

神采是作者精神境界的忠实记录，其高低、雅俗与作者的情感、性格、学问、修养密切相关。清代刘熙载说："书者，如也，如其学，如其才，如其志，总之曰如其人而已。"又说："贤哲之书温醇，骏雄之书沉毅，畸士之书历落，才子之书秀颖。"因此，有人把书法看作表达书家审美性情的一种视觉艺术。每一幅成功的书法作品都反映出作者的人格气质、学识修养、生活阅历和情感性格。

第二节　缤纷的绘画

一、绘画的含义与种类

（一）绘画的含义

绘画是运用线条、形体、色彩等造型手段，在二维（或三维）空间中通过构图造型、设色等艺术手法塑造出静态的视觉形象或情境，用以表达画家的思想感情的艺术。

（二）绘画的种类

绘画的种类繁多，范围广泛。在美术学界，一般将绘画分为中国画、油画、版画三大类别；依据审美理想与艺术风貌的不同，绘画可分为东方绘画和西方绘画两大体系；依据工具材料和技法的不同，绘画可分为中国画、油画、版画、水彩画（图6-21）、水粉画、素描（图6-22）、速写等；依据描绘对象的不同，绘画可分为人物画、风景画、山水画、花鸟画、历史画、静物画等；依据作品形式的不同，绘画可分为壁画、年画、连环画、宣传画、漫画等。

图6-21 水彩画

图6-22 素描画

二、绘画的艺术语言

绘画有自身的艺术语言，这种艺术语言诉诸视觉，是艺术家为形象地揭示绘画内容而使用的造型表现手段和艺术手法的总和。绘画的艺术语言主要包括线条、色彩、构图、质感和肌理等，艺术家通过这些元素将自己所要表现的事物转化为审美意象，使欣赏者在思想和情感上对艺术家产生高度的认同感。

（一）线条

线是点的运动轨迹，有直线、曲线、细线、粗线、长线、短线、实线和虚线，有规则的线、自由绘制的线等。线条的艺术表现力很强，不同的艺术家有不同的用线特征，从而表达兴奋、悲伤、喜悦、恐慌等情感，给欣赏者带来不同的审美感受。

1. 线条的性格

线条具有不同的性格。线条的审美意味与艺术功能是丰富多样的，不同的线条伴随着速度、方向、长短、曲直、轻重、深浅、粗细、疏密、材质及排列方式等变化，传递出或安静，或烦躁，或舒缓，或疯狂的状态及情绪，表现力极强。例如，凡·高的作品《星月夜》（图6-23）的线条弯曲、活泼、动荡，反映出艺术家本人急躁而冲动的个性，表现了其对生活的渴望；达·芬奇的作品《戴珍珠头饰的夫人像》（图6-24）中冷静的线条，表现出艺术家的精确、理性、富于逻辑性的个性，在对物象的认识方面表现为一种理性高度自觉和自信的状态。

图 6-23 《星月夜》　　　　　　　　图 6-24 《戴珍珠头饰的夫人像》

在中国绘画艺术中，线条的表现力尤为突出。以线条作为最基本的造型手段的中国传统绘画有很多，如以墨线勾描物象的白描《荷花》（图 6-25），仅凭简练的线条就能创造出动人的艺术形象。事实上，中国传统绘画在某种程度上是以富有骨气和韵味的线条来取胜的。中国绘画的观众凭借移情或想象，可从其富有弹性的线条中领略到一种美的节奏与韵律，如徐悲鸿的《奔马图》（图 6-26）中马的尾部线条飞扬跃动，体现了奔腾骏马的气势如虹。

图 6-25 《荷花》　　　　　　　　图 6-26 《奔马图》

2. 线条的功能

线条可以作用于画面的整体结构和主体的形象总姿态，不管是大海、森林，还是高山、深谷，凡是我们看到的自然现象，都要根据其特点，选出横、直、曲、斜等线条形式，在画面结构中发挥其主要的作用。线条可以通过对主体、陪体、背景等细部的刻画，形成不同的质感、量感和空间感，在形成一件作品的旋律、节奏和意境方面，起着十分重要的作用。

线条形状各异，功能有别。例如，荷花与树木等都可用曲线来勾画；曲折的河流与山峰可用曲线来表现；岩石肌理与房屋建筑可用折线来表现；古代人物衣裙的褶纹可用铁线描的线条来表现；飘动的云彩与参天的树冠可用蛇形线来表现。

对于东西方绘画而言，线条都具有极其重要的作用，是所有造型艺术的基础。纵观绘画艺术的发展历史，从敦煌石窟壁画中的众多飞天形象，到各种现代绘画作品中的轮廓，线条一直处于十分重要的地位，且在长期的演化过程中越来越富有含蓄性、表现性、象征性和抽象性。

（二）色彩

不同的色彩给人的感受不同，色彩在描绘物象、烘托气氛、创造意境等方面具有其他表现手段无法替代的作用。科学证明，各种物体在一定条件下会呈现不同的颜色。色彩是人的视觉在感知形象时的第一要素，能够触及人的心灵，引起情感共鸣。艺术家把色彩作为绘画中最富有表情和某种象征意义的艺术语言。

1. 色彩的造型性

色彩能给人以想象的空间和趣味感。以俄裔法国画家瓦西里·康定斯基的作品《构成第七号》（图 6-27）为例，他曾把抒情的抽象和几何的抽象有机地结合起来，在几何形状的结构与造型中配以光和色，使画面既充满幻想、幽默，又具有神秘色彩。康定斯基认为，现有的绘画方式无法表达他内心的感受，他需要一种纯绘画，看时应像听音乐一样具有流动性。他的绘画作品中有着许多重叠和变化的布局，每一个形体都有自己的法则，每一个法则又在这个整体中发挥着强大的冲击力，使整个画面充满律动感。因此，在他的绘画中，欣赏者能感觉到一种如同音符般的因素存在，有一种与音乐相通的气质。

图 6-27 《构成第七号》

2. 色彩的表情性

不同的色彩给人以不同的情感暗示。例如，黑色给人以沉寂之感；黄色给人以活泼的感觉；粉色给人以鲜亮可爱之感；蓝色给人以平和之感；绿色给人以宁静之感；白色给人以纯洁之感；紫色给人以俏艳之感；中国红则如火焰般耀眼撩人，使人产生兴奋昂扬之感；柠檬黄在视觉上刺激强烈，让人产生局促不安之感。以凡·高的《向日葵》（图6-28）为例，《向日葵》由不同明度、不同纯度的黄色绘成，黄色的背景、黄色的花瓶、黄色的花，深黄、浅黄、柠檬黄、橘黄、土黄，配以少量的深绿和草绿色的枝干和叶子、一点天蓝色的花蕊，显得灿烂夺目。凡·高把向日葵的黄色画得极其刺眼，每朵花如燃烧的火焰一般，细碎的花瓣和葵叶像火苗一样布满画面，整幅画犹如燃遍画布的火焰，显示出画家本人狂热般的激情。野兽派①、表现主义②等画家更强调色彩的情感特征，认为色彩本身就具有独立的意义，利用它可以抒发画家的主观感受，把色彩本身的审美价值提升到很高的地位。挪威表现主义画家爱德华·蒙克的绘画带有强烈的主观性和悲伤压抑的情调，他用强烈、呼唤式的处理手法表现内心的苦闷，这种手法对20世纪初德国表现主义的发展产生了重要的影响。其代表作品有《马拉之死》《吸血鬼》《呐喊》（图6-29）等。

图6-28 《向日葵》之一

图6-29 《呐喊》

3. 色调的表情性

色调是指一幅画中画面色彩的总体倾向，是大的色彩效果。色彩在光的作用下能够传递冷暖的色调。从人们的审美习惯上看，大多数人喜欢温暖的色调，18世纪英国画家乔

---

① 野兽派是20世纪最早出现的新艺术象征主义的画派，多使用狂野的色彩造成强烈的视觉冲击力，给人一种不合常理的感觉。

② 表现主义是指对客观形态进行夸张、变形乃至怪诞处理，以此强调主观感情和自我感受。

图 6-30 《蓝衣少年》

舒亚·雷诺兹说过:"要使一幅画获得美满的效果,光的部分当永远敷用热色,黄、红或带黄色的白;蓝、灰、绿色永远不能当作光明,它们只能用以烘托热色。"而英国画家托马斯·庚斯博罗听到这段话之后,画了一幅与雷诺兹的色彩理论相悖的作品《蓝衣少年》(图 6-30)。这幅油画作品是庚斯博罗的代表作品之一。有人对这一作品进行评论:"蓝色为冷色调,在绘画中一般不会将其作为主色调使用。但这件作品虽然以蓝色为主色调,却没有一点令人不适之感,反而使人感到出奇制胜。活泼、跳跃的蓝色绸缎,变幻莫测的衣纹和高光,不落俗套的蓝色调与含蓄、变化丰富的黄灰、蓝灰、绿灰、红灰的背景形成了奇妙的和谐对比,充分展现了庚斯博罗高超的绘画技巧和用色水平。"

(三)构图

绘画艺术语言中的构图是指作品中艺术形象的结构配置方法。它是画家根据特定主题的要求,在一定的空间内,将个别或局部的形象适当地组织起来,构成一个协调的、完整的绘画作品。任何绘画艺术都存在着构图问题,构图的成功与否直接影响着整个作品的成败。

构图的基本原则讲究均衡与对称、对比与透视。均衡与对称是构图的基础,往往在严肃题材和大型艺术作品中使用,主要作用是使画面具有稳定性,如此构图会使画呈现出庄严感、震撼感和沉重感。在绘画中巧妙运用对比,不仅能增强艺术感染力,而且能鲜明地反映和升华主题。对比主要包括形状对比(如大和小、高和矮、粗和细等)、色彩对比(如冷与暖、黑与白等)和明暗对比(如深与浅、明与暗)等。透视是在构图中体现空间感的重要依据,在绘画中保持统一的透视能够产生准确的空间关系,给画面带来平衡感。绘画中使用透视原则是为了将观众的注意力吸引到画面的中心点上。

在中国传统绘画中,构图被称为"章法""布局"。中国传统绘画的章法布局受其独特的观察方法、表现方法及民族的欣赏习惯的影响,形成了特殊的绘画规律和绘画方法。章法与用笔、用墨、设色及透视等方面有密切的联系,在表达画面"立意"时强调写意性和灵活性,这种写意性和灵活性表现在透视、取舍、主次、取势、开合、呼应、空白、疏密、穿插、虚实、边角及题款、钤印的处理方面。中国传统绘画的核心原则是"整体""变化""和谐"。

(四)质感和肌理

1. 质感

质感是指绘画艺术通过不同的表现手法在作品中表现出来的各种对象所具有的特性,如青铜、泥土、丝绸、宣纸、木材、大理石、陶瓷、瓷器、玻璃、石膏、不锈钢等物的轻重、软硬、糙滑等各种不同的质的特征,从而给予人们以真实感和美感。在绘画中,油画利用光影、色彩因素,通过不同的技法及笔触等手段可以描绘出多种质感效果,如粗糙、细腻、朦胧、薄厚等。例如,比利时巴洛克画派代表画家鲁本斯的《苏姗娜·芙尔曼肖像》(图6-31)就是用漂亮和生动的色彩笔触来描绘的,线条十分流畅。画中女子头戴华丽的帽子,观者仿佛能感受到她的体温;肌肤细腻,白如玉色,让人感觉到温暖;衣服纹理错落有致,布料柔软垂滑。鲁本斯笔下的女子形象的特点也许就是其眼里理想美的标准。画家还刻画了形象的性格特征,如画中女子的眼神流露出乐观与幸福。此幅作品构图严谨,色彩对比强烈,用服饰显示出了画中人的贵族身份。

图6-31 《苏姗娜·芙尔曼肖像》

2. 肌理

对物体表面肌理的表现与刻画是体现质感的重要方面。这里的肌理是指绘画作品表面的纹理,通过触觉和视觉所感受到的起伏、平展、光滑、粗糙的程度。肌理在绘画艺术中一般称为笔触,能体现轻重、快慢、激动与柔情等。

中国山水画中的皴法是表现各种石质纹理的主要手段,是一种非常好的表现画面肌理效果的技法。皴法力度感强,在纸上能形成有冲击力的笔痕,给人以震撼力和感染力。皴法多种多样,在树木中,松树、梧桐树、柏树的皴法各不相同;在山石中,不同地域的地貌特征适用的皴法形态也不同。根据形式规则、笔墨特点和构图方法的不同,皴法大致可分为线皴类、面皴类、点皴类等。

线皴类是指以线形笔触组成的皴法结构,大多为弧线形(如披麻皴、解索皴、荷叶皴、云头皴),也有直线折转形(如折带皴、叠糕皴)和硬笔直线形(如长斧劈皴、乱柴皴)。短披麻皴(图6-32)是披麻皴的一种,用线稍短些,连续出之,结构丰满,通常用以表现山丘土石等。

面皴类是指以较宽阔的笔触组成的皴法结构,多呈块面形,如大斧劈皴、小斧劈皴、鬼面皴、拖泥带水皴、刮铁皴、马牙皴、直擦皴等。宋代画家李唐运用大斧劈皴法,用大笔饱蘸水墨,沿着山石结构顺势挥扫,头重尾轻,不足处稍加渲染,就使所画山石显得水墨淋漓、酣畅劲健,有一气呵成之感。

点皴类是指以点状的笔触组成的皴法结构,这种技法的命名往往依据点的形态给予人的形象联想而定,如雨点皴(图6-33)、钉头皴等。其中,雨点皴因其下笔迅捷、中锋直落,如雨点打落在山石上而得名。

图 6-32 用短披麻皴画的山石

图 6-33 用雨点皴画的山石

三、中国画

传统中国画在世界画坛上独树一帜，自成体系，具有悠久的历史和优良的传统。中国画在古代无确定名称，一般称为丹青。中国画主要是指以毛笔、水墨、矿物质颜料、绢帛、宣纸等为工具，依照长期形成的表现形式及艺术手法进行的绘画创作。

（一）中国画的发展概况

图 6-34 人面鱼纹彩陶盆

中国绘画艺术有着悠久的历史，早在四五千年前，原始社会彩陶（图 6-34）上的美丽图案就已经开启了中国绘画艺术的先河。夏、商、周三代青铜器上的精美图饰标志着当时绘画技艺达到了很高的水平。战国时期出现了画在丝织品上的绘画——帛画。这些早期绘画奠定了后世国画以线为主要造型手段的基础。

秦汉时期，大规模的宫室建筑进一步促进了绘画艺术的发展。咸阳阿房宫出土文物中有壁画残块 440 多块，壁画五彩缤纷、鲜艳夺目，具有相当高的造诣。特别是到了东汉时期，绘画艺术已从专业画工发展到文人、士大夫中间，这种转变对中国绘画艺术的发展具有重要的意义。据说，汉桓帝时蜀郡太守刘褒画的《云汉图》让人看了觉得热，画的《北风图》让人看了觉得冷，足见其绘画技术的高超。

魏晋南北朝时期，社会由稳定统一发展为分裂，域外文化对本土文化产生了极大的影响，因此，宗教绘画艺术得到了迅速的发展。这一时期的绘画以宗教绘画为主，但描绘本土历史人物、取材文学作品的画作也占有重要地位，山水画、花鸟画在此时萌芽，画家们自觉地对绘画进行理论上的总结并提出品评标准。东吴画家曹不兴在历史上享有"佛画之祖"的美誉；东晋画家顾恺之提出了系统的绘画理论，其阐述的"传神写照""以形写神"的创作论点代表了当时人物画的最高水平。

隋唐时期，社会经济、文化高度繁荣，绘画也随之呈现出全面繁荣的局面。山水画、花鸟画已发展成熟；宗教画达到了顶峰，并出现了世俗化的倾向；人物画以表现贵族生活为主，出现了具有时代特征的人物造型。唐代画家阎立本擅长人物画，代表作有《步辇图》（图6-35）等；吴道子擅长壁画创作，代表作有《天王送子图》等；王维在山水画方面也有很高的成就，他在创作中表现出的"诗中有画，画中有诗"的艺术追求，对中国绘画的发展产生了重大影响。

图6-35 《步辇图》（局部）

五代、两宋的绘画技术进一步成熟并更加繁荣：人物画已转入描绘世俗生活，宗教画渐趋衰退，山水画、花鸟画跃居画坛主流，文人画的出现及其在后世的发展极大地丰富了中国画的创作观念和表现手法。宋代设置了规模庞大的翰林书画院，集中了全国各地的著名画家，形成了一个实力雄厚的绘画艺术中心，有力地推动了绘画艺术的发展。同时，在苏轼、米芾等人的倡导下，文人画开始兴盛并取得了很大的成就。此外，宋代还出现了以描写社会风俗为对象的风俗画，为中国绘画艺术开辟了新的视野。张择端的《清明上河图》（图6-36）就是这方面的典型代表。

图6-36 《清明上河图》（局部）

第六章 美育漫润 以"术"化人

元、明、清三代，水墨山水画和写意花鸟画得到突出发展，文人画和风俗画成为中国画的主流。随着社会经济的逐步稳定，文化艺术领域空前繁荣。元代山水画盛行，如赵孟頫、黄公望、吴镇等都在山水画方面有很深的造诣。元代画家还提出了书法入画的主张，强调诗、书、画的结合，使绘画艺术具有更高的美学价值与文化内涵，从而更具有民族特色。明清两代主要继承了元人的传统，流于因循模仿。但以明代陈淳、徐渭，清代朱耷、石涛等人为代表的革新派思想，仍然给明清画坛带来了一些清新的气息。还有以郑板桥为代表的清代"扬州八怪"，在绘画内容和形式方面也给当时的画坛吹进了一股新风。

1840 年，英国侵略者对中国发动了鸦片战争，致使中国的政治、经济、军事、文化等遭遇了前所未有的挑战。这个时期的中国画也受到了压制和排斥。但是，从时代的要求来看，中国画在广泛吸收、借鉴传统中国画及西方艺术的同时，依然按照自身的艺术规律不断发展，呈现出流派纷呈、名家辈出、不断创新的局面。

19 世纪末 20 世纪初，北京、上海、广州等中心城市因政治、经济较为发达，分别聚集了一批不同创作主张和不同创作风格的画家群体，形成了"京派""海派""岭南派"三足鼎立的局面。

以北京为中心的"京派"画家，代表人物有徐悲鸿、齐白石、陈师曾、金城、蒋兆和、王雪涛、陈半丁等。"京派"绘画从旧式传统教育中走来，文化底蕴深厚，他们强调文人画的价值，传承中国画的精华。"京派"画家中的大多数人都兼任学校的美术教师，开课传授传统绘画技能。他们坚守中国画传统，同时也跟随时代的发展对绘画进行调整，使之更贴近时代精神。例如，陈师曾创作的《北京风俗册》就以普通民众的生活和市井百态为题材，减少了对线条的使用，代之以墨块，对传统文人画进行了大胆而积极的探索。

以上海为中心的"海派"画家，代表人物有任伯年、吴昌硕、任熊、任薰、赵之谦、蒲华、吴友如等。"海派"画家借鉴民间与西方绘画艺术，对传统中国画进行改革创新，既秉承传统，又接近现实生活。绘画题材以花鸟为主，色彩鲜明，雅俗共赏，是中国古典绘画向现代绘画过渡的一个重要环节。

以广州为中心的"岭南派"画家，代表人物有高剑父、高奇峰、陈树人、何香凝、关山月、赵少昂等。其中，高剑父、高奇峰、陈树人被称为"岭南三杰"。"岭南派"绘画主题多选奔马、雄鹰、苍松等，主要表现其雄劲挺拔的风格，反映时代精神，重视取法自然。绘画手法既借鉴了水彩画的光影特色，又继承了中国传统绘画拙朴的神韵，使作品赋色和谐，清新明快。

中华人民共和国成立后，对传统中国画的改造与更新随之开始，一系列讨论与创作逐渐展开，艺术改造进程与社会改造的脉搏同频共振。例如，1949 年，徐悲鸿创作了《在世界和平大会上听到南京解放的消息》。中华人民共和国成立初期，以蒋兆和、宗其香、李斛等为代表的画家在写实水墨人物画的素描与笔墨或彩墨的融合方面进行积极探索，在题材上进一步贴近现实社会，在人物形象的塑造上将素描的明暗光影和中国画传统笔法相结合。

1978 年，党的十一届三中全会顺利召开，中国进入改革开放的新阶段。在解放思想、实事求是的思想路线指引下，艺术家们拥有了空前自由的探索空间，中国画的创作走向了一个前所未有的多元格局。

20世纪90年代，中国画创作领域最凸显的现象是水墨艺术的多元发展，绘画题材内容、技法等得到空前拓展。

21世纪以来，重拾传统民族文化、挖掘并转换其现代价值成为中国画未来发展的主要路径。

（二）中国画的分类

1. 依据题材的不同划分

根据题材的不同，中国画可分为人物画、山水画、花鸟画等。

（1）人物画（图6-37）。人物画是以人物形象为主体的绘画，主张以形写神，突出人物的内心世界。我国的人物画历史悠久，据记载，在商、周时期就出现了人物壁画。人物画大体分为道释画、仕女画、肖像画、风俗画、历史故事画等。

（2）山水画。山水画是以描写山川自然景色为主体的绘画，简称"山水"。按画法风格不同，"山水"可分为青绿山水、金碧山水、水墨山水、浅绛山水、小青绿山水、没骨山水等，强调情景交融的意境创造。明代画家唐寅的《落霞孤鹜图》（图6-38）现藏于上海博物馆。画中，傍石临水之阁，掩映于扶疏垂柳间，阁后山峦高耸，山顶杂木丰茂，意境清旷。

图6-37 《洛神赋图》（局部）

图6-38 《落霞孤鹜图》

（3）花鸟画。花鸟画是以花、鸟、虫等为对象的一种绘画，强调生命力的表现和寄寓情怀。在魏晋南北朝之前，花鸟作为中国艺术的表现对象，一直是以图案纹饰的方式出现在陶器、铜器之上的。那时候的花草、禽鸟和一些其他动物具有神秘的意义，有着复杂的社会意蕴，人们描绘它们并不是在艺术范围内进行表现，而是通过它们传达社会的信仰和君主的意志，艺术的形式只是服从于内容的需要。史书记载，魏晋南北朝时期已有不少独立的花鸟画作品，如顾恺之的《凫雁水鸟图》、史道硕的《鹅图》、陆探微的《半鹅图》、顾景秀的《蝉雀麻纸图》、袁倩的《苍梧图》、丁光的《蝉雀图》、萧绎的《鹿图》等，这表明这一时期的花鸟画已经有了一定的规模，具有相当高的水平。一般认为，花鸟画在唐代独立成科，属于花鸟范畴的鞍马画在这一时期有了较高的艺术成就，现在所能见到的韩幹的《照夜白图》、韩滉的《五牛图》（图6-39），以及传为戴嵩所作的《斗牛图》等，都表明了这一题材所具有的较高的艺术水平。

图6-39 《五牛图》

2. 依据绘画技法的不同划分

根据绘画技法的不同，中国画又可分为工笔画和写意画两种。

（1）工笔画。工笔画是中国画技法类别之一，以精谨细腻的笔法描绘景物，与写意画相对。其用笔工整细致，敷色层层渲染，细节明晰入微，用极细腻的笔触描绘物象。例如，唐代花鸟画杰出代表边鸾能画出禽鸟的活跃姿态、花卉的芳艳之色等；五代画家黄筌所画的翎毛、昆虫，形象逼真，手法细致工整，色彩富丽典雅。

（2）写意画。写意画是指用简练、豪放的笔墨，概括、夸张的手法和丰富的联想描绘物象的形神抒发作者的感情。用笔虽简但意境深远，具有丰富的表现力。写意画多画在生宣上，纵笔挥洒，墨彩飞扬，较工笔画更能体现所描绘景物的神韵，也更能直接地抒发作者的感情。例如，唐代王维诗画俱佳，创造了"水墨淡，笔意清润"的泼墨山水；五代徐熙先以墨绘花卉的枝、叶、蕊、萼，然后略施淡彩，开创了徐体"落墨法"。如今，写意画已是影响最大、流传最广的画法。

（三）中国画的审美特征

中国画的构图方式和空间处理有别于西方古典绘画，它不只表现特定时空的特点，而是按照画家的主观意图自由组合空间，可计白当黑、无画处皆成妙境。山水画是画家幽远心境的表露，通过水墨淋漓、明暗变幻的画面，观赏者可以随山河云海的沉浮感受生命的律动。

中国画以线、墨为主，讲究笔法，追求"笔精墨妙"的艺术效果，讲究骨法用笔。画家以挺劲的笔法将自己的情感倾注于形象之中，使其更具有生命力。水墨写意将色彩淡化为干、湿、浓、淡、焦不同的墨色，结合宣纸的性能和不同笔法，能够使浓、淡墨色给人以想象和审美的感动。墨色变化也极为丰富，虽不是五彩缤纷，却同样能使画面极具立体感、空间感、质量感和色泽感。

中国画讲究书画相通。中国画家十分重视在书画中表现学养、品格、情操，于是形成了诗、书、画、印结合为一体的独特风格。画家将自己对生活的感受融入画面，在画中题诗来抒发胸臆、寄托情思，使作品的意蕴更加幽远。

四、油画

油画是用快干性的植物油调和颜料，在画布、亚麻布、纸板或木板上进行创作的画种，是西方最具代表性的绘画种类之一。画面所附着的颜料有较强的硬度，当画面干燥后，能长期保持光泽；颜料的遮盖力和透明性能较充分地表现描绘对象；色彩丰富，能使画作具有较强的立体质感。

（一）油画的发展

油画源自欧洲，是世界绘画史中重要的画种之一。古代欧洲的画家在热衷于坦培拉①绘画技法的同时，也发现了它的缺陷与不足，如颜色之间难以融合晕接、色彩不够柔和光艳、小笔多次排线过于费力，以及在潮湿的气候条件下易发霉和易开裂等。因此，画家发明了用透明漆上光保护画面的办法，之后有人在坦培拉底层画面上做多层透明色罩染，这便形成了混合技法。混合技法是一种非坦培拉绘画，亦非油画的油性坦培拉技法。

图 6-40　《蒙娜丽莎》

15世纪初期，尼德兰画家凡·艾克兄弟（扬·凡·艾克和胡伯特·凡·艾克）在前人的基础上找到了一种在颜料的油脂中加入天然树脂的媒剂配方，以亚麻油和核桃油作为调和剂作画。绘画时运笔流畅，颜料在画面上干燥的时间适中，易于覆盖与修改，能形成丰富的色彩层次和光泽度，干透后颜料附着力强，不易剥落和褪色。这种油画材料的种种优越性使得油画技术很快在西欧其他国家传开。

几百年来，经过各代画家的继承和创造，油画得到了进一步的发展与完善。

油画在长期的发展中形成了多种多样的绘画技法，西方美术史中的绘画大师多数以油画材料进行创作，如达·芬奇的《蒙娜丽莎》（图 6-40）、荷兰画家伦勃朗的

---

① 坦培拉是 Tempera 的音译，源于古意大利语，意为"调和""搅拌"，泛指一切用水溶性、胶性颜料及结合剂绘制的画作。坦培拉的特殊性质在于它是一种乳液结合剂，乳液是一种多水而不透明的乳状混合物，含有油和水两种成分，多使用蛋黄或全蛋为乳化剂，然后加入适量的亚麻仁油和树脂油。

《夜巡》、法国画家库尔贝的《画室》、法国画家米勒的《牧羊女与羊群》等。油画之所以受到这种超越时间与地域的广泛欢迎，一个重要的原因就在于它具有多方面的功能，能用多种方法来制作一幅画。油画技术多种多样，不论一个艺术家对作品的要求是平面的还是立体的、是硬朗的还是柔和的、是厚重的堆砌还是精致的薄涂，对油画来说，都是轻而易举的事情。慢干的材料媒介使画家有时间进行反复的修改与调整，更重要的是，长时间的作画可以使画家在制作过程中产生新的想法，发现新的目标。油画技法的灵活性对促进个人风格的发展起了重要作用，这是自文艺复兴以来西方绘画的重要特征。油画材料能使一幅作品产生令人惊叹的美，能逼真地再现现实。

（二）油画的画法

1. 间接画法

油画的间接画法也称为古典透明画法，是油画的传统画法之一。在使用间接画法作画的过程中，形与色是两个分离的过程：先做单色素描底层，再以颜色层层罩染。通过透明与不透明色层的反复交错，使画面折射出材料特有的质地和美感，产生闪烁迷人的光泽，呈现一种珐琅般晶莹剔透的效果（图6-41）。欧洲的古典油画基本上都采用这种方法绘制，由于其刻画细腻、色彩保存得好，所以历经几百年色彩还像新画的一样。19世纪以前，古典大师的作品基本上都采用间接画法。

间接画法分为透明覆色法和不透明覆色法两种。透明覆色法是指用不加白色而只是被调色油稀释的颜料进行多层次描绘的方法。这种画法必须在每层干透后进行下一层上色，由于每层的颜色都较薄，下层的颜色能隐约地透露出来，与上层的颜色形成变化微妙的色调。例如，在深红色的色层上涂罩蓝色，就会产生蓝中透紫的丰富效果，这往往是调色板上无法调出的色调。这种画法适于表现物象的质感和厚实感，尤其能惟妙惟肖地描绘出人物肌肤细腻的色彩变化，令人感到肌肤表皮之下流动着血液。它的缺点是色彩较为单调，制作过程要求高，完成作品的时间长，不易于表达画家即时的艺术创作情感。

不透明覆色法又称多层次着色法，作画时先用单色画出形体的大致轮廓，然后用颜色进行多层次塑造，暗部往往画得较薄，中间调子和亮部则层层厚涂，或盖或留，形成色块对比。由于厚薄不一，因此能显出色彩的丰富韵律与肌理。

透明覆色法与不透明覆色法没有严格的区分，画家经常在一幅画作中综合运用。例如，表现处在暗部或阴影中的物象时，用透明覆色法可以产生稳定、深邃的体积感和空间感；用不透明覆色法则易于塑造处在暗部以外的形体，增加画面色彩的饱和度。19世纪以前的画家大多采用这两种画法，制作作品的时间一般较长，有的画完一层后需要长期放置，待色层完全干透后再进行描绘。

2. 直接画法

油画的直接画法是在间接画法的基础上发展而来的（图6-42）。19世纪艺术观念的变革和绘画材料的新发展，直接导致了技法的演变。画家不再像他们的前辈那样自制颜料，而是到颜料店里购买锡管颜料和瓶装的调色油。画家在室外写生时，需要便携的绘画材料、快速简便的绘画方法，直接画法很快得以普及。直接画法，顾名思义，就是把素描与色彩造型结合起来，在直接描绘中一并解决形、色、光、质和空间等问题。它不像古典绘画那样先画素描再层层罩染，而是直接用颜料塑造，完成时间相对较短，可薄画、可厚涂，笔法灵活，整个绘制基本上一次完成，也可分时间、分步骤多次画完。

图 6-41　油画的间接画法效果　　　　图 6-42　油画的直接画法效果

　　鲁本斯、格列柯的画作上均有直接画法的痕迹，法国印象派画家的油画大多采用直接画法完成。直接画法对造型能力要求较严，有时要求一笔下去形、色、质感等俱全。直接画法的表现力更强，表现手法更多。这种画法中每笔所蘸的颜料比较浓厚，色彩饱和度高，笔触也较清晰，易于表达作画时的生动感受。

　　为使一次着色后达到色层饱满的效果，就必须讲究笔势的运用（涂法）。常用的涂法分为平涂、散涂和厚涂三种。平涂就是用单向的力度、均匀的笔势涂绘成大面积色彩，适于在平稳、安定的构图中塑造静态的形体；散涂是指依据所画形体的自然转折趋势运笔，笔触比较松散、灵活；厚涂是指全幅或局部地厚堆颜料，有的形成厚达数毫米的色层或色块，使颜料表现出质地，形象得到强化。

（三）油画的特点

　　油画强调对客观事物的真实模仿与再现。达·芬奇说："最可夸奖的绘画是最能形似的绘画。"在造型手段上，油画侧重于光影、色彩的运用，画家以物体在一定光源中呈现出的"面"来塑造形体，使用色彩来区分物与物之间的界线。油画家还运用各种不同的笔触、刮刀及油的浓度来造成坚硬、松软、粗糙、细腻等不同的质感。因此，油画作品的表面往往是凹凸不平的。

第三节 立体的雕塑

雕塑艺术起源于人们的宗教行为,包含"雕刻"与"塑造"两种创作手法,是立体的空间艺术和视觉艺术。它运用各种可塑材料(如石膏、树脂、黏土等)或可雕、可刻的硬质材料(如木材、石头、金属、玉石、玛瑙、铝、玻璃钢、砂岩、铜等),通过雕、刻、塑、铸、焊等创作方法创造出可供观赏、触摸的立体造型。雕塑艺术借以反映社会生活,表达艺术家的审美感受、审美情感、审美理想。

一、雕塑发展史

(一)中国雕塑史

中国雕塑的历史可以追溯到公元前 4000 年以前。中国雕塑的序幕开启于原始社会的石器和陶器。造型多样的陶器为中国雕塑的多向性发展奠定了基础。新石器时代后期出现了造型丰富、纹饰多样的陶器(图 6-43、图 6-44),它们既是生活中的必需日常用器,也是可以欣赏的艺术品。

图 6-43 网纹彩陶船形壶

图 6-44 彩陶网格纹双耳罐

商周时期的青铜器是祭祀、生活、音乐、战争、工具等方面的实用器物,这些大量的青铜器被奴隶主占有,是某种统治、权威、财富的象征。从整体风格上看,商代青铜器比较端庄、沉重;西周前期、中期的作品比较华丽,装饰繁缛,形象乖张,有一种神秘的色彩笼罩其上;西周晚期的作品则比较写实,不再咄咄逼人,装饰上也相对简洁了一些。另外,在商周时期还有用石、玉、陶等材料制成的雕塑作品。四川三星堆出土的青铜器反映了我国古代较高的雕塑艺术水平,一号坑出土的青铜器种类有人头像、人面像、人面具、跪坐人像、龙形饰、龙柱形器、虎形器等;二号坑出土的青铜器有大型青铜立人像、跪坐人像,有象征着皇权的金杖、黄金面具,还有礼器、乐器、兵器、铜树及一批青铜饰件。三星堆青铜器在造型方面强调大胆地夸张变形,具有完美的装饰性和神秘感,其造型风格使人联想到玛雅文化,所表现出的令人咂叹的青铜冶铸技术代表了我国商周时代青铜器铸造艺术的高度，充分展现了中国青铜时代的辉煌艺术成就。

秦代在雕塑方面有重大发展，最引人注目的就是大型陶兵马俑和铜车马。秦始皇吞并六国以后，建立秦王朝，统一货币、文字、度量衡等。秦代的雕塑在题材上更加贴近生活，趋于写实，在功能上也逐步走向独立。秦汉时期的总体雕塑风格比较恢宏，强调力度和气势。秦始皇陵兵马俑出土于1974—1976年，以兵俑和马俑居多。兵俑的体态与真人等大，数量众多、气势磅礴，有立姿也有跪姿，形象写实，神态各异；从人物结构上看，兵俑比例合适，动态自然。秦代兵马俑的出土，显示出我国在2000多年前就有了很高的雕塑艺术水平。与秦兵马俑同时发现的另外一个雕塑艺术史上的奇迹就是铜车马。这些铜车马比兵马俑要小些，以铜铸成，做工更为精细、考究（图6-45）。

图6-45　铜车马

汉代雕塑的风格质朴而厚重，从现存的一批杰出石雕艺术作品中可以清楚地看到汉风的气势。霍去病墓雕塑是为纪念西汉名将霍去病而创作的，该石雕群中完整的石雕有13件，其体积之大、风格之独特在中外雕塑史上都是罕见的。霍去病墓雕塑气魄雄浑，石雕采用巨大的整体石块，对其自然外形加以艺术处理，灵活地使用圆雕、浮雕、线刻的表现手法来达到造型目的。石兽雕塑是中国传统雕塑的一大特色，动物形象以狮子居多，中国人把狮子视为吉祥、勇敢、威武的象征。在古代，这种艺术最初出现于汉代，设置在帝王贵族的陵墓前和神道两侧，后经过发展演变，狮子的艺术形象成了象征着权力和尊严的符号，多放置于权力部门、富贾贵族的大门两侧来显示地位，兼具护卫的作用。石兽雕塑除了狮子的艺术形象，还有在综合多种野兽形象的基础上加以创造想象的形象。

魏晋南北朝时期，佛教盛行，佛像雕塑成为中国雕塑史中重要的一页。石窟雕刻是佛像艺术的常见表现形式，中国佛像雕塑的发展路线与佛教传入中国的路线一致，由丝绸之路传入内地。从甘肃的敦煌石窟、炳灵寺石窟，到新疆拜城的克孜尔石窟，再到甘肃天水的麦积山石窟、山西大同的云冈石窟、河南洛阳的龙门石窟、江苏南京的栖霞山石窟等，随着雕塑风格的演变，佛教艺术在中国发展的同时也逐渐融入了中国的文化。

唐代是中国佛教雕塑艺术最灿烂辉煌的时代，佛教雕塑完全表现出中国独特的造像特色。唐代的佛教雕塑人物造型颀长匀称、敦厚典雅，表现出仁慈大度的形貌。自唐、宋以后，佛教雕塑洞窟石刻的造像形式逐渐被寺庙盛行的泥塑、木雕所取代。

进入20世纪以后，中国的雕塑艺术受到西方文化的影响，发生了根本性的变化，真正意义上的雕塑艺术家开始涌现，这时雕塑艺术创作不再由工匠来完成。

民国时期是中国雕塑艺术由传统向现代发展的重要转型期，此时传统雕塑日益衰落，一批有艺术理想的年轻人赴法国、意大利、比利时、日本、美国等国家学习西方雕塑艺术。他们回国以后，通过创作雕塑、创办雕塑科系、翻译西方雕塑文献和资料，成为现代雕塑的拓荒者，亦成为中国第一批真正意义上的雕塑家。这些年轻的雕塑家凭借从国外学到的写实雕塑技法，塑造名人肖像，创作纪念碑式雕塑，使雕塑进入上层社会和城市公共空间，为中国现代雕塑艺术的发展奠定了基础。

中华人民共和国成立以后，我国的雕塑艺术得到了蓬勃发展，产生了一批有影响力的作品，如由刘开渠、滑田友、王临乙、萧传玖、张松鹤、曾竹韶、傅天仇等参加创作的北京天安门广场人民英雄纪念碑浮雕，潘鹤创作的反映红军长征题材的雕塑《艰苦岁月》，王朝闻的雕塑《刘胡兰》，四川雕塑家集体创作的雕塑《收租院》等，涌现出了一批卓有成就的雕塑家。

在1949年以后，以社会主义现实主义手法进行创作的雕塑成为中国雕塑的主流，其造型形式具有英雄主义、理想化和纪念碑性的特点。从1978年年底开始，中国进入了改革开放的新时期，与正在起步的大规模城市化进程同步，中国的城市雕塑得到了高速发展。尽管这一时期的城市雕塑仍然以主题性的、纪念性的作品为主，但在艺术风格和手法上较过去已经有了巨大的变化。

1990年前后，随着中国社会的转型，中国雕塑也发生了重要的转变。这个转变可以称为观念和文化上的转变，雕塑家开始自觉地关注当代社会，对各种社会现象进行文化思考，关注当代社会的变化和各种问题，强调作品的观念性和现实针对性，开始表达艺术家的人文关怀。与此同时，传统的雕塑观念也在转变，一些采用受当代西方艺术思想影响的表现方式和手法制作的作品逐渐被社会认同，如装置艺术作品、现成品雕塑等。

（二）西方雕塑史

西方雕塑主要以欧洲为中心，可分为古希腊与古罗马时期雕塑、文艺复兴时期雕塑、19世纪法国雕塑和20世纪西方现代雕塑。

古希腊雕塑的审美理想追求的是"真实的美"。古希腊悠久的神话传说是古希腊雕塑艺术的源泉，是古希腊人对自然与社会的美丽幻想。他们相信神与人具有同样的形体和性格。因此，神的形象源自现实中的人，只是赋予其更为理想、更为完美的艺术造型。

古罗马雕塑沿袭了古希腊雕塑追求"真实之美"的传统，但比古希腊时期的雕塑更加世俗化。古罗马雕塑的成就主要表现在肖像雕塑和纪念碑雕塑方面，其中肖像雕塑不仅形似，还十分讲究表现人物的性格特征，如《奥古斯都全身像》（图6-46）和《卡拉卡拉像》。

文艺复兴时期的雕塑以完美的技巧、宏伟的气魄和深刻的思想标志着欧洲雕塑史上第二个高峰的到来。这一时期相继涌现出了许多雕塑大师，如意大利的米开朗基罗、达·芬奇、拉斐尔等，三人并称"文艺复兴后三杰"。

16世纪末和17世纪的欧洲盛行巴洛克艺术。意大利雕塑家贝尼尼是这个时期的著名雕塑家，他因几乎可以以假乱真的写实技巧而被称为"巴洛克时期的米开朗基罗"。巴洛克风格强调"运动"与"变化"，巴洛克艺术具有奢华的享乐主义和浓郁的浪漫主义色彩。作为华丽的宫廷雕塑，贝尼尼的作品起伏的形体与流畅的线条更具有戏剧性的效果和纪念碑的气势，有着强烈的艺术魅力。他于1624年完成了雕塑作品《阿波罗与达芙妮》（图6-47）。

图6-46 《奥古斯都全身像》

图6-47 《阿波罗与达芙妮》

浪漫主义作为欧洲的一种文艺思潮，产生于18世纪末至19世纪初的资产阶级革命时期，它在政治上反对封建专制，在艺术上与严谨的古典主义相对立。创作题材取自现实而又超越现实，充满了激情与想象。

19世纪50年代前后，法国的现实主义运动兴起。现实主义反对一些僵死的艺术教条，主张关注日常生活，在现实中寻找艺术灵感。现实主义雕塑家中，以法国的罗丹成就最高。在西方的艺术史上，他将写实主义雕塑推向了最后的高峰，叩响了现代雕塑的大门，此后的西方艺术作品转而追求表达个人的艺术观念。罗丹的创作和艺术思想对于后世的雕塑有着深远的影响，他和他的两个学生马约尔和布德尔被誉为欧洲雕塑的"三大支柱"。

从艺术家们意识到艺术并不一定要模仿眼睛看到的现实形式开始，艺术就被完全解放了。立体主义的产生掀开了雕塑史的现代部分新篇章，在雕塑语言内部建立了一种以几何形体构成为基础的自身逻辑。这时的雕塑已不再是对视觉表象的忠实记录，它与传统的雕塑观念产生了决定性的断裂。

20世纪，西方的雕塑创作进入了多元化的时代。而在这之前的所有雕塑流派，不论其追求的艺术方向是什么，都有一个共同点：作品的形式都是具象且可辨认的。而现代派雕塑则彻底将艺术与现实形象割裂，开启了一个崭新的艺术时代。

二、雕塑作品的分类

依据的分类标准不同,雕塑的种类划分也不同。

(一)依据雕塑发展历史的不同进行划分

依据雕塑发展历史的不同,雕塑可分为传统雕塑和现代雕塑两种。传统雕塑是指使用传统材料创造的可视、可触、静态的三维艺术形式。现代雕塑则是指采用新型材料,结合声学、光学、电学等知识,创造出的多维(四维及以上)艺术形式,主要包括声光雕塑、动态雕塑、软雕塑等。

(二)依据雕塑使用材料的不同进行划分

依据雕塑使用材料的不同,雕塑可分为木雕、石雕、牙雕、骨雕、漆雕、贝雕、根雕、冰雕、泥塑、面塑、陶瓷雕塑、石膏像、玻璃钢雕塑等。在雕塑上施以粉彩,这种雕塑被称为彩雕或彩塑。

(三)依据雕塑形式的不同进行划分

依据雕塑形式的不同,雕塑可分为圆雕、浮雕和透雕三种。

1. 圆雕

圆雕是可以多方位、多角度欣赏的三维立体雕塑,雕刻者从前、后、左、右、上、下全方位进行雕刻,观众可以从不同视角去欣赏它,感受艺术形象的丰满感与整体感。圆雕的内容与题材丰富,表现手法、表现形式多样,材质多姿多彩,多用于喷泉、花园及室内装饰。

2. 浮雕

浮雕是在平面上雕出凸起的半立体形象,是雕塑与绘画结合的产物。浮雕采用压缩的办法处理雕刻内容,利用透视等因素来表现三维空间。古今很多大型纪念性建筑物和高端府第、民宅都附有浮雕,如人民英雄纪念碑上的汉白玉群雕中的《五四浮雕》(图6-48)。

图6-48 《五四浮雕》

3. 透雕

透雕介于圆雕与浮雕之间，是保留凸出的物像部分，将背景部分进行局部或全部镂空的雕塑形式；能巧妙地对材料原本的纹理进行艺术加工，刻制出栩栩如生的客观物象；可呈现单面雕塑和双面雕塑的效果，多以插屏的形式来表现。

（四）依据雕塑功能的不同进行分类

依据雕塑功能的不同，雕塑可分为园林雕塑、室内雕塑、城市雕塑、建筑雕塑和纪念性雕塑等。

1. 园林雕塑

园林雕塑是指在公园、园林中使用的雕塑，配合园林构图，多数位于室外，题材广泛，如上海虹口公园的鲁迅雕像、北京日坛公园展翅欲飞的天鹅雕塑等。

2. 室内雕塑

室内雕塑是指安置在建筑物室内的雕塑，大致可分为室内大型雕塑和室内中小型雕塑。室内大型雕塑一般指庙宇彩塑及接近真人大小的雕塑；室内中小型雕塑一般指小于真人大小的雕塑。

3. 城市雕塑

城市雕塑是指立于城市公共场所中的雕塑作品，用于城市的装饰和美化，主要存在于道路、桥梁、广场、车站、码头、剧院、公园、绿地、政府机关等地方。有些著名雕塑因体现了其所在城市及所在环境的特征而成为该城市的象征，如北京故宫的《九龙壁》、比利时布鲁塞尔的《撒尿小孩》、丹麦哥本哈根的《美人鱼》等。

4. 建筑雕塑

建筑雕塑是指附着在建筑物表面或衬托主体建筑的雕塑作品，如中国古建筑上的木雕、古希腊神庙的柱廊等。

5. 纪念性雕塑

纪念性雕塑是指以历史上或现实生活中的人或事件为主题，或以某种共同观念为永久纪念主题的雕塑形式，如《红军长征纪念碑》《斯大林格勒战役英雄纪念碑》等。

三、雕塑艺术的特征

雕塑艺术被誉为"立体的诗，动态的书，有形的音乐"，是人类文化史上古老的艺术形式之一，具有独特的艺术特征。

（一）实体性

雕塑艺术塑造的是三维空间立体感的形象实体。与平面的绘画不同，雕塑不仅可以通过视觉观看到，而且可以通过触摸感受到其造型结构的起伏、体积的饱满及材料的质感特性。因此，雕塑是一种具有真实立体感的艺术，这种可触、可视的实体性使雕塑艺术在不同距离、不同视角、不同背景下可以显示出不同的形象，给人带来丰富的视觉审美体验。例如，中国古代的玉石雕刻结构完备、立体坚实，从任何一个角度进行解读与欣赏，都能收获审美享受。

（二）单纯性

雕塑的表现形式比较单一，主要依靠人物形象或事物的形体来表现一定的思想或寄寓某种精神。除了大型的情节性浮雕，大多数雕塑注重外部造型的高度概括，借助最具内涵和表现力的瞬间静态形象，集中地表现作品的思想。例如，罗丹的《思想者》（图6-49），人物弯腰屈膝，右手托着下颌，嘴咬着自己的粗手，陷入苦苦的思索之中；眉弓突起，双眼深陷隐于暗影之中，咬肌凸起，全身肌肉紧张，进一步强化了他的苦闷和深思。

图6-49 《思想者》

（三）观念性

雕塑能够借用的表现手法较少，它很少能像舞蹈那样借助音乐、灯光，也很少能像绘画那样借助形象和色彩，只能依靠单纯的人物、事物造型来表达思想。通过轮廓、体量等塑造雕塑的节奏韵律感，从而赋予雕塑象征意义。中国古代雕塑中的龙、凤、龟、狮、麒麟等形象都具有象征意义。龙是权势、高贵、尊荣的象征；凤是吉祥、美好、尊贵的象征；龟是健康长寿的象征；狮是地位、尊严、平安的象征；麒麟是太平长寿的象征，与凤、龟、龙共称为"四灵"。

图6-50 石狮子

石狮子（图6-50）是以石材为原材料雕成的，是具有艺术价值和观赏价值的雕塑品。现存最早的石狮是东汉高颐墓前的石狮。中国的宫殿、寺庙、佛塔、桥梁、府邸、园林、陵墓及印纽上都可以看到它。这些雕塑不仅是为了表现狮子的形态、步姿，更多的是为了表现人的意志，烘托意境氛围。

（四）协调统一性

大多数的雕塑作品都是为某个特定环境而制作的，这样的雕塑作品能够作用于环境，与环境形成一种统一协调的意境美。雕塑作品美化了环境，环境也成为雕塑的组成部分。

例如,《小美人鱼铜像》(图 6-51)是一座世界闻名的铜像,这尊铜像位于丹麦哥本哈根市中心东北部的长堤公园。远望美人鱼,只见她坐在一块巨大的花岗岩上,恬静娴雅,悠闲自得;走近美人鱼,只见她神情忧郁,正在冥思苦想。周围的礁石、水天、光影都是这个作品内涵不可或缺的部分。

图 6-51 《小美人鱼铜像》

四、雕塑作品的欣赏

雕塑作品的欣赏是指通过对雕塑作品的感知、认识、鉴别与赏析,获得审美和理解的活动。在欣赏雕塑作品时,除了要了解作品的风格、创作背景等因素,还要把握作品所表现的思想和象征意义,关注作品本身的艺术效果。这可以从造型、思想、艺术特色等角度出发。

(一)造型

从造型角度对雕塑作品进行鉴赏,主要是通过了解雕塑的名称、形象、事件、主题内容等,体会创作者所要表达的形式美。雕塑给欣赏者的感受首先来自雕塑自身的形式美。从远处看,雕塑呈现出的是影像效果,这是雕塑作品呈现的总体轮廓,会带给欣赏者不同的感受;从近处看,要清楚雕塑作品的基本构成,了解主体形象、陪衬形象、背景雕饰,明确雕塑作品中形象的姿态。

四川泸县的宋墓是 2002 年全国重要的考古发现之一,墓葬内有多种精美雕刻和仿木构件,雕刻的题材包括武士、四神、伎乐、侍仆等,十分丰富。男武士雕塑身着铠甲,穿罩袍服,戴交角幞头,手执骨朵;女武士头戴兜鍪,身着铠甲,手执兵器,独具特色;四神雕塑中的"青龙"姿态纷呈,造型生动,想象丰富,雕刻细腻;伎乐类、飞天、动植物等雕塑也都十分独特。

秦始皇陵出土的大量陶制兵马俑(图 6-52)是可以同埃及金字塔和古希腊雕塑相媲美的宝贵财富。兵马俑通体风格浑厚、健美,呈现出一个丰富多彩的世界,几千个士兵形象没有一个相同,每个将军、士兵、战马无不令人赞叹。陶俑的脸型、发型、体态、神情各有差异,能让身处其中的人感受到他们不同的遭遇和经历。陶马体格宽厚,胸肌健硕,双耳竖立，有的喷鼻嘶鸣，有的闭嘴静立……这些都反映出创作者高超的技艺与追求完美的艺术精神。

图 6-52　秦始皇陵兵马俑

（二）思想

从思想角度对雕塑作品进行鉴赏，主要是通过了解作品的相关背景，依靠丰富的想象力，来体会和发现作品的内在含蓄美。一般要通过了解形象在特定文化背景下的象征意义，并把握雕塑作品的基本特征和细节特点，通过形象背后的故事、神话传说来了解雕塑作品的思想。

古希腊雕塑《萨摩色雷斯的胜利女神》（图 6-53）是为了纪念打败托勒密舰队的海战而建造的。虽然雕塑的头和手残缺，但从保存完好的躯干中仍能感悟到女神英勇、飘逸的气势。胜利女神长着一对翅膀，身体健美，像从天而降，衣袂飘然，给人一种强烈的运动感；薄衫之下，透露出丰满的躯体，给人很强的力量感，表现出胜利的喜悦，栩栩如生。这件雕塑被认为是已知雕塑中将热情奔放与动态结合得最完美的作品。

图 6-53　《萨摩色雷斯的胜利女神》

陪伴唐太宗李世民的六匹骏马被雕刻成国宝《昭陵六骏》。《昭陵六骏》采用浮雕手法，六匹骏马形态逼真，神态各异；雕刻线条简洁流畅，刀工精细、圆润，造型准确，生动传神地刻画出了战马的体态、性格和驰骋疆场的情景。每一幅雕塑都好似在诉说一段惊心动魄的历史故事。《昭陵六骏》整体感强，力度感恰到好处，以象征主义的手法赞扬了李世民的丰功伟绩，融艺术性、思想性于一体。

（三）艺术特色

在雕塑创作中，构图能力是表达思想感情、收获艺术美感的重要手段。要想使作品成功，就需要认真推敲内容与构图的关系，把所要表达的主题通过完美的构图塑造出来。构图的元素有很多，每个构图元素都有特定的含义，只有把所有的元素有机地组合在一起，才能共同支撑整个雕塑作品的主题。构图元素若能被巧妙地使用，就能在作品中起到画龙点睛的作用。雕塑的创作手法有很多，雕塑名作中不乏现实主义的珍品，也有充满浪漫主义的杰作。中国古代雕塑中的龙凤、麒麟、朱雀、白虎等形象就是采用浪漫主义手法的产物。

此外，根据表现主题的需要，创作者会使用夸张、对比、变形等表现手法来塑造形象。夸张以美为原则，不仅是装饰美的核心，也是它的着力之处。例如，佛教艺术中造型的巨大和构成的繁复是对宗教至高无上和神秘性的夸张。为突出主题、突出美，夸张在雕塑中一直被作为一门非常重要的语言，这在东方艺术与民间艺术中尤为突出。

第四节　多样的建筑

建筑是人们最值得自豪的文明之一，建筑艺术具有强大的生命力，能够跨越历史，流传千年。我们随时随地都能感受到建筑的美。现代化的高楼大厦仪态万千，新颖别致；古建筑艺术工艺精湛，博大精深。建筑用它独特的语言诉说着民族的故事，见证着时代的变迁。德国作家歌德说："建筑是凝固的音乐。"法国作家雨果说："建筑是用石头写成的史书。"巨大的建筑由一砖一石叠起来，散发出让人无法抗拒和逃避的艺术之美。

一、建筑的含义与分类

（一）建筑的含义

建筑是建筑物和构筑物的通称，是人类用物质材料修建或构筑的居住和活动场所。建筑艺术是指按照美的规律和空间原则，将实用性与审美性相结合，运用形体、线条、采光、色彩、质感、装饰、空间组合等建筑艺术独特的语言，建构出实体形象造型与空间的艺术，它使建筑形象具有了文化价值和审美价值。

（二）建筑的分类

分类标准不同，建筑的类别也就不同。依据建筑风格的不同，建筑可分为古典风格建筑（图 6-54）、现代风格建筑和后现代风格建筑；依据建筑的功能不同，建筑可分为住宅建筑（图 6-55）、生产建筑、公共建筑、文化建筑、园林建筑、宗教建筑、陵墓建筑等；依据民族地域的不同，建筑可分为地中海建筑、法式建筑、意大利建筑、英式建筑、北美建筑、中式建筑等；依据建筑方式的不同，建筑可分为哥特式建筑（崇尚高耸，高耸的尖塔和繁复的装饰是其主要特点），巴洛克建筑（偏好富丽的装饰和雕刻，建筑元素多用曲面和椭圆形空间），洛可可建筑、园林建筑、概念式建筑等。

图 6-54　古典风格建筑

图 6-55　住宅建筑

二、建筑艺术的本质与特征

（一）建筑艺术的本质

建筑是一种由人创造的实体，它凝聚了人所创造的物质内容和精神内容。这种实体不是自然生成物，而是社会的产物；它不是由自然恩赐的物质，而是由人的智慧所创造的文化。

（二）建筑艺术的特征

1. 四度空间性

建筑的四度空间性直接决定了建筑在空间中排列的序列原则，这就是理性化与美化的结合。在中外建筑史上，有许多达到"山色湖光共一楼"境界的建筑，也有许多具有"窗含西岭千秋雪，门泊东吴万里船"美态的建筑。建筑物装点了周围的环境，而周围的环境又以自己的妙趣升华了建筑的美意，两者相互作用，相得益彰，生机勃勃地表现了建筑艺术"整体空间美"的神韵。

2. 视觉性

建筑的造型能直接表现出建筑美的风格和形态。作为人类创造的一种物质性财富，建筑的造型不可避免地要受到其物质性实用功能的制约。同时，作为一种精神财富，它又必须为满足人的不同的精神需求而努力。缤纷的色彩是建筑视觉美最明快的形式。建筑的色彩能有力地烘托建筑美的情调和意境，深化建筑美的境界及相应的审美效果。

3. 时代性

建筑艺术是时代内在结构的结晶，刻画出各个时代的历史，显示出不同时代的面貌。建筑是一定时代意识观念的显现，作为人的一种精神创造物，正如恩格斯曾形象地指出，它在被创造之前就已经以观念的形式存在于人的大脑中了。

4. 民族性

从一定意义上讲，种族、环境和时代对建筑民族风格或民族性的形成影响较明显，也较直接。不同的民族创造了不同风格、不同造型的建筑，同时也在其所创造出的建筑中展现了本民族的风俗和文化。例如，中国古代建筑一个重要的特征就是具有鲜明的人文主义品格，即集中体现了中华传统文化与精神。

三、建筑艺术的语言

建筑拥有自己的艺术语言和表现手法，空间、形体、比例、均衡与对称、韵律等因素共同构成了建筑艺术的造型美。

（一）空间

图 6-56　巴黎圣母院大教堂内部

空间是建筑的基本外在形式要素，主要通过创造各种和谐的内外空间来实现其实用性。同时，巧妙地处理空间可以增强建筑艺术的表现力，从而创造可以产生特定心理效果的艺术境界。例如，巴黎圣母院大教堂内部（图 6-56），无数的垂直线条引人仰望，数十米高的拱顶在幽暗的光线下隐隐约约、闪闪烁烁，成为欧洲建筑史上一个划时代的标志。

（二）形体

形体主要是指建筑物的总体轮廓，通过线条和形体、空间和实体的不同组合方式，以及建筑与环境的和谐统一，突出建筑物独特的个性色彩和特有的艺术感染力。例如，我国的万里长城（图 6-57）是世界奇观，雄伟的城墙、超长的躯体、蜿蜒的身形，一切都在漫长的岁月中积蓄着不老的奇韵雄风。

（三）比例

比例主要是指建筑物各组成部分的对比。建筑中长与高的比例、凹与凸的比例、实与虚的比例等，都直接影响着建筑美。巴黎圣母院大教堂外部有一扇巨大的门，门的四周布满了雕像，一层接着一层，石像越往里层越小。所有的柱子都挺拔修长，与上

图 6-57　万里长城

部尖尖的拱券连成一体，中庭又窄又高。从外面仰望教堂，那高峻的形体加上顶部耸立的钟塔和尖塔，使人感到一种向蓝天升腾的雄姿。巴黎圣母院大教堂外部的主立面是世界上哥特式建筑中最美妙、最和谐的，竖直与水平的比例近乎黄金分割比（1∶0.618），立柱和装饰带把立面分为 9 块黄金分割比矩形，十分和谐匀称。

（四）均衡与对称

均衡与对称是建筑美在形式上的体现。均衡主要是指建筑在构图上的形式和谐，是通过建筑的大小、轻重、色彩、方位（前后、左右、上下等）及其他视觉要素的分布作用于视觉判断。均衡法则的运用能够增加建筑的美感，使建筑呈现出严肃庄重的感觉。对称是指同形同量的形态，中外很多古代建筑都以对称为美的基本要求，用以表达秩序、稳定、庄重等感觉。例如，北京的故宫就是一个非常均衡对称的古建筑群，每一座建筑物都从一条由南到北的中轴线上展开，建筑群的中心是太和殿。

（五）韵律

韵律是指有规律的变化和排列，利用建筑物的墙、柱、门、窗等有秩序地重复出现，产生一种节奏美或韵律美。在这一点上，建筑物和音乐具有内在的共同之处，因而人们分别把它们说成是"凝固的音乐"和"流动的建筑"。

四、建筑艺术的欣赏

建筑美是一定的社会审美意识与特定的建筑表现形式的有机统一，建筑美以造型、意境和环境为载体。因此，要获得对建筑审美的愉悦，就应从造型美、韵律美和环境美来进行欣赏。

（一）造型美

建筑的造型美主要表现为建筑的轮廓美、装饰美和风格美，它是建筑形体、细部、色彩、尺度、比例、均衡、韵律等审美要素的体现。

我国古代的建筑一般都由屋顶、屋身和台基三部分组成。屋顶的样式丰富，变化多端，但总离不开悬山式、硬山式、庑殿式、歇山式、攒尖顶、卷棚式等基本样式（图 6-58）。除此之外，还有一些比较特殊的屋顶，如十字脊屋顶、盔顶、盝顶、万字顶、扇面顶等。这些不同的屋顶相互组合、穿插，又会形成新的屋顶形式。这些屋顶具有流畅的曲线和飞檐，王安石的诗句"飞檐出风雨，洒翰落虹蜺"就生动地形容了古建筑的屋顶。远远伸出的屋檐、富有弹性的屋檐曲线、微微起翘的屋角、灿烂夺目的琉璃瓦，这样的组合使建筑物产生了独特而强烈的视觉效果和艺术感染力。屋身正面多是开敞的门扉；台基（图 6-59）常常以白石雕刻而成，配以栏杆和台阶，是建筑物形成稳固视觉形象的重要因素。

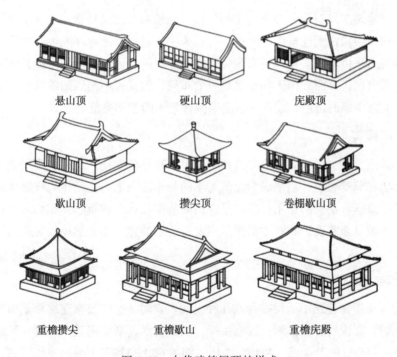

图 6-58 古代建筑屋顶的样式

色彩是影响建筑艺术效果的重要因素，能直接展示设计师的想象力。设计师在建筑中灵活地融入色彩，能够创造出新颖的造型。在建筑构造上运用色彩，可以起到凸显、解释建筑结构的作用。例如，北京故宫中的建筑主体为红墙黄瓦，给人厚重、坚固之感，体现了皇权的威严，白色雕栏、青绿带金的彩绘与四季的自然景色融为一体，令整个建筑物充满了生趣。民居建筑一般以素色为主，这样显得朴素而淡雅；如果在一个白色的空间内，配上蓝色、黄色等色彩艳丽的休闲座椅，则会让人不自觉地放松身心，惬意地休憩。

图 6-59　故宫白色的台基

西方古代建筑多以石块、砖土为主要材料，独特的石质梁柱使建筑富于立体感、空间感，气势宏伟。中国古代建筑多以木材、砖瓦为主要材料，注重序列组合的群体布局。例如，承德避暑山庄由皇帝宫室、皇家园林和宏伟壮观的寺庙群组成，借助自然和野趣的风景，形成了东南湖区、西北山区和东北草原的布局，构成了中国版图的缩影。这里融汇了江南水乡和北方草原的特色，成为中国皇家园林艺术的荟萃典范。

（二）韵律美

自然界及人类社会中存在着许多规律的重复、秩序的变化。韵律本是用来表现音乐和诗歌中的起伏和节奏感的，后来成为建筑美学的基本法则之一。韵律同样是建筑的灵魂，在造型艺术中发挥着重要的作用，建筑呈现出的韵律往往以建筑总体布局或单体元素有规律、有秩序地重复来实现。建筑的韵律美主要有连续韵律、渐变韵律、起伏韵律、交错韵律等表现形式。

1. 连续韵律

连续韵律是指在建筑中运用一种或几种组成要素时，这些要素连续重复出现所产生的韵律感。例如，我国的万里长城，逶迤蜿蜒，依山傍水，豪放刚毅，每隔一段距离设置的烽火台就有一种很好的节奏感。帕特农神庙（图 6-60）是雅典卫城的主体建筑，神庙呈长方形，基座由 46 根高达约 10.4 米的大理石柱撑起，这些石柱设计采用的就是连续排列的方式，增强了节奏感，高与宽的比例为 19：31，接近黄金分割比，美感十足。

2. 渐变韵律

渐变韵律是建筑中某些组成要素进行有规律的增强或减弱，形成一种统一和谐的节奏感。例如，天坛的祈年殿（图 6-61）就是一座有鎏金宝顶的三重檐圆形大殿，殿檐用蓝色琉璃瓦铺砌，表现出盘旋向上的节奏感。白色雕栏以对称的形式有规律地排列，与祈年殿交相辉映，给人一种流动变化的视觉形象。又如，上海金茂大厦的平面构图是双轴对称的正方形，从平面正方形的对角线看，构成了两个最佳视角，在外形设计上充分体现了渐变的韵律感。

图 6-60　帕特农神庙

图 6-61　天坛祈年殿

3. 起伏韵律

起伏韵律是指建筑的某些组成部分进行有规律的增减变化，让建筑形体的组合或细节处理呈现高低错落、起伏生动的效果。例如，澳大利亚悉尼歌剧院体现的就是这种起伏韵律美。悉尼歌剧院的外观由三组巨大的壳片组成。第一组壳片耸立在歌剧院基座西侧，四对壳片成串排列，三对朝北，一对朝南；第二组壳片耸立在歌剧院基座东侧，与第一组大致平行，形式相同但规模略小于第一组；第三组壳片耸立在它们的西南方，规模最小，由两对壳片组成。从整体上看，悉尼歌剧院的外形如波浪起伏，在不规律中给人一种强烈的节奏韵律美感。

4. 交错韵律

交错韵律是运用各种造型因素（如空间的虚实、疏密、大小、曲直、高低、粗细、明暗等）进行有规律的纵横交错、相互穿插的处理，使建筑形成一种丰富的韵律感。例如，北京故宫中由一组组房屋有机结合的院落，有的横长，有的纵深，有的空阔，有的狭长，使得整体建筑的空间结构显示出一种节奏的美。

（三）环境美

人与建筑的和谐是建筑的最高追求，建筑的美离不开与周围环境的和谐。中国哲学崇尚天人合一，与自然和谐相处。因此，中国古建筑很早就运用了韵律、和谐、对比、对称、轴线等设计手法，使建筑在保持功能合理的同时，达到最佳的观赏效果。建筑若无花草树木的润饰，就会显得单调无生机；自然风景中若无建筑点缀，就会缺少神韵。例如，位于山西悬瓮山下的晋祠，是一处山环水绕、藏风聚气、环境清幽的胜景。这里山形奇特，脉络清晰，清泉涌动，曲径通幽，大大小小的建筑散布其中，自然山水与人文建筑有机地结合在一起，显得十分和谐。

五、中国传统建筑发展概况

（一）远古时期的建筑

远古时期的人类为了遮风避雨、取暖避暑、避免自然灾害和其他动物的侵害，常常要借助自然资源。在我国旧石器时代，原始人就已经知道利用天然的洞穴作为栖身之所，不过那时还谈不上建筑。新石器时代，黄河中游的氏族部落利用黄土层为墙壁，用木构架、草泥建造半穴居的住所，进而发展为地面上的建筑并形成聚落。在这些聚落中，居住区、墓葬区、制陶场分区明确，布局有序；木构架的形制开始出现，房屋平面形式也因造作与功用不同而有圆形、方形、吕字形等。这是我国古建筑的草创阶段，是我国最早的建筑文化。

（二）夏商周时期的建筑

夏朝出现了夯土建筑，有了建于高大夯土台上的宫室。商周时期，中国建筑的主要特征，如庭院形式、对称布局、木梁架结构、单体造型、大屋顶等已初步形成，不过因诸侯割据而南北各异，建筑群中亦逐渐开始体现人与人的关系和等级制度。到了春秋战国时期，中国大地上先后营建了许多都邑，夯土技术已广泛应用于筑墙造台，木架构技术较之原始社会有很大提高，已有斧、刀、锯、凿、钻、铲等加工木构件的专用工具。

以宫室为中心的都城均为夯土版筑，有城墙，墙外有护城河，辟有高大的城门。宫殿布置在城内，建在夯土台之上，木构架已成为主要的结构方式，屋顶已开始使用陶瓦，木构架上开始饰用彩绘。这标志着中国古代建筑已初具雏形，为中国古代建筑的发展奠定了基础。

（三）秦汉时期的建筑

秦汉时期，国家统一，国力富强，中国古代建筑出现了第一次发展高潮。秦始皇吞并六国之后，建立起中央集权的帝国，并且动用全国的人力、物力在咸阳修筑都城、宫殿、陵墓。汉取代秦后，经过半个多世纪的休养生息，又进入大规模营造建筑时期。

建筑主体的木构架已趋于成熟，重要建筑物上普遍使用斗拱。屋顶形式多样化，庑殿、歇山、悬山、攒尖、囤顶均已出现，有的被广泛采用。砖石结构和拱券结构有了新的发展。秦汉时期已有雕刻和彩绘，建筑布局舒展、整齐，具有明确的伦理、等级、秩序等内涵，表现出了刚健、质朴的风格。

（四）隋唐时期的建筑

汉末至南北朝时期，随着佛教的传入和盛行，以及南北民族的大融合，文人、士大夫归隐山林的思想情趣兴起，山水诗、山水画应运而生。建筑艺术文化在传统的理性精神中融入了许多浪漫情调，至唐代形成了理性与浪漫相交织的盛唐风貌。

唐代前期，经过100多年的稳定发展，经济繁荣，国力富强。在都城长安与东都洛阳继续修建规模巨大的宫殿、苑囿、官署，还在都城和地方城镇兴建了大量寺塔、道观，并续凿石窟佛寺。宏伟规整的都城，恢宏舒展的宫殿、坛庙，规模巨大、形制多样的寺塔、石窟，造型浑厚，装饰华丽，展示出了博大壮美的风格特征。

在此期间，建筑艺术日臻成熟，建筑技术有了新的发展，建筑群体的布局有了空间感；木建筑已定型化，在建筑设计中运用木构架的设计标准解决了大面积、大体量的技术问题；砖石建筑有了进一步发展，采用砖石构佛塔增多；朝廷制定了营缮的法令，设置掌握绳墨、绘制图样和管理营造的官员。

（五）宋元明清时期的建筑

在建筑艺术方面，自北宋起，就一改唐代宏大雄浑的气势，向细腻、纤巧方面发展，建筑装饰也更加讲究，园林艺术更加兴盛。此时的斗拱体系、建筑构造与造型技术达到了很高的水平。宋代是中国封建社会建筑艺术发生较大转变的时期，并影响着之后元、明、清几代的建筑艺术。

元代营建大都及宫殿，虽然在建筑布局方面，较之宋代更为成熟、合理，但在规模与质量上都不及宋代。尤其在北方地区，一般寺庙建筑做工粗糙，用料草率，常用弯曲的木料做梁架构件，许多构件被简化。

明清时期，建筑业趋向程式化、定型化，建筑规模不断扩大，但建筑装饰也变得琐碎繁复起来。砖已普遍用于民居砌墙；琉璃面砖、琉璃瓦的质量提高了，应用更加广泛。经过元代的简化，至明代，定型的木构架形成了，梁柱构架的整体性加强了；建筑群的布局更为成熟。此时官僚地主建设私家园林蔚然成风，尤其在经济比较发达的江南一带，给后世留下了一些别具特色的园林佳作。中国传统建筑艺术日趋完善，至清代已成熟，城市街巷规格方整，宫殿陵墓建筑定型化，形制增多，手法多样。其总体风格是雍容、典雅、严谨、清晰。

六、中国传统建筑的特点

（一）以木材为主要建筑材料

中国传统建筑使用木材作为主要建筑材料，创造出了独特的木结构形式，以木材为骨架，不仅具有很强的实用性，还形成了优美的建筑构架。

（二）保持梁架结构

中国传统建筑以立柱和纵横梁枋组合成各种形式的梁架结构，使建筑物上部荷载经由梁、柱传递至地基。墙壁只起围护、分隔的作用，不承受荷载。

（三）多采用斗拱形式

用纵横相叠的短木和斗形方木相叠而成的向外挑悬的斗拱，本是立柱和横梁间的过渡构件，后逐渐发展成上、下柱网之间或柱网与屋顶梁架之间的整体构造层，这是中国古代木结构构造独特而巧妙的形式。

（四）实行单体建筑标准化

中国传统的宫殿、寺庙、住宅等，往往是由若干单体建筑结合配置成组群的。无论单体建筑的规模大小，其外观轮廓都由台基、屋身、屋顶三部分组成。下面的台基由砖石砌筑，承托着整座房屋；屋身立在台基上，柱子、斗拱、梁枋等制成骨架，其间安装门窗隔扇。上面的屋顶用木结构屋架建造，屋面做成柔和、雅致的曲线，四周均伸展出屋身，上覆盖青灰瓦或琉璃瓦。单体建筑的平面通常都是长方形，有特殊用途的，采取方形、八角形、圆形等。而作为园林中观赏用的建筑，还可以采取扇形、套环形等平面形式。

（五）重视建筑组群平面布局

建筑组群平面布局的原则是内向含蓄、多层次、力求均衡对称。除特定的建筑物，如城楼、钟鼓楼等外，单体建筑很少露出全部轮廓。每一个建筑组群少则有一个庭院，多则有几个或几十个庭院，组合多样，层次丰富，弥补了单体建筑定型化的不足。一般来说，建筑组群平面布局遵循左右对称的原则，房屋在四周，中心为庭院；唯有园林的平面布局遵循自由变化的原则。

（六）灵活安排空间布局

在安排建筑空间布局时，室内间隔一般采用隔扇、门、罩、屏等便于安装、拆卸的活动构筑物，以便任意划分、随时改变。庭院与室内空间是相互关联的统一体，为建筑创造小自然环境准备了条件，可以栽培树木花卉，可以叠山辟池，可以搭凉棚花架，有的还建有走廊，作为室内和室外空间的过渡。

（七）运用色彩装饰手段

对于木结构建筑的梁柱框架，需要在木材表面施加油漆等防腐措施，由此发展出中国特有的建筑油饰、彩画。中国古代建筑常用青、绿、朱等矿物颜料绘成色彩绚丽的图案，增加建筑物的美感。木制装修构件加上着色的浮雕、装饰的平面贴花和用木条拼镶成的各种菱花格子，是实用与装饰的杰作。北魏以后出现五彩缤纷的琉璃屋顶、牌坊、照壁等，使得建筑物更加灿烂多彩。

七、中国传统园林艺术

中国传统园林亦称作中国古代园林或古典园林，历史悠久，文化内涵丰富，个性特征鲜明且多姿多彩，极具艺术魅力，在中国古代各类建筑中堪称艺术的极品。

据有关典籍记载，我国造园始于商周，其时称之为囿。商纣王"好酒淫乐……益收狗马奇物，充仞宫室，益广沙丘苑台，多取野兽蜚鸟置其中……"周文王建灵囿，方圆70里，其间草木茂盛，鸟兽繁衍。最初的囿又称游囿，就是把自然景色优美的地方圈起来，放养禽兽，供帝王狩猎。天子、诸侯都有囿，只是范围和规格等级上有差别，"天子百里，诸侯四十"。

从汉代开始，囿改称苑。汉代在秦代的基础上把早期的游囿发展到以园林为主的帝王苑囿行宫。除了布置园景供皇帝游憩，还举行朝贺、处理朝政。汉高祖的未央宫、汉文帝的思贤园、汉武帝的上林苑、梁孝王的东苑（又称梁园、兔园、睢园）、汉宣帝的乐游园等，都是这一时期的著名苑囿。从敦煌莫高窟壁画中的苑囿亭阁、元代李容瑾的《汉苑图》中，可以看出汉代的造园已经有很高的水平，而且规模很大。枚乘的《梁王兔园赋》、司马相如的《上林赋》、班固的《西都赋》、司马迁的《史记》、刘歆的《西京杂记》及典籍《三辅黄图》等史书和文献对于这些苑囿都有比较详细的记载。上林苑是汉武帝在秦时修建的苑的基础上扩建的，离宫别院数十所广布苑中，其中太液池运用山池结合手法，造蓬莱、方丈、瀛洲三岛，岛上建宫室亭台，植奇花异草，自然成趣。这种池中建岛、山石点缀的手法，被后人称为"秦汉典范"。

魏晋南北朝是我国社会发展史上的一个重要时期，文化昌盛，士大夫阶层追求自然环境美，游历名山大川成为社会上层的普遍风尚。文人、画家参与造园，进一步发展了"秦汉典范"。北魏张伦的府苑、东晋顾辟疆的辟疆园、西晋司马炎的琼圃园、灵芝园，东吴君主在南京修建的宫苑华林园等，是这一时期具有代表性的园苑。华林园规模宏大，建筑华丽。时隔许久，晋简文帝游乐时还赞扬说："会心处不必在远，翳然林水，便自有濠、濮间想也，觉鸟兽禽鱼自来亲人。"

隋朝结束了魏晋南北朝后期的战乱状态，社会经济繁荣，造园之风大兴。隋炀帝亲自览天下山水图，求胜地造宫苑。在迁都洛阳之后，征发大江以南、五岭以北的奇材异石，以及嘉木异草、珍禽奇兽充实洛阳各园苑，一时间，洛阳成了以园林著称的京都，芳华神都苑、西苑等宫苑都穷极奢华。在城市与乡村日益隔离的情况下，身居繁华都市的封建帝王和朝野达官贵人为了逍遥玩赏大自然山水景色，便就近仿效自然山水建造园苑，不出家门就能享受"主人门外绿，小隐湖中花"的乐趣。因此，作为政治、经济中心的洛阳就成为皇家宫苑和王府宅第花园聚集的地方。隋炀帝除了在洛阳兴建宫苑，还到处建行宫别院。

隋朝灭亡后，唐太宗励精图治，国运昌盛，社会进入了盛唐时代。宫廷御苑设计越发精致，特别是石雕工艺已经成熟，宫殿建筑雕栏玉砌，显得格外华丽。禁殿苑、东都苑、神都苑、翠微宫等都旖旎空前。唐太宗在西安骊山所建的汤泉宫被唐玄宗改作华清宫。这里的宫室殿宇楼阁"连接成城"，白居易《长恨歌》中有云"缓歌慢舞凝丝竹，尽日君王看不足"，深刻地反映了皇帝的奢靡生活。

宋代、元代造园都有一个兴盛时期，特别是在用石方面有较大的发展。宋徽宗在"丰亨豫大"的口号下大兴土木。他对绘画有些造诣，尤其喜欢把石头作为欣赏对象，先在苏州、杭州设置了造作局，后又添设应奉局，专司收集民间奇花异石，舟车相接地运往都城开封建造宫苑。这期间，大批文人、画家参与造园，进一步加强了写意山水园的创作意境。例如，"寿山艮岳"就是一座具有相当规模的御苑，还有琼华苑、宜春苑、芳林苑等一些名园。现今，开封相国寺里展出的几块湖石皆奇异不凡；苏州、扬州、北京等地也有"花石纲"遗物，皆为奇观。

明、清是中国园林创作的高峰期。皇家园林的创建以清代康熙、乾隆时期最为活跃。当时的社会稳定、经济繁荣，为建造大规模的写意自然园林（如圆明园、承德避暑山庄、畅春园等）提供了有利条件。私家园林以明代建造的江南园林为主要成就，如沧浪亭、休园、拙政园、寄畅园等。

明末还有关于园林艺术创作的理论书籍《园冶》等，这些书籍在创作思想上仍沿袭唐宋时期的创作源泉，从审美观到园林意境的创造皆采用"小中见大""须弥芥子""壶中天地"等创造手法。自然观、写意、诗情画意在创作中占据主导地位，其中山、水、动植物、建筑等起了重要作用，成为造景的主要手段；园林从游赏到可游、可居方面逐渐发展；大型园林不但模仿自然山水，而且集仿各地名胜于一园，形成园中有园、大园套小园的风格。

自然风景以山、水地貌为基础，以植被作装点。中国古典园林绝非简单地模仿这些构景的要素，而是有意识地加以改造、调整、加工、提炼，从而表现一个精练、概括、浓缩的自然。中国传统园林既有"静观"又有"动观"，从总体到局部都包含着浓郁的诗情画意。这种空间组合形式多使用某些建筑（如亭、榭）等来配景，使风景与建筑巧妙地融合在一起。优秀园林作品虽然处处有建筑，但也处处洋溢着大自然的盎然生机。明、清时期正是因为园林有这一特点而成为中国传统园林的集大成时期。

到了清末，造园理论探索停滞不前，加之外来侵略、西方文化的冲击、国民经济的崩溃等原因，园林创作由全盛转向衰落。但中国传统造园的成就却达到了历史的巅峰，其造园手法被西方国家推崇和模仿，在西方国家掀起了一股"中国园林热"。中国传统园林被公认为"世界园林之母"、世界艺术之奇观。

中国传统园林艺术是以追求自然精神境界为最终和最高目的的，以展现"虽由人作，宛自天开"的效果。中国传统园林艺术体现了中国文化的内涵，是中国五千年文化史造就的艺术珍品，是一个民族内在精神品格的写照，是我们今天需要继承与发展的瑰丽事业。

扫描此码

自学自测

第七章 美育浸润 以"文"化人

第一节 中国文学概览

一、诗歌

（一）诗歌的起源

诗歌是世界上最古老、最基本的文学形式，堪称"文学鼻祖"的语言艺术。它要求高度集中概括地反映社会生活，饱含丰富的思想感情和想象，语言精练，形象性强，并具有一定的节奏韵律，一般分行排列。在中国古代，不和乐的称为诗，和乐的称为歌，现代一般统称为诗歌。中国是一个诗的国度，诗歌堪称国粹。

诗歌的起源可以追溯到上古时期，产生于文字发明之前，源于古代人们的劳动号子和民歌。《礼记·乐记》记载："诗，言其志也；歌，咏其声也；舞，动其容也。三者本于心，然后乐气从之。"早期，诗、歌、乐、舞是合为一体的。中国古代诗歌历经汉魏六朝的乐府、唐诗、宋词、元曲的发展。

（二）诗歌的发展概况

1. 我国最早的诗歌总集——《诗经》

《诗经》是公元前 11 世纪至公元前 6 世纪的诗歌总集，也是中国第一部诗歌总集。在先秦时期，《诗经》称为《诗》，或因其篇数称为《诗三百》。汉代独尊儒术，《诗》被列为儒家经典，与《礼》《书》《易》《春秋》合称为"五经"，遂称《诗经》。《诗经》对中国文学有着重大而深远的影响，它在审美追求、表现方式等诗歌的基本品格方面为中国诗歌奠定了基础，是四言诗的"鼻祖"，是中国诗歌乃至整个中国文学的重要源泉之一。

2. 浪漫主义文学源头——《楚辞》

战国时期出现的《楚辞》在中国文学史上具有特殊意义，因为它和《诗经》共同构成了中国诗歌史的源头，成为我国诗歌史上浪漫主义和现实主义两座巍然屹立的高峰。《楚辞》又称《楚词》，是战国时期楚国屈原开创的一种新诗体，标志着中国诗歌从民间集体歌唱阶段发展到诗人的独立创作阶段。

《楚辞》在诗歌的句式形式上采用三字一节的结构，中间以"兮"字为分节标志，三字节奏使诗歌语言在结构上更富于变化，是诗歌由四言向五言、七言转变的先声。在诗歌的语言上，楚辞讲究用词华丽、对偶工巧，因此，能够更加有效地塑造艺术形象和抒发复杂、强烈的情感。就句式而言，《楚辞》以杂言为主，词语丰富，很重视外在形式的美感，这为汉代赋体文学的产生创造了条件。

《离骚》是《楚辞》的代表作品，是我国古代文学史上一篇宏伟瑰丽的长篇抒情诗。全诗通过丰富奇特的想象，表达了诗人的"美政"理想及忠君爱国的情怀，塑造了一个充满爱国激情、具有崇高政治理想和高尚人格的伟大诗人形象。

鲁迅在《汉文学史纲要》中对屈原的作品有"逸响伟辞，卓绝一世""然其影响于后来之文章，乃甚或在三百篇以上"的评价。与《诗经》相比，《楚辞》在艺术上达到了一个新的境界，哺育了一代又一代的作家，对中国文学史产生了极其深远而广泛的影响。

3. 现实主义的新风——汉乐府诗

汉乐府诗是指由朝廷乐府系统或相当于乐府职能的音乐管理机构收集、保存并传下来的汉代诗歌。汉武帝时期开始设立掌管音乐的官署——乐府，它除了将文人歌功颂德的诗配乐演唱外，还担负采集民歌的任务。这些乐章、歌词后来统称为乐府诗或乐府。现存的汉乐府诗，约有三分之一为叙事性作品，这些叙事诗大多采用第三人称，常截取生活中的一个典型片段来表现广阔的社会背景；同时，汉乐府诗还善于通过戏剧情节的铺叙、人物语言、行动的刻画，塑造出特定环境中富有个性的典型形象，这奠定了中国古代叙事诗的基础。

汉代乐府民歌直接继承了《诗经》中民歌的现实主义传统，多"感于哀乐，缘事而发"，较全面、深刻地反映了当时的社会生活和人民的思想感情，女性题材作品众多。汉代乐府民歌用通俗的语言构造贴近生活的作品，实现了由杂言诗向五言诗的过渡，是中国五言诗体发展的一个重要阶段。

汉乐府诗采用叙事写法，人物刻画细致入微，性格鲜明，故事情节较为完整，能突出思想内涵，着重描绘典型细节，标志着中国古代叙事诗已成熟。《古诗十九首》代表了东汉文人五言诗的最高成就，其所表现的游子、思妇等各种复杂的思想情感在中国古代具有普遍性和典型意义，千百年来引起读者的广泛共鸣。它长于抒情，妙于起兴，委曲婉转，以其情景交融、物我互化的笔法，构成浑然圆融的艺术境界。继《诗经》《楚辞》之后，汉乐府诗作为一种新的诗体，以其匠心独运的立题命意、高超熟练的叙事技巧及灵活多样的体制，成为中国古代诗歌史上又一壮丽的景观，彰显了旺盛的生命力。

4. 文人创作的第一个高潮——建安诗歌

公元196年，曹操挟汉献帝移都许昌，改元"建安"。在文学史上，习惯于把建安时期及其后若干年的文学称为"建安文学"。建安文学以诗歌成就最为卓著，建安诗歌是我国古代文人创作的第一次高潮，对后代诗歌发展影响深远。

建安诗歌以"三曹"（曹操、曹丕、曹植）和"建安七子"（孔融、陈琳、王粲、徐干、阮瑀、应玚和刘桢）为代表，诗人们真实地反映了现实的动乱和人民的苦难，抒发了建功立业的理想和积极进取的精神，同时也流露出人生短暂、壮志难酬、悲凉幽怨的情感，形成了雄健深沉、慷慨悲凉的艺术风格，文学史上称为"建安风骨"或"汉魏风骨"。

作为政治家、军事家和文学家的曹操，首开建安风气。他的《蒿里行》真实地描绘了汉末的战乱和人民的苦难。在曹氏父子中，公认为曹植的文学成就较高。曹植的诗歌以曹丕称帝为界，分为前、后两期：前期诗作多表现个人的志趣与抱负，诗风雍容华贵、意气昂扬，如《白马篇》等；后期因受到猜忌、压制与摧残，诗风转为深沉悲凉，曲折地表现出自己的痛苦和哀怨，如《美女篇》等。

魏末，司马氏集团为了篡夺曹氏政权，大肆屠杀异己，这一时期文坛的诗歌表现了深刻的理性思考和人生悲哀，诗风由建安时的慷慨悲壮变为词旨渊永、寄托遥深。特别是阮籍的《咏怀诗》82 首，以隐晦曲折的手法集中抒写了其嗟生忧时的思想感情。

5. 文学的自觉时代——魏晋诗歌

魏晋时期，中国历史开始进入一个大动荡的时期。由于缺乏强有力的政治中心，政治集团间相互倾轧斗争，南北方不断相互攻伐，社会生活动荡不安。魏晋时期涌现出众多著名诗人和大量诗歌作品，文人创作的中心从辞赋转移到诗歌，奠定了诗歌在中国古代文学中的主导地位。

西晋诗歌继承并发展了曹植诗"词采华茂"的特点，语言由质朴简净趋向华丽藻饰，描写由简单趋向繁复，句式由散行趋向骈偶。其中以陆机最负盛名，左思则独树一帜。东晋时期的陶渊明是著名的山水田园诗人，他开创了文人诗歌创作的新领域——田园诗。其诗的突出风格是平淡自然，质朴、简约的形式中蕴含着丰厚的情韵。

晋宋之际，山水诗逐渐兴起。谢灵运是我国诗史上第一个用诗来精细刻画山水景物的诗人。他的诗追求对偶工整，刻意雕琢；与他同时代的鲍照的诗则继承和发扬了汉乐府反映现实的优良传统，或描写边塞战争，或抒写怀才不遇的内心愤懑，批判门阀制度的不合理，有着深远的社会意义。南齐永明年间，沈约、谢朓、王融、周颙等诗人创造了一种跟古体诗不同的新体诗，史称"永明体"，其主要特征是讲究声律和对偶。永明体的出现使诗人有了掌握和运用声律的自觉意识，增加了诗歌艺术形式的美感，为唐代格律诗的出现及繁荣奠定了基础。

东晋、南北朝是乐府民歌发展的高峰期。南朝民歌大部分保存在郭茂倩所编的《乐府诗集·清商曲辞》中，主要有吴歌和西曲两类。它们产生于以首都建业（今江苏南京）为中心的江南地区和江陵（今湖北荆州）一带。南朝民歌几乎全是情歌，体制短小，多用双关隐语，语言清新自然，情调婉转缠绵。北朝民歌大部分保存在《乐府诗集·横吹曲辞》中，在《杂曲歌辞》和《杂歌谣辞》中也有一小部分。北朝民歌的风格与南朝民歌迥异，北朝民歌除了写男女情爱，还写大漠风光、征战行役、羁旅乡思等内容，风格上豪放粗犷、坦率爽朗、质朴刚健。

6. 最为辉煌的高峰——唐诗

诗歌发展到唐代，迎来了高度成熟的黄金时代。在近 300 年的时间里，涌现出许多著名的诗人。唐代初期，诗歌创作仍受南朝诗风的影响，题材较为狭窄，追求华丽辞藻。直到"初唐四杰"——王勃、杨炯、卢照邻、骆宾王的出现，才扩大了诗的表现范围，使诗从台阁走向关山和塞漠，显示出雄伟的气势和开阔的襟怀。在诗的体式上，完成了五言、七言律体的定型。在初唐的后期，陈子昂和张若虚艺术上的成熟，透露出盛唐诗歌行将到来。

盛唐时期是诗歌繁荣的顶峰，诗坛群星璀璨。王维和孟浩然善于表现山水田园的美，表现人与自然和谐相处的宁静平和心境。王昌龄、高适、岑参、祖咏等善于写边塞生活，他们大多到过边塞，领略过边塞的壮丽景色，向往在边塞立功。他们在诗中将祖国山河的壮美与保家卫国的豪迈情怀表现得淋漓尽致。最能反映盛唐精神风貌、代表盛唐诗歌高度艺术成就的诗人是李白。他的诗充分表现了盛唐社会士人的自信与抱负，神采飞扬，充满理想色彩。被后人称为"诗圣"的杜甫和许多盛唐诗人一样，都有过"裘马轻狂"的漫游生活，但他的主要创作活动是在安史之乱以后，在感情上更能体会到民众的疾苦。

中唐时期出现了有明确艺术主张的不同流派。白居易是杰出的现实主义诗人，他继承并发展了《诗经》和汉乐府的现实主义传统，掀起了"新乐府"运动。元稹、张籍、王建都是这一运动中的重要诗人。韩愈、孟郊等人的诗歌艺术与白居易相比有所创新，他们追求奇险的美，重主观，常常打破律体约束，以散文句式入诗，自成一派，后人称为"韩孟"。柳宗元的诗多抒发个人的悲愤和抑郁，他的山水诗情致婉转、描绘简洁，处处显示出他清俊高洁的个性。刘禹锡善作咏史诗，在寄寓怀古的感叹中融入现实的忧患意识，他的民歌体《竹枝词》和《杨柳枝词》富有浓郁的生活气息和地方特色。李贺的诗在构思、意象、遣词、设色等方面都表现出新奇独创的特色，形成瑰丽、冷艳的浪漫风格。

晚唐是唐代诗歌的衰落时期。这时期的诗歌感伤气氛浓厚，代表诗人是杜牧、李商隐，人称"小李杜"。他们都具有忧国忧民的思想，感慨于盛世不再来，诗中充满了迟暮黄昏的梦幻情调。杜牧以七言绝句见长，《江南春》《山行》《泊秦淮》《过华清宫》等是他的代表作。李商隐以爱情诗见长，他的七律承袭杜甫，用典精巧，对偶工整。

7. 具有独特风格的时代篇章——宋诗、宋词

诗发展到宋代已不似唐代那般辉煌，但有着独特的风格：抒情成分减少，叙述、议论成分增多，重视描摹刻画，大量采用散文句法，使诗与音乐的关系疏远。

宋初，西昆体诗派诗人杨亿等作诗取法李商隐，讲究辞采，对仗工整，多用典故，借此来表现才学和功力；后来出现了反对诗文浮华作风，从理论和创作上表现现实主义精神的柳开、王禹偁等人。

欧阳修、梅尧臣、苏舜钦等登上文坛之后，继承并发展了复古主义传统，把诗文革新运动推向了高潮，并取得了决定性的胜利。最能体现宋诗特色的是苏轼和黄庭坚的诗。"以文为诗"是苏轼的显著特色之一，他以才学为诗，体现为好议论，善于使事用典，有意识地以议论入诗，将对事物的形象感受与哲理思考结合起来。黄庭坚的诗风奇特，声律奇峭，用典广博，与陈师道一起开创了宋代影响最大的"江西诗派"。

词源于唐代，鼎盛于宋代。温庭筠是晚唐的著名词人，他的词辞藻华丽，多写妇女离别相思之情，被后人称为"花间派"。南唐后主李煜在词的发展史上有着较高的历史地位。晏殊、欧阳修虽然都有优秀的作品，但没有脱离"花间派"的影响。直到柳永开始创作长调的慢词，词的规模才发生了显著变化。之后，苏轼怀古伤今的内容进入词作中，将词的题材进一步发展。与苏轼同时代的秦观、周邦彦也是非常出色的词人。在两宋词坛上，女词人李清照以其独树一帜的风格占有相当重要的地位。

南宋初年，诗词作品多表现作家们的爱国之情，辛弃疾被誉为"爱国词人"，他是这一时期的代表人物。南宋前期出现了"中兴四大诗人"——陆游、杨万里、范成大、尤袤，其中陆游的影响力最大。南宋后期的著名词人有姜夔等。

8. 新的韵文形式——散曲

散曲从词发展而来，是金元时期在各种曲调的基础上吸收了少数民族的乐曲及部分唐宋词调的成分后形成的一种新体诗。从音乐意义上来说，散曲是元代流行的歌曲，是按一定宫调的曲牌填写出来的能唱的曲词；从文学意义上来说，散曲是一种具有独特语言风格的抒情诗。

散曲分为小令和套数两类。小令一般用单支曲子写成。另外，还有"带过曲""集曲""重头""换头"等特殊形式，这些都是根据一定的规则将数支曲子联结而成的。套数又称"散套""套曲""大令"，是用同宫调的两支以上的曲子写成的，与杂剧中的套曲相似。

元代前期，散曲创作的代表人物有关汉卿、王和卿、白朴、马致远、卢挚、张养浩等。散曲作为一种新鲜的诗体，凭借着前期作家的创作热情和创造才能，很快呈现出鲜明、独特的艺术魅力，富有时代特征的风貌神韵奠定了它在中国文学中与诗、词比肩而立的地位。散曲的一个特征是，随着传统信仰的失落，作家对封建政治的价值普遍采取否定的态度。元代后期，散曲创作的代表人物有贯云石、曾瑞、乔吉、张可久等，作品更注重艺术中的个性表现。

9. 明清诗歌的发展与衰落

明代诗歌是在拟古与反拟古的反反复复中前行的，没有杰出的作品和诗人出现。明代初年，高启、杨基、张羽、徐贲并称"吴中四杰"。之后，由于出现了以杨士奇、杨荣、杨溥等为代表的"台阁体"诗，诗歌发展步入了低潮。以李东阳为代表的"茶陵派"提出诗学汉唐，尊崇李、杜的主张，作诗强调宗唐法杜，着眼于音调，成为"台阁体"向"前后七子"复古运动之间的过渡。晚明时期出现了反拟古的文学流派——"公安派"，作诗主张"独抒性灵，不拘格套"，反对艰深古奥、佶屈聱牙，表现出一定的变古创新精神。继"公安派"之后，湖北竟陵人钟惺、谭元春也主张"引古人之精神，以接后人之心目"。清兵入关，造就了陈子龙、夏完淳等一批爱国诗人，他们以雄劲豪迈、悲壮激昂的诗歌作品表达了强烈的爱国情操。

清代诗词流派众多，诗歌创作的成就远超元、明两代。清前期主要有遗民诗人和入仕诗人两类。清代中叶，诗坛出现了尊唐的"格调派"、宗宋的"肌理派"及继承晚明直抒性情的"性灵派"。但大多数诗人尚未摆脱拟古主义和形式主义的束缚，难有超出前人之处。清晚期的龚自珍以其先进的思想，领近代文学史风气之先。他的诗着眼于社会、历史和政治，揭露现实，使诗成为现实社会的批判工具。之后的黄遵宪、康有为、梁启超等"新诗派"更是将诗歌直接用作资产阶级改良运动的宣传工具。

二、散文

散文是指不讲究韵律的散体文章，包括杂文、随笔、游记等。它是最自由的文体，不讲究音韵，不讲究排比，没有任何束缚和限制，也是中国最早出现的文体之一。通常，一篇散文具有一个或多个中心思想，以抒情、记叙、议论等方式表达。

（一）中国古代散文的发展概况

1. 开创时期——先秦散文

散文始于文字记事，可追溯到殷商时期的甲骨文。殷商时期的甲骨卜辞是今天能见到的最早的散文类文字，但还不能称为真正意义上的散文。最早的成篇散文保存在《尚书》（《书经》）中，它的出现标志着我国散文的形成。

春秋战国时代，散文创作出现了第一次高潮。这一时期的散文可分为两类：一类是以说理、议论为主的诸子散文，另一类是以描写历史人物、记述历史事件为主的历史散文。诸子散文往往寓理于形，借助形象陈义说理，含有叙事成分，有许多寓言故事和生动的比喻，如《论语》《孟子》《庄子》《墨子》《韩非子》《荀子》等。与之交相辉映的是记事或记言的历史散文，如《尚书》《春秋》《左传》《国语》《战国策》等。先秦散文开创了我国散文的基本形式，即议论文和叙事文。后世散文尽管有许多发展变化，但与以上两种散文都有密切联系。虽然当时散文主要以实用性为主，但其文学性的光芒已不可掩抑，在叙事、写人、寓理于形和语言艺术方面都是后世良好的先导。

2. 发展时期——汉代散文

汉代以后散文主要有史传文、政论文和赋三种类型，其中论说中的政论散文和叙事文中的历史散文成就最为突出，如贾谊的《过秦论》、司马迁的《史记》、班固的《汉书》等。

散文走出应用文的尝试是从赋体开始的。赋是一种特殊的文体，有着独特的演进过程：从汉初的骚体赋，到汉大赋，再到东汉后期的小赋，乃至魏晋南北朝的骈赋、唐朝的律赋、宋朝的文赋等。赋是汉代最流行的文学体裁，以至后世有"汉赋"之称，汉赋与唐诗、宋词、元曲并列。据现有资料，赋的名称始于战国赵人荀子的《赋篇》，到后代形成了特定的体制。赋讲究文采、韵律、节奏，兼具诗歌和散文的双重性质，接近散文的称"文赋"，接近骈文的称"骈赋"。西汉贾谊的《吊屈原赋》《鵩鸟赋》，司马相如的《子虚赋》《上林赋》，扬雄的《甘泉赋》《羽猎赋》《长杨赋》《河东赋》，班固的《两都赋》，东汉张衡的《二京赋》，都是汉赋中的名篇。

3. 创作高峰——魏晋骈文

魏晋南北朝时期，散文的题材有所扩展，山水景物成为散文表现的新内容，文章中的抒情成分大大增加。从东汉到魏末，受辞赋影响，散文渐趋整饬，注重排偶，日益骈化，骈文逐渐占据文坛的主导地位。南朝时期，骈文臻于完美，出现了创作的高潮，几乎统治着南朝的散文文坛。

魏晋南北朝的辞赋,沿着东汉后期抒情的方向拓展了表现领域与表现风格。王粲的《登楼赋》通过描绘异乡风物之美引起的思乡怀土和壮志难酬的情感,将写景和抒情相结合。曹植的《洛神赋》虚构了自己在洛水边与神女相遇的故事,对洛神的容貌、神采描写得非常生动,带有一定的寓意。向秀的《思旧赋》以极为凝练、含蓄的语言对被杀害的朋友嵇康、吕安进行追念感怀。陶渊明的《归去来兮辞》是脱离官场、回归田园的宣言,语言优美流畅,富于诗情和哲理。南北朝时期,庾信的代表作《哀江南赋》更是情辞俱佳。

4. 发展高峰——唐宋散文

唐、宋两代是中国古代散文发展的高峰期,以"唐宋八大家"(唐代的韩愈、柳宗元及宋代的欧阳修、王安石、曾巩、苏洵、苏轼、苏辙)为代表的唐宋散文家既继承了先秦两汉散文的优良传统,又吸收了六朝文学抒情写景、语言修辞方面的艺术经验,再加以融合、发展,使文章的体裁样式增多、艺术性提高,创作了许多脍炙人口的名篇。"唐宋八大家"的作品一直是人们学习古代散文的典范。除了奇句单行的古文,唐宋骈文也有一些优秀的作品,如王勃的《滕王阁序》、骆宾王的《代李敬业传檄天下文》等。

中唐时期,社会矛盾尖锐,危机深重,政治改革已迫在眉睫,复兴儒学成为强大的思潮。韩愈、柳宗元号召复古,大力反对浮华的骈文,提倡质朴自然、散行实用的散文,领导了一场变革文风、文体的古文运动。他们的散文有比较充实的思想内容,力求反映各种社会现实问题,感情真切,提高了散文的抒情、叙事、议论、讽刺的艺术功能,内容和形式都达到了推陈出新的境地。

宋初文坛盛行五代的艳冶文风,直至北宋中叶,以欧阳修为代表的诗文革新派开始号召学习韩愈、柳宗元的古文风格,倡导文以"明道""致用",从此散文革新走上了健康发展的道路。除了欧阳修,还有王安石、苏洵、苏轼、苏辙、曾巩等杰出人物,其中以苏轼成就最为显著。苏轼领导宋代古文运动取得完全胜利,其散文诸体兼备,自由挥洒,如行云流水,姿态横生。《赤壁赋》《后赤壁赋》代表了宋代散文的最高成就,把散文赋的艺术推向了顶峰。

5. 逐渐式微——元明清散文

元、明、清三代,戏曲、小说兴盛起来,而诗文等封建社会的正统文学成就已不能和唐、宋时相比。明、清两代实行文化专制,妨碍了散文的发展。用于科举考试的八股文是骈文的别支,题目主要摘自"四书",形式死板,严重束缚了作者的创作自由,给文学发展带来了负面影响。至于一般的散文,有正宗的古文,也有以晚明小品文为代表的各类杂文。

(二)中国古代散文的类别与特点

中国古代文学中,骈文和辞赋基本上属于韵文范畴,但在行文体制上更接近散文。随着文学概念的演变和文学体裁的发展,散文的概念也时有变化。古代散文虽体式繁多,但论说与记叙一直占据重要地位。汉代以后,散文逐渐骈化,出现了骈文。其后,传统散文一直沿着古文与骈文两条线发展,此起彼伏,互为消长。

1. 古文及其特点

古文是与魏晋以来盛行的骈文相对而言的,指先秦两汉盛行的散文。其特点是质朴自然,以散行单句为主,不受格式拘束,运用灵活,有利于反映现实生活、表达思想。自魏晋之后,散句单行、质朴古朴的散文逐渐式微。

2. 骈文及其特点

骈文又称骈体文、骈俪文或骈偶文,是中国古代以字句两两相对而成篇章的文体。因其常用四字句、六字句,故又称"四六文"或"骈四俪六"。其特点是全篇以双句(俪句、偶句)为主,讲究句式工整、辞藻华美、对仗工整、声律铿锵。在声韵方面,讲究运用平仄,韵律和谐;在修辞方面,注重藻饰和用典,丰富了文学体裁和散文表现技巧,给散文发展带来一定的有益影响。但随着骈文的发展,过度地迁就句式、堆砌辞藻又影响了内容的表达。

3. 辞赋及其特点

辞赋源于战国时期。汉代刘向将屈原、宋玉等人的作品编辑成书,将其称为《楚辞》,后人泛称赋体文学为辞赋。辞赋具有辞藻华美、对偶形式多变、用韵讲究的特点,是一种特殊的古代美学形式,其先后经历了骚赋、汉赋、骈赋、律赋、文赋的流变过程。

骚赋体继承了《楚辞·离骚》抒发个人感情的特点,尤其是抒写忧愁和悲哀情感。它抒写了贤人的失志之悲、宫廷女子的失宠之怨,或寄寓了失偶的哀绪。

汉赋是汉朝涌现出的一种有韵的散文,其特点是散韵结合、专事铺叙。从赋的形式上看,在于"铺采摛文";从赋的内容上看,侧重"体物写志"。

骈赋是在排比、对偶的基础上,经过文人的加工创造而形成的一种新文体,是汉代以后向骈文方向发展的赋。其特点是通篇基本对仗,两句成联,句式灵活,多用虚词,行文流畅,词气通顺,音韵自然和谐。骈赋实际上是赋的一种,因其较多地运用了对偶这一修辞手法,又被称为俳赋。

律赋是指有一定格律的赋体。其音韵和谐、对偶工整,对音律、押韵有严格的规定。唐代进士科举考试命题作赋,除了须遵守骈赋对仗声律要求,还限定了表示立意要求的韵脚字,一般为四言两句八字,即限八韵。宋代命题赋沿袭了唐制。后世通称这类限制立意和韵脚的命题赋为律赋。

文赋是赋体文学的一种,是指相对于骈文而言,用古文写的赋,也是相对于骈赋而言,不拘泥于骈偶的赋。文赋是唐宋古文运动的产物。

三、小说

小说属于通俗文学的范畴,在古代传统文学观念中,历来被视作不能登大雅之堂的"末技"。因此,小说在古代文学中起步较晚,发展也相对缓慢。

（一）魏晋南北朝志怪、志人小说

中国叙事文学的源头可推至上古神话传说和先秦散文中的叙事片段及汉史传作品，但真正的文学创作则始于魏晋南北朝小说。魏晋南北朝时期，在佛教兴起、玄学大盛的情况下，小说以当时的两种创作倾向为基础，分为志怪和志人两类：志怪多以"怪""异"为书名；志人多以"说""语"为书名，因此"志人"小说又称为"世说体"。代表作有干宝的《搜神记》、刘义庆的《世说新语》等。志怪是在人们认识水平有限的状态下，以有神论为基础记录的神鬼怪异故事；志人则明显受玄学和清谈之风的影响，侧重于记录人物的逸闻琐事。许多志怪的作者本身就是宗教徒，其创作宗旨乃是"发明神道之不诬"，也就是张扬鬼神、称道灵异，进行宗教宣传。因此，魏晋南北朝的志怪、志人小说尽管讲述了离奇的故事，塑造出了不少生动、典型的人物，但没有摆脱史传文学"实录"的束缚，还不是真正文学意义上的小说。

（二）唐传奇

正如鲁迅所说："小说亦如诗，至唐代而一变。"唐代因文人"作意好奇"，出现了用文言创作的短篇小说，唐传奇因晚唐裴铏的小说集《传奇》而得名。

唐传奇的内容新颖、广泛，更贴近现实生活。上至帝王后妃的宫廷生活，或统治集团内部为争权夺利而展开的斗争，下至妓女、士子的恋爱婚姻悲剧，或乞丐、商贾、羁旅、役夫的生活状况，无不写入唐传奇中。传奇所描绘的生活面几乎触及隋唐社会的各个角落，笔锋所向多揭露黑暗丑恶现象，也有对光明理想的追求。有些作品虽然也属于搜奇之类，沿袭六朝小说的遗风，写鬼狐仙妖、求道炼丹等虚妄之事，但作品中的主人公大多是当时常见的人物，即使写鬼狐神仙，也都富于人情，如《任氏传》《柳毅传》等，故事情节的安排和发展既出人意料又在情理之中。

（三）宋元话本

宋元小说作品通篇使用通俗、生动的语言叙述故事，标志着我国古代白话文体的正式出现，开创了中国文学语言发展的一个新阶段。与魏晋南北朝小说和唐传奇小说相比，宋元小说在故事结构上更注重情节的曲折动人，在人物刻画上更讲究细节描写和心理描写，为后代的小说创作提供了宝贵的艺术经验。

宋元话本在文言小说之外开辟了一个广阔的艺术天地，是中国通俗小说的源头，对后世小说的影响很大。明代的章回小说就是在此基础上发展而成的。话本中的讲史话本也称"平话"，是章回体长篇小说的起源；小说话本也称"短书"。自此以后，我国小说沿着文言、白话两条道路开始发展。

宋代小说话本从题材上分为灵怪、烟粉、传奇、公案、朴刀、杆棒、神仙、妖术八类。从体制上看，宋代小说话本大体由入话、正话、结尾几个部分构成。入话是小说话本的开端部分，有时以一首或若干首诗词"起兴"，有时先以一首诗点出故事题旨，再叙述一个与题旨相关的小故事；正话则是话本的主体，情节曲折、细节丰富、人物形象鲜明突出；正话之后，往往以一首诗总结故事主题，或以"话本说彻，权作散场"之类套话作结。

（四）明清小说

明代都市经济高度发展，适应市民需求的通俗文学样式——小说特别兴盛，由此产生了一种章回体小说，即将一篇长故事分为大致匀称的若干章节，标出回目，组成一部故事连贯的长篇小说。明代出现的长篇小说有100多种，著名的有《三国演义》《水浒传》《西游记》《金瓶梅》，它们并称为明代"四大奇书"。

明代短篇小说的主要形式是话本，着重描绘市民阶层中的商人、手工业者和妓女的生活及心态。冯梦龙编著的《喻世明言》《警世通言》《醒世恒言》和凌濛初编著的《初刻拍案惊奇》《二刻拍案惊奇》合称"三言二拍"，是我国古代白话短篇小说最高成就的代表，表达了市民的思想感情。清初至乾隆末年是中国古典小说的鼎盛时期，代表作有《红楼梦》《聊斋志异》《儒林外史》等。

第二节　文学的审美要点

一、文学作品美的表现

（一）文学作品的形象美

文学作品的美是丰富多彩的，一部好的作品能起到净化人的情感、培养人的情趣、陶冶人的心灵、美化人的灵魂的作用，而形象美是其中的一个方面。形象是文学作品的内在灵魂，延伸着文学作品的内涵价值，是作家审美情趣、审美意识的一种体现。

文学形象是文学作品中用文学语言构造的具有审美倾向的具体可感的形象或情景，可以是人物形象、事物形象，也可以是自然景象。人物形象是文学形象的主要部分，作家通过对人物形象的塑造，使文学作品具有特殊的审美教育作用，例如，《离骚》塑造的就是一个高尚、纯洁、正直的爱国诗人的形象。事物形象多出现在诗歌中，是咏物诗或杂诗中吟咏的对象，例如，骆宾王《咏蝉》中的"蝉"、袁枚《苔》中的"苔花"、陆游《卜算子·咏梅》中的"梅花"等。文学作品中自然景象能够起到渲染氛围、奠定感情基调、烘托人物形象、深化主题等作用。例如，王维《山居秋暝》中"明月松间照，清泉石上流"的宁静柔美，苏轼《念奴娇·赤壁怀古》中"乱石穿空，惊涛拍岸，卷起千堆雪"的壮美雄奇。

（二）文学作品的语言美

文学是以语言为媒介创造的艺术作品，文学作品的语言是塑造艺术形象、反映社会生活、表达思想感情的媒介。文学作品的语言美主要体现在音韵美、风格美、修辞美等方面。

1. 音韵美

文学作品语言的音韵美，在句式上表现为均匀整齐、错落有致；在声韵方面表现为抑扬顿挫，富于节奏性和旋律性；在语句方面表现为一气呵成的连贯性或中断跳跃的分行；

在写作手法方面表现为多种修辞手法的运用。运用修辞手法对语言进行修饰与美化，能够使音韵和谐悦耳，使节奏张弛有度，使词语使用更加灵活。

语言是有节奏的，说话声音的高低、长短、强弱都有自己的节奏。汉语一字一音节，一个音节又由一个或几个音素组成，而音素又有元音、辅音两大类。汉语的声调抑扬顿挫，能够使语音表现能力变得更加丰富，这样的语音结构决定了汉语音韵的和谐与优美。

2. 风格美

文学作品的语言风格类型多样，可以是豪放的，也可以是柔婉的；可以是质朴的，也可以是绚丽的；可以是庄重的，也可以是诙谐的。依据写作目的、主题等不同，文学作品可以选择不同的语言风格。

语言风格豪放的文学作品气势磅礴、格调高昂、境界雄浑、感情激荡，常常使用激越昂扬的语气格调，宏大热烈的词语，气势酣畅的句式，排比、夸张和反复等修辞手法来表现作品主题。例如，曹操的《观沧海》："东临碣石，以观沧海。水何澹澹，山岛竦峙。树木丛生，百草丰茂。秋风萧瑟，洪波涌起。日月之行，若出其中。星汉灿烂，若出其里。幸甚至哉，歌以咏志。"这首诗气韵沉雄、气吞山河，将曹操的"鸿鹄之志"表现得淋漓尽致。

语言风格柔婉的作品笔调柔和、感情细腻、委婉缠绵、韵味深远。例如，中国著名作家铁凝，擅长捕捉人物细微的心理活动，以精妙的语言传达作家敏锐而细腻的艺术感觉。其代表作《哦，香雪》以清新隽永的笔调表现了一个在闭塞山村中生活的少女香雪对都市文明的向往，具有浓郁的乡土气息。

语言风格质朴的作品朴素无华、真切感人，以普通的、不起眼的词句表达思想和感情。例如，西晋时期李密的《陈情表》从自己幼年的不幸遭遇写起，说明自己与祖母相依为命的特殊感情；除了感谢朝廷的知遇之恩，还倾诉自己不能从命的苦衷。文章语言简洁、委婉畅达、辞意恳切，是中国文学史上抒情文的代表作之一。

语言风格绚丽的作品色彩明艳，句式繁复，文笔华美，多用描绘性的修饰成分，讲究节奏与韵律。语言风格庄重的作品庄严肃穆、平稳持重、义正词严，情感浓烈；句式整齐绵长，关联词语也多。语言风格诙谐的作品则轻松俏皮，讥嘲讽刺，趣味横生。

3. 修辞美

中国近代学者王国维在《人间词话》中说："余谓苟于词之荡漾处多用叠韵，促节处用双声，则其铿锵可诵，必有过于前人者。"修辞是对语言的修饰与美化，汉语的修辞自由灵活、手法多样，给汉语增添了无穷魅力。无论是诗歌、散文还是小说，作者在抒发感情时，除了直接抒发，大多数是通过渲染景物，借助比兴、自然的人化和物化，或通过象征、典故，以及富有形象化的修辞手法进行表达。

比喻是汉语中常见的一种修辞手法，也是一种形象化的表达方式，更是文学创作的重要手段。要想使对象表现得更形象真切，更好地表达出对事物的爱憎和褒贬，更好地描绘出事物的内在特点，就必须运用形象化的比喻手法。例如，鲁迅在《故乡》一文中对杨二嫂的描写："两手搭在髀间，没有系裙，张着两脚，正像一个画图仪器里细脚伶仃的圆规。"使用这样一个比喻句，就将一个当年"豆腐西施"一样的人物，而今却剩下一副可笑的形骸形象地表现了出来，反映了一个年老色衰女性内心的苦楚。

排比是指将结构相同、意义相关、语气一致的词组或句子成串地排列起来。恰当地使用排比，不仅可以增强语言的气势，集中地表达某种意思或情感，还可以造成结构形式的整齐美，增强文章的艺术美。排比用于叙述，清晰深刻；用于描写，形象生动；用于抒情，情深意厚；用于说理，能让读者感受到一种鞭辟入里、理直气壮的强烈气氛。例如，《桂林山水》一文中对漓江水的描写："漓江的水真静啊，静得让你感觉不到它在流动；漓江的水真清啊，清得可以看见江底的沙石；漓江的水真绿啊，绿得仿佛那是一块无瑕的翡翠。"这段话读起来朗朗上口，将漓江水"静、清、绿"的特点描写得细致入微、生动形象，表达效果极佳。

夸张是文学作品中常用的一种修辞手法，它为了达到某种表达效果，对事物的形象、特征、作用、程度等方面着意夸大或缩小。夸张可以突出事物的本质，加强感情，强调语气，烘托气氛，引发丰富的想象和情感共鸣。"诗仙"李白运用夸张的手法创作出许多瑰丽动人的诗句。这些诗句有无比开阔的意境美，有五彩缤纷的色彩美，有大气磅礴的气势美，有美如音乐的节奏美，展现出了李白丰富的想象力。例如，"危楼高百尺，手可摘星辰。不敢高声语，恐惊天上人"这首诗里，李白用极其夸张的手法描写出寺庙之高。"朝辞白帝彩云间，千里江陵一日还。两岸猿声啼不住，轻舟已过万重山"这首诗里，李白运用夸张的手法表达了自己内心的轻快之情，隐隐透露出他遇赦的喜悦。"飞流直下三千尺，疑是银河落九天"风格大气，呈现出一种独特的空旷之美。读"燕草如碧丝，秦桑低绿枝"这句诗的瞬间，优美柔和的绿色便占据了视线。

（三）文学作品的意境美

意境是中国文学审美理想的集中体现，是文学作品中呈现出来的一种诗意空间。这个诗意空间是情景交融、虚实相生的，充盈着生命里韵味无穷的旋律。例如，王维的《使至塞上》：

> 单车欲问边，属国过居延。
> 征蓬出汉塞，归雁入胡天。
> 大漠孤烟直，长河落日圆。
> 萧关逢候骑，都护在燕然。

这首诗是诗人奉命赴边疆慰问将士途中所作的一首记行诗，记述出使塞上的旅程及旅程中所见的塞外风光。诗人出使正值春天，途中见数行归雁北翔，即景设喻，用"归雁"自比，既叙事又写景，一笔两到，贴切自然。"大漠孤烟直，长河落日圆"一句写的是塞外奇特壮丽的风光，画面开阔、意境雄浑。"直""圆"准确地描绘了沙漠的景象，表现了作者深切的感受。诗人把自己的孤寂情绪巧妙地融入自然景象的描绘之中。

情景交融主要包括情中见景、景中藏情、情景并茂三个类型，这是意境创造的表现特征。情景交融是作者将自身的情感与实景结合在一起，从而产生景中有情、情中见景的效果。这种手法的运用能将作者的思维调高到一个新的境界，从而描绘出一个独立于外界的精神世界。例如，在"采菊东篱下，悠然见南山"这一句中，诗人陶渊明通过对客观景物的描写，抬头就可以见到南山，显得那样的怡然自得，将内心的闲适心情直接表露了出来；在"孤帆远影碧空尽，唯见长江天际流"这一句中，诗人李白没有将情感直接抒发出来，而是用浩瀚的长江和友人的船只作为背景来渲染孤独、荒凉的气氛，构造出一幅送别画面，通过对孤帆、远影和长江的描写将内心的情感蕴含其中；在"月落乌啼霜满天，江枫渔火对愁眠"这一句中，诗人张继通过描写"月落""乌啼""晚霜""枫树""渔火"等景物，构造出一幅凄凉的画面，透露出浓浓的乡愁，"姑苏城外寒山寺，夜半钟声到客船"这一句更加衬托出夜的静谧与深沉，诗人听着钟声夜不能寐，情感表现尽在不言中。

虚实相生是指作品中有虚有实，描写的景象虚实相结合，即意境创造的结构特征。清代画家笪重光说："空本难图，实景清而空景现；神无可绘，真境逼而神境生。位置相戾，有画处多属赘疣；虚实相生，无画处皆成妙境。"他认为，画中的无画处是创造意境的关键，只有虚实相生，才能创造出妙境。这个特征在文学作品中同样适用。虚实相生包含实境和虚境。实境是作品中比较真实的因素，虚境是作品中比较虚幻的因素。虚境必须以实境为载体，以对事物具体的描写为基础；实境的描写如果缺乏虚境的提升，就达不到意境美的效果。因此，在文学创作时，就需要做到虚实结合、虚实相生。例如，《念奴娇·赤壁怀古》（苏轼）的"乱石穿空，惊涛拍岸，卷起千堆雪"写赤壁险峻的形势；《雨霖铃》（柳永）的"寒蝉凄切，对长亭晚""执手相看泪眼，竟无语凝噎"写两人分别之时的情形，这些写的都是实境。《梦游天姥吟留别》（李白）中"日月照耀金银台""霓为衣兮风为马""仙之人兮列如麻"，描绘的"仙境"则是虚境；《雨霖铃》中"今宵酒醒何处，杨柳岸晓风残月"，设想别后情境，渲染别后的愁情，也是虚境。

二、诗歌的审美要点

（一）诗歌的形象美

诗歌的形象包括意象、物象和人物形象。只有真正了解诗歌的形象，才能深入领会诗人的思想感情。

1. 欣赏诗歌的意象

（1）抓住景物特点，探知诗人的感情。"诗言歌咏，见景生情。"诗人的写景是后一两句情感抒发的基础，由景物的物象可以探知诗人的情感。例如，李白的《静夜思》前两句是写景，以"地上霜"喻月光，十分真切地描写了深秋静夜的寒意萧瑟；后两句则直接抒发思念故乡的情感。

（2）析意境，探知诗人的情感。"意"是指诗人的主观情感，"境"是指诗人所创设的生活图景，主要是由景物构成。"意境"就是将诗人的思想情感和生活场景融合在一起所塑造的耐人寻味的艺术境界。

（3）透过表面意义，挖掘深层含义。古代诗歌情感深沉，含蓄不露，在表面意义之下隐藏着深层含义，这正是作者要表达的主题。例如，李白的《早发白帝城》，从字面上看是写一段行程，水流急、船行快，其实质是写心情的轻松和愉悦。

2. 欣赏诗歌的物象

诗人常借助具有某种特定内涵的事物来表明自己的心迹或某种情感，如咏物抒情诗。鉴赏这类诗歌需要注意三点：抓物象的特点；抓物与志的"契合点"，挖掘物象内在的品格、精神；抓物象的特殊内涵。

3. 欣赏诗歌中抒情主人公的形象

诗中的抒情主人公一般指"我"，即诗人自己。因此，在鉴赏时，首先需要了解两点：一是知人论世，关注背景；二是要抓住抒情主人公的语言、神态、动作、心理。

（二）诗歌思想美

1. 由诗眼入手

诗眼是一首诗或一句诗中最精炼传神的一个字，或一首诗主旨所在的句子，或含有某种哲理的诗句。有的诗，题目就有提示全诗中心的作用，人们能够从题目中把握诗歌表达的情感。例如，唐代张九龄的《望月怀远》：

> 海上生明月，天涯共此时。
> 情人怨遥夜，竟夕起相思。
> 灭烛怜光满，披衣觉露滋。
> 不堪盈手赠，还寝梦佳期。

从"怀"字可以看出，这是一首怀念远在家乡亲人的诗歌，朴素自然，情致深婉。全诗字句自然浅近，情意细腻，由望月引起怀人，由怀人引发行动，浓浓的思念、淡淡的忧愁自然流转，动人心弦。

诗眼还可以从修辞、意境、哲理性等角度来欣赏。妙用拟人、夸张、比喻、通感等修辞手法，可以恰到好处地叙事状物、传情达意。例如，宋代秦观的《春日》：

> 一夕轻雷落万丝，霁光浮瓦碧参差。
> 有情芍药含春泪，无力蔷薇卧晓枝。

这首诗描绘了雨后春景，"含""卧"二字使芍药、蔷薇情态各异，姿态可掬：晨雾薄笼，碧瓦晶莹，芍药带雨含泪，蔷薇静卧枝蔓，给人一种清新婉丽的韵味，令人回味无穷。

有的诗眼则通过描绘一幅美妙动人、启人遐想的生活画面来表现。或情景交融，情韵深邃；或虚实相生，相得益彰。例如，宋代徐俯的《春游湖》：

> 双飞燕子几时回？夹岸桃花蘸水开。
> 春雨断桥人不渡，小舟撑出柳阴来。

这首诗描绘了一幅春日湖光美景：湖边的桃花盛开，贴着水面，倒映在水中，波光荡漾，岸上与水中的花枝连成一片，远远望去，仿佛蘸水而开，诗人的惊讶和喜悦跃然纸上。

2. 由典故入手

古代诗歌以凝练的文字表现丰富的内容，用一个典故就能省去许多文字。因此，理解典故是把握古代诗歌思想感情的重要途径。古诗词的用典是多样的，有引用前人语句的，有引用神话传说的，还有引用历史人物故事的。要理解古诗词表达的情感，就要了解作者用典的来历，体会作者用典的意图。例如，辛弃疾的《永遇乐·京口北固亭怀古》：

千古江山，英雄无觅，孙仲谋处。舞榭歌台，风流总被雨打风吹去。斜阳草树，寻常巷陌，人道寄奴曾住。想当年，金戈铁马，气吞万里如虎。

元嘉草草，封狼居胥，赢得仓皇北顾。四十三年，望中犹记，烽火扬州路。可堪回首，佛狸祠下，一片神鸦社鼓。凭谁问：廉颇老矣，尚能饭否？

《永遇乐·京口北固亭怀古》写于宋宁宗开禧元年（1205年），辛弃疾此时已66岁。这首词用典精当，怀古、忧世、抒志的多重主题交织其中。江山千古，欲觅当年英雄而不得，起调不凡。开篇即景抒情，由眼前所见联想到两位著名历史人物，对他们的英雄业绩表示向往；接着讽刺今日用事者又像宋文帝刘义隆一样草率，欲挥师北伐，令人忧虑；最后以自己衰老，朝廷不会再用自己，不禁仰天叹息结尾。借古喻今，妙合无垠，进一步提升了这首词的审美境界，给人回味无穷的审美效果。

三、散文的审美要点

（一）散文的特点

1. 题材广泛，思想精粹

散文取材十分广泛且自由，不受时间和空间的限制，表现手法不拘一格。可以叙述事件的发展，可以描写人物形象，可以托物抒情，可以发表议论。而且，作者可以根据内容需要自由调整、随意变化。散文所表达的主题必须集中且明确，广泛、灵活的内容与表现手法都应为表达主题服务。应注意材料与中心思想的内在联系，在结构上借助一定的线索，把材料串成一个有机整体。

2. 感情真挚，语言优美

散文意境深邃，注重表现作者的生活感受，抒情性强，情感真挚、不虚假、不作秀、不装腔作势。作者借助想象与联想，由此及彼、由浅入深、由实而虚，可以融情于景、寄情于事、寓情于物、托物言志，表达作者的真情实感，实现物我统一，展现出更深远的思想，使读者领会更深的道理。

散文通常具有诗一般的语言，优美而富有形象性，清新明丽、生动活泼、富于音乐感，寥寥数语就可以描绘出生动的形象，勾勒出动人的场景，显示出深远的意境。散文力求写景如在眼前，写情沁人心脾。例如，当代作家宗璞的《紫藤萝瀑布》将"一条像瀑布"的

"一片辉煌的淡紫色"藤萝景况描写得细致生动、淋漓尽致，占据了大量篇幅，分外引人注目。散文的语言经过情感的陶冶和锻炼，具有很强的抒情味和感染力。

（二）散文的类型

散文可以分为哲理散文、抒情散文、叙事散文和议论性散文四类。

1. 哲理散文

哲理散文是指以散文的形式讲述哲理、启迪人生的文章，而非纯理论的空洞说教。哲理散文表现的是作者对社会、人生，乃至宇宙的思考与见解，其往往能够通过一件极平凡的生活小事揭示出生命的真谛，一般以一件事开头，论述道理，然后加以评论总结。例如，在《道德经》中，老子用"天下莫柔弱于水，而攻坚强者莫之能胜"来说明柔弱胜刚强的道理。在西方的文史哲发展史上，柏拉图的《理想国》、亚里士多德的《诗学》等作品皆是杰出的哲理散文。现代哲人梁漱溟、冯友兰等结合理智与情感，把文学性散文与哲理性散文进行了有机的调和与统一。

2. 抒情散文

抒情散文一般是通过表现对景物的感受来抒发作者的思想感情的散文。这类散文有对具体事物的记叙和描绘，但通常没有贯穿全篇的情节，突出的特点是具有强烈的抒情性，或直抒情怀，或触景生情产生联想。在抒情散文中，作者常常会运用象征和比拟的手法把思想寓于形象之中，从而使抒情散文具有强烈的艺术感染力，洋溢着浓浓的诗情画意。例如，茅盾的《白杨礼赞》、朱自清的《荷塘月色》、冰心的《樱花赞》等。

3. 叙事散文

叙事散文以写人记事为主，对人和事物进行具体的叙述和描绘，表现出作者的认识和感受，带有浓厚的抒情成分。叙事散文侧重于从叙述人物和事件的发展变化过程中反映事物的本质，具有时间、地点、人物、事件等因素，从一个角度选取题材表现作者的思想感情。例如，苏轼的《赤壁赋》、王安石的《游褒禅山记》等古典散文，朱自清的《桨声灯影里的秦淮河》、丰子恺的《梧桐树》等现当代散文。

4. 议论性散文

议论性散文是指用散文的写作形式来议论某人或某事，或者以阐述某个观点为中心的散文。常见的议论性散文样式包括杂文和小品文，它不像一般议论文那样注重理性和逻辑，而是侧重于形象的描绘和情感的抒发。议论性散文具有抒情性、形象性和哲理性的特点，能给读者一种富于理性的形象和情感，为读者提供一个广阔的思索和联想的空间。例如，春秋战国时期诸子百家的杂文、柳宗元的《捕蛇者说》、鲁迅的杂文等。

（三）散文的意境美

意境优美与否是分辨散文格调高低、艺术感染力大小的一个重要依据。一篇好的散文，给人以美好的意境、盎然的情趣，诗情画意跃然纸上。例如，中国当代作家峻青的《海滨仲夏夜》一文，将海滨的夏夜描绘得温柔恬静，像一幅斑斓的画，像一首美妙的诗。全文有景有情，情景交融；有动有静，动静相衬；有声有色，声色相通，极富意境美。中国现代作家林语堂的《秋天的况味》一文，没有着墨于秋天的丰硕、成熟、收获，而是以一种怡然的心态写秋的宁静深远的况味。作者独对黄昏，在一片宁静、惬意的氛围中，思绪悠然地飘忽着，秋的温润便在心中悠悠无羁地荡漾开来。郁达夫的《故都的秋》一文，描绘了北平的秋色，赞美了故都的自然风物，抒发了向往、眷恋故都之秋的真情，并流露出忧郁、孤独的心境。作者将苦涩的"品味"与生动的景物描写有机地结合在一起，营造出一种特殊的神韵。

四、小说的审美要点

小说具有人物、情节、环境三个构成要素，通过故事情节来展现人物形象，通过环境描写渲染气氛、表达人物心情。

（一）人物形象

小说的核心在于塑造出典型的人物形象。这些人物形象不仅具有鲜明的个性和独特的命运，还带有深刻的社会和时代烙印，是个性化与审美化高度统一的体现。人物形象的塑造既可以通过外貌、语言、动作、神态、心理等正面描写来实现，也可以通过他人或事物来侧面烘托来完成。

在塑造小说人物时，可以以某一真人为模特，综合其他人的一些事迹。任何一部优秀的小说，总有使人难忘的典型人物。例如，在古典名著《水浒传》中，林冲、鲁达、杨志等人各自身份不同，经历和处境也不相同，塑造出的人物性格特征也不相同，走上梁山的道路也是不一样的。正是由于这些人物身上凝聚着个性与共性，他们才成为这部小说中成功的典型人物形象。

（二）故事情节

故事情节是指作品所描写的事件发展和演变的全过程，是充实故事、丰富故事、使故事具有可读性的要素。小说的故事情节一般源于生活，是对现实生活的提炼，并且比现实生活更集中、更有代表性。现实生活中的事件和矛盾是有始有终、有起有伏，并有一定发展过程的，因此，小说情节的展开也是有段落、有过程。这个过程一般分为开端、发展、高潮、结局四个部分，有时还有序幕和尾声。在作品中，情节的安排取决于作者的艺术构思，并不一定按照现实生活中事件发生、发展的自然顺序进行，有时可以省略某一部分，有时也可颠倒或交错。

（三）环境描写

小说在塑造形象、讲述故事、描绘情节时，都必须在一定的社会关系和社会环境中进行。小说的环境描写是指对人物活动的环境和事情发生的背景进行描写。一部好的小说总能让人身临其境，作者总是能以优美的文笔、生动的描写和丰富的想象力，把故事牢牢地刻印在读者的脑海里。

　　环境描写分为自然环境描写和社会环境描写。自然环境描写是指对人物活动的时间、地点、季节、气候等的描写，其作用是渲染故事气氛、烘托人物形象、推动情节发展、暗示社会环境、深化作品主题。社会环境描写是指对人物活动的具体背景、氛围及人际关系等的描写，其作用是交代人物的生存环境、社会关系以及作品的时代背景等。例如，鲁迅在《故乡》的开头这样写道："时候既然是深冬，渐近故乡时，天气又阴晦了，冷风吹进船舱中，呜呜地响，从缝隙向外一望，苍黄的天底下，远近横着几个萧索的荒村，没有一些活气。我的心禁不住悲凉起来了。"这样的环境描写一下子烘托出了小说的悲凉气氛。

第八章 美育浸润 以"新"化人

第一节 电影与电视之美

一、电影之美

电影是由活动照相术和幻灯放映术结合发展而来的一门现代艺术,它以现代科技为手段,以画面与声音为媒介,在运动着的时间和空间里创造银幕形象,反映和表现现实生活和思想感情。

(一)电影艺术的发展

电影的诞生是科学技术发展到一定阶段的产物,它涉及光学、电学、化学、心理学、机械制造和摄影技术等内容。当这些技术发展到相当水平时,电影才出现,并随着这些学科与技术的发展而发展。

摄影技术的发展使拍摄连续动作成为可能。1872年,美国旧金山的摄影师爱德华·幕布里奇利用24架照相机拍摄奔马飞腾的分解动作组照,经过长达6年的无数次拍摄,终于成功了,他也成为第一个把照相术用于活动摄影的人。

1888年,法国人雷诺试制了"光学影戏机",用此机拍摄了世界上第一部动画片《一杯可口的啤酒》。1889年,美国发明家爱迪生在发明留声机后,经过5年的实验,又发明了电影视镜。他将摄制的胶片影像在纽约公映,轰动了美国。1895年,法国的奥古斯特·卢米埃尔和路易斯·卢米埃尔兄弟在爱迪生的电影视镜和他们自己研制的连续摄影机的基础上,成功研制了活动电影机。1895年3月22日,他们首次放映影片《工厂大门》,获得成功。同年12月28日,他们在巴黎的卡普辛路14号格拉咖啡馆正式向社会公映了《火车到站》《水浇园丁》《婴儿的午餐》等12部影片,卢米埃尔兄弟也被世人称为"电影之父"。1927年10月,第一部有声片《爵士歌王》出现,标志着有声电影的诞生与默片时代的结束。从20世纪20年代开始,美国电影逐渐发展,并统治了世界电影市场。

(二)电影的类型

1. 故事片

故事片是综合文学、戏剧、音乐、美术等诸多艺术元素,以塑造人物为主,具有故事情节,由演员扮演人物的影片。故事片是电影艺术中数量最大、社会影响最广的片种,主要包括喜剧片、惊险片、儿童片、历史传记片、科幻片、歌舞片等。故事片可以讲述各种各样的故事，讲故事的方式也多种多样，因此容量非常大，综合性和典型性很强。

2. 纪录片

纪录片是以真实生活为创作素材，以真人真事为表现对象，并对其进行艺术加工与展现的；它是以展现真实为本质，用真实引发人们思考的电影艺术形式。它严格恪守真实性，不容许弄虚作假和无中生有。例如，《工厂的大门》《火车到站》等实验性电影都属于纪录片的范畴。

纪录片可分为时事报道片、历史纪录片、传记纪录片、人文地理片、舞台纪录片等。其中，历史纪录片主要是以恰当的视角客观真实地呈现事实，让人们认识事实真相，为人们提供可靠翔实的资料，具有社会价值和历史价值。

3. 科教片

科教片是传播科学文化知识、推广先进技术经验、传授工艺方法，为广大群众的社会生活、工作学习等服务的影片。它具有严格、精确的科学性，同时也讲究艺术性。根据拍摄目的和特点的不同，科教片可以分为科学普及片、技术推广片、教学片和杂志片等。

4. 美术片

美术片主要运用绘画或其他造型艺术的形象（人、动物或其他物体）来表现艺术家的创作意图，是动画片、木偶片、剪纸片等的总称。美术片通过虚构、夸张、象征和比喻的方法揭示生活中的本质，题材和形式广泛多样，在世界影坛上占有重要地位，深受少年儿童和成年观众的喜爱。美术片不使用真人实景，但需要演员配音。

（三）电影的艺术语言

1. 画面

画面是电影艺术得以存在和传播的物质基础，是电影创作者进行艺术思维的载体，也是创作者与观众进行交流的媒介。离开了画面，电影就不会存在。画面的基本构成元素是单一画面，它对应于电影胶片中的一个画格。从单一画面出发，一组连续的画面构成一个镜头，一组不连续的镜头相互连接构成一个蒙太奇镜头，一组蒙太奇镜头构成电影的一个场景（又称小段落），最终构成大段落，进而组成一部电影。

2. 镜头

电影叙事结构的基本单位是镜头。镜头语言是电影中比较重要的一部分，是导演、剪辑师的主观表达，蕴含着创作者的思想。不同内容的镜头经过组接，可以形成叙述、描写、对比、呼应、悬念、暗示等不同性质的关系，产生多种艺术效果，对观众的心理造成不同的影响。景别可分为特写、近景、中景、远景和全景。在一部电影中，只有运用多种镜头手段，将它们组合在一起，才能为人们讲述一个完整的故事。远景镜头的特点是辽阔、遥远，让观众视野开阔，将观众的审美心境带到遥远的地方。

3. 声音

声音对电影来说至关重要，起着烘托氛围的作用。电影中的声音主要包括人声、自然声、音乐和画外音。人声主要包括对话、独白、旁白等。对话是电影中人物之间进行交流的语言，是电影中使用最多、最重要的人声内容；独白是剧中人物内心活动的自我表述；旁白是以画外音的形式出现的人物语言。影片中的人声能够配合影像交代、说明、推动叙事，表现人物的心境和情感，塑造人物的性格，直接表达作者的观点和作品的主题。影片中的主题音乐主要用于表达主题思想、情绪基调或主要人物的性格特征。在一部影片中，常常有一个固定旋律的音乐核心，伴随着主要人物的出场，主题音乐以原型或多种变奏的形式出现来衬托人物性格和形象；为不同的场景搭配不同的音乐则能起到增强场景效果的作用，或紧张，或轻松，或悲痛……电影声音的作用是刻画人物形象、推动情节发展、表现主题；补充、延伸画面，扩展画面容量；渲染气氛、表达情绪，折射时代精神和民族风格。

4. 蒙太奇

蒙太奇原意是构成、装配。在电影制作中，导演把整部影片的内容分成许多不同的镜头，分别拍摄后，再依照创作构思将分散的镜头组合起来，形成一部完整的电影，这种技巧就称为电影蒙太奇。

常见的蒙太奇主要有对比蒙太奇、平行蒙太奇、比喻或象征蒙太奇、交叉蒙太奇等。对比蒙太奇类似文学中的对比描写，通过镜头或场面之间内容（如贫与富、苦与乐、生与死等）或形式（如景别大小、色彩冷暖、声音强弱、动静等）的强烈对比，表达创作者的某种寓意或强化所表现的内容和思想。平行蒙太奇常以不同时空（或同时异地）发生的两条或两条以上的情节线并列表现，分头叙述而统一在一个完整的结构之中。比喻或象征蒙太奇也称隐喻蒙太奇，是将不同事物之间某种相似的特征凸显出来，以引起观众的联想，领会导演的寓意，领略事件的情绪色彩。交叉蒙太奇是将同一时间不同地域发生的两条或数条情节线迅速且频繁地交替剪接在一起，其中一条线索的发展往往影响其他线索，各条线索相互依存，最后汇合在一起。这种剪辑技巧极易引起悬念，造成紧张激烈的气氛，加强矛盾冲突的尖锐性，是掌握观众情绪的有力手法。

（四）电影作品欣赏要点

欣赏电影作品，应把握它的色彩、构图、人物、语言、音乐与画面等要素。

1. 色彩

人们在长期的生活、生产实践中，自我认识和感觉不断积累，从而赋予客观色彩以情感的内涵。强烈的表情性，使其成为电影影像中一个十分重要的抒情手段。例如，电影《霸王别姬》末尾使用了蓝色的灯光，一切都被笼罩在蓝色光辉里，如梦幻一般，将凄凉、疑惑和无奈都融在这浪漫、孤寂的蓝光里。

2. 构图

电影构图是指电影作品中画面内容的构成形式，是摄影画面中各个物体、色彩、线条等视觉因素的配置。例如，电影《肖申克的救赎》里运用最多的构图方式是三分法，这种构图方法广泛用于各类场景，尤其在处理人物站位的时候十分便利。在影片的结尾（图 8-1），瑞德来到了芝华塔尼奥，老友相见，相拥在一起，这个画面只占了一个点，留出大量的空间被大海填充，象征了自由。在拉远镜头的同时，画面变得干净简洁，非常适合打出演职表，方便结尾，一举多得。

图 8-1　《肖申克的救赎》镜头

3. 人物

成功的人物形象塑造是一部电影作品成功的关键。电影不仅要描写人物角色的直观外部特征，如肖像、外形等，还要表现人物的动作、语言、表情、行为、思想、意念等。电影要塑造有血有肉的人物形象，就必须赋予角色灵魂。例如，电影《霸王别姬》中的程蝶衣是个外表柔弱但内心十分倔强、固执、敏感的伶人，演员张国荣的精彩演绎更是让这个角色栩栩如生。

4. 语言

语言是彼此交流的工具，表达内心，能说明事物，也能发泄情绪和情感。例如，在电影《霸王别姬》中，程蝶衣望着指控他的段小楼，突然站起来，说："我也揭发，揭发姹紫嫣红，揭发断壁颓垣！段小楼，你，自从和这个女人成亲之后，我就知道完了。全完了……"从他的语无伦次里，从菊仙惊恐的表情里，所有人性的丑恶都在这阳光下暴露无遗。

5. 音乐与画面

音乐在电影中起着非常重要的作用，能烘托气氛、刻画人物形象。在许多经典电影中，音乐与故事、人物、情节、情绪交相辉映,相得益彰,给广大受众留下了深刻的印象。例如,在电影《海上钢琴师》中,主人公透过舷窗看到暗恋的情人,即兴创作的一曲《爱的演奏》(Playing Love)温婉、细腻、动人,被公认为影片最动人的乐章。电影的主题曲《失去的呼唤》更是悠远缥缈,为影片增添了几许传奇色彩。

二、电视之美

电视是迄今为止相对年轻的一种艺术形式,可以充分运用构图、线条、色彩、声音、特技等元素,更加真实、形象、生动地展示大千世界的美,具有强大的感染力,承载着创造美、传播美、深化美的功能。

(一)电视艺术的含义

电视机利用人眼的视觉残留效应显现出一帧帧渐变的静止图像,形成视觉上的活动图像。电视艺术是以电视机为载体,利用电视机传播的一种新的艺术形式,它运用艺术审美的方式去认识生活、再现生活,通过形象感染受众,使受众的感情受到陶冶,思想受到启迪。电视剧是电视艺术的主要类型,集流行性、通俗性、娱乐性等基本属性于一身,在潜移默化之中影响着观众的日常生活,建构着观众的文化心理,引导着观众的价值取向。

(二)电视艺术的分类

电视艺术种类繁多,主要有新闻、纪录片、文艺与娱乐类节目、电视剧等。

1. 电视新闻

电视新闻以现代电子技术为传播手段,以声音、画面为传播符号,对新近发生或正在发生、发现的事实进行报道,具有时效性、真实性、客观性、形象性和参与性等特征。

2. 电视纪录片

电视纪录片的基本特征是真实性、纪实性和主体性。1958年5月1日,北京电视台首次播出纪录片《到农村去》,拉开了我国电视纪录片的序幕。由陈晓卿执导,中国中央电视台出品的美食类纪录片——《舌尖上的中国》第一季于2012年在《魅力纪录》栏目首播。它以轻松、快捷的叙述节奏和精巧细腻的画面,向观众尤其是海外观众展示中国的日常饮食流变、中国人在饮食中积累的丰富经验、千差万别的饮食习惯和独特的味觉审美,以及上升到生存智慧层面的东方生活价值观。

3. 电视文艺与娱乐类节目

电视文艺与娱乐类节目涵盖了电视屏幕上的一切电视文艺形式,它通过塑造鲜明的屏幕艺术形象达到以情感人的目的,给观众以艺术审美的享受。电视文艺与娱乐节目主要分为益智类和娱乐类。益智类节目主要是通过设置带有游戏性质的环节来进行各类知识问答的节目,如《中华好诗词》《最强大脑》等。娱乐类节目通过各种艺术表现形式与手段愉悦观众,如《经典咏流传》《中国好歌曲》《星光大道》等。

4. 电视剧

电视剧将电视艺术与电视技术相结合，是一种通过综合文学艺术创作、电视技术制作及演员表演等来展现一定故事情节的视听艺术形式。中国的电视剧在 20 世纪 80 年代进入全面探索时期，创造出了一系列优秀的电视剧作品。从 20 世纪 90 年代开始，中国的电视剧创作开始走向市场，电视剧的发展也呈现出多元化的特征。

（三）电视艺术的美学特征

电视艺术具有兼容性、参与性、即时性、日常性等美学特征。

1. 兼容性

电视艺术的兼容性表现在它可以采取现场直播或录播的方式，突破时空的限制，展现多样的艺术形式，将电视节目及时完整地传送到世界各地。例如，央视《走近科学》栏目运用电视艺术展现科学现象，降低了观众对科学的理解难度，丰富了观众的科学文化知识，实现了电视艺术的兼容性。

2. 参与性

电视艺术的参与性表现在它往往通过现场直接与观众交流的方式，营造观众介入的氛围。很多电视节目都有现场观众，还可以通过热线电话、微信、微博等方式提升观众的参与性。

3. 即时性

电视艺术的即时性是指电视在时间传播和空间传播两个方面均达到传播过程和事件发生过程的同步性，使电视节目具有现场感、参与感、悬念感等，成为电视艺术审美心理的重要组成部分。

4. 日常性

电视艺术的日常性表现在观看的随意性、习惯性和闲暇性等方面。电视节目的观看主要是在家庭环境中进行，个体性和随意性较为突出。电视节目占用了观众更多的闲暇时间，观众更注重感受而非艺术欣赏，因此，电视艺术必须符合观众的日常审美心理。

（四）电视作品欣赏要点

1. 理解电视艺术语言

电视艺术语言多种多样，包括能表达思想或感情、使受众获得感知信息的一切手段、方式和方法。画面、声音、造型、镜头、剪辑、特技、符号、文字等都可以构成电视艺术语言。电视艺术语言包括画面语言、声音语言、剪辑语言、造型语言、镜头语言、特技语言、符号语言、文字语言等。

2. 养成良好的电视节目欣赏习惯

电视节目丰富多彩，但不是每个节目都适合同一个欣赏者，因此，要有选择性地欣赏电视节目。例如，戏曲栏目多为中老年人所喜爱，但是年轻人也可以培养这方面的兴趣。我们可以选择戏曲知识讲座栏目、戏曲作品专场栏目，如《空中剧院》《名家荟萃》等，打开自己的视野，不断提高自己的艺术欣赏水平。

第二节 科学与技术之美

一、科学美的概念

科学与审美，初看起来，似乎是两类毫不相干的事物。无论从追求的目标、评价的尺度，以及思维方式上看，两者之间都有明显的差别。科学追求真理，审美追求的是情感的愉悦；科学以是非真伪为鉴别标准，审美则以美丑与爱憎的情感为判断尺度；科学真理需通过概念、判断、推理等逻辑思维方式去求得，而审美活动则需通过对形象的直观和情感的体验来达到。但这些差别只表现了两者关系中的一个侧面，尚需看到，在科学和审美两者之间还存在着相互联系、相互渗透的统一关系，而恰恰这一方面却常常为人们所忽视。

科学与审美的统一，表现在科学活动和科学成果中都包含着审美的因素。如前所述，审美靠直觉，科学靠逻辑思维，但不能否认，科学活动也离不开对形象的直觉思维。科学家在创造活动中形成智力图像的能力和整体识别能力，就是一种直接把握事物的直觉思维。不同的是，审美活动始终伴随着形象，而科学的创造最终需要依靠逻辑思维的严密论证。审美活动不可须臾离开情感，而科学创造和科学结论却不容许受感情倾向的支配和干扰。但对科学的探索与追求真理的过程，离不开科学家的情感动力。正如列宁所说："没有'人的感情'就从来没有也不可能有人对真理的追求。"[①]在评价标准上，科学以真为尺度，但也不排斥美的标准，在科学史上以美求真的事例屡见不鲜。与审美不同的是，科学的评价标准是以真为主，以美为辅。可见，科学活动中有审美因素的参与。此外，科学创造作为劳动创造的一种形式，从本质上说也是一种美的创造，也需遵循美的规律。科学与审美怎能说毫不相干呢？全面地看，审美与科学既有区别，又有联系。科学美就是科学与审美相统一的一种美的形态。

相对于现实美来说，科学美是一种精神领域的美，是现实美中的自然美的反映。自然界的美千差万别，但从性质上看无非有两大类：一类是自然事物和自然现象的外在形态的美，另一类是自然事物和自然现象所内蕴的和谐统一的美，即内在规律的美。科学美所反映的主要是表现在科学的公式、方程、实验以及理论体系中的自然界内在规律的美。对自然内在规律的美的发现与把握不仅要靠直觉，更需凭借智慧的思索，因此，科学美又被视为一种理性的美，一种融合着理论思维的美。这种美给人带来的喜悦与愉快是一种较高层

---

① 《列宁全集》第 20 卷，人民出版社 1958 年版，第 255 页。

次上的"智力快感"。

近代尤其是 20 世纪以来,科学技术突飞猛进地发展,审美活动逐渐扩展、深入到科学领域,因而,科学美的研究日益引起一些科学家和美学家的重视。著名物理学家海森堡就曾指出,在现实美之外,美的王国"远远延伸到艺术领域之外,它无疑也包括精神生活的其他领域,自然美也反映在科学的美之中"[1]。许多科学家将具有审美价值的优秀科学成果称之为"科学艺术品"。爱因斯坦也认为"科学不仅直接或间接地生产出完全改变了人类生活的工具",而且"也造出了最美好的艺术的和思想的作品"。科学美是客观存在的,过去之所以被忽视,正如美学家克罗齐所说,是因为"人心在集中力量了解科学家的思想",故而在"衡量它的真理时,也许很少注意到审美的那一面"[2]。

科学美概念的提出和对科学美研究的逐步深入,大大扩展了人们的审美视野,也扩大了美学和美育研究的领域。一个崭新的美学分支——科学美学正在形成。

二、科学审美的对象

如同艺术美主要存在于艺术家所创造的文学艺术作品中一样,科学美也主要凝结于科学家所创造的科学成果之中。科学成果中的美主要存在于科学实验、科学公式与科学的理论体系之中,表现为实验美、公式美、理论美。

(一)实验美

科学实验是科学创造过程中的重要环节。实验的美主要表现在实验的设计与构思之中。一个设计精美、有效的实验不仅是揭示真理的手段,而且以其构思的精巧和优美使人神往。这种实验设计常常被科学家视为一种"科学艺术品",而其设计者则被誉为具有高度审美素养的"科学艺术家"。科学史上的迈克尔逊-莫雷实验设计堪称实验美的突出范例。在迈克尔逊之前,光的波动说提出之后,许多物理学家相信有一种弥漫于空间的并成为光的传播介质的物质——"以太"的存在。美国物理学家迈克尔逊为了检验以太是否存在,于 1881 年制造了可以测定物体微小量度、光的折射率和光波波长的光干涉仪,并进行了第一次实验。他实验思想的优美,在于他用河中行船来进行类比:"顺水行舟,速度是船速加水速;逆水行舟,速度是船速减水速"。由此他设想,若确有以太的存在,那么,它就会对光的运动产生影响,因而可以测出其运动速度。也就是说,如果地球在以太中运动,而又不产生扰动,那么,地球与以太之间就必然有相对运动——就好像河水不动,两岸向相反方向运动一样。迈克尔逊的实验技巧也是精妙的,为了防止振动引起的误差,他把光干涉仪装在石头上,并让石头浮在水银槽内;为了消除误差,每次实验都把实验装置转到不同角度测试,还考虑到地球的公转,将实验在不同季节反复进行,等等。迈克尔逊的 1881 年实验没有观测到干涉条纹的移动。1887 年,他又与莫雷一起改进了干涉仪,使之更加精确。实

---

[1] 海森堡:《精密科学中美的含义》,《自然科学问题丛刊》1982 年第 1 期.
[2] 克罗齐:《美学原理·美学纲要》,外国文学出版社 1983 年版,第 32 页.

大 学 美 育

验的结果否定了以太与地球之间运动的存在。对于这个实验的构思与设计，爱因斯坦在科学价值和美学价值上都给予了很高的评价。他称赞迈克尔逊–莫雷实验是"物理学所有实验中最美丽的一个实验"，迈克尔逊是"伟大的天才""科学家中的艺术家"。他认为，迈克尔逊能够设计出迈克尔逊–莫雷实验，是非常惊人的，这"在很大程度上，要归功于他对科学的艺术家的感触和手法，尤其是对于对称和形式的感觉"，此外，"他的最大乐趣似乎来自实验本身的优美和使用方法的精湛"[①]。迈克尔逊本人也以其亲身体验指出，这一实验需要研究者有学者的分析智慧，艺术家的审美知觉和诗人的形象性语言。

（二）公式美

这里说的公式不单指初中、高中数学里的公式和方程，也包括物理学和化学中的方程式和分子式等。所谓公式美就是在这些公式、方程和分子式中所表现出来的简洁、对称、齐次与和谐的美。将科学研究中所发现的自然界的某些内在规律用规范的、简洁的、优美的数学公式与方程式表述出来，始终是科学家所追求的目标。数学历来是讲形式美的。对一些精密的自然科学来说，数学化（公式化、方程化）常常是理论精确程度和成熟程度的标志。英国物理学家、化学家法拉第曾通过实验发现了电与磁之间的内在联系，提出了电磁感应定律，但由于他的这一发现在当时还缺乏精确的数学表达，因而影响不大。后来当英国物理学家、数学家麦克斯韦将这一定律用一组非常简洁和优美的数学方程表述出来时，这个定律才产生了前所未有的巨大影响。这个方程组就被命名为麦克斯韦方程组。

$$K\mu \frac{d^2 F}{dt^2} + \nabla^2 F = 0$$

$$K\mu \frac{d^2 G}{dt^2} + \nabla^2 G = 0$$

$$K\mu \frac{d^2 H}{dt^2} + \nabla^2 H = 0$$

式中，K 是电容率，μ 是磁导率，F 是电动势，G 是电场强度，H 是磁场强度。

这组方程在内容上准确地揭示了电荷、电流、电场、磁场之间的普遍联系和电磁现象之间的对称美，从而奠定了电动力学的基础；在形式上，它又具有对称、齐次、简洁明快的完美性，麦克斯韦关于电磁场的波动方程也同样具有对称、和谐之美。

$$\nabla^2 E - \frac{1}{C^2} \frac{\partial^2 E}{\partial t^2} = 0$$

$$\nabla^2 \beta - \frac{1}{C^2} \frac{\partial^2 \beta}{\partial t^2} = 0$$

式中，E 是电场强度，β 是磁场强度，C 为光速。

[①]《爱因斯坦文集》第 1 卷，商务印书馆 1977 年版，第 491、561-563 页。

（三）理论美

从广义上讲，理论美也包含实验美与公式美，因为理论的形成与表述大多离不开实验、公式、方程。但这里所说的理论美强调的是理论体系的美，即理论体系在内容和形式上所表现出来的逻辑的完整性与统一性。理论的逻辑统一性就是要从尽可能少的前提出发，推出尽可能多的结论。优美的理论体系总是那些基本概念数目最少而涵盖自然现象最为丰富的逻辑体系。在日常思维中，与感觉经验相联系的概念和命题大都是杂多的，科学家就是要在这些杂多的概念中寻求统一，寻求概念与概念之间的逻辑统一性。爱因斯坦认为他的相对论最值得欣赏的美在于这个理论"逻辑上的完整性"[1]。物理学家英费尔德在评价爱因斯坦的相对论时也认为，它"在优美、深邃和逻辑的合理性这些方面，远远超过了另外一些引力理论"，因而是"引力论的唯一的合理而优美的理论"[2]。霍夫曼也称赞爱因斯坦的相对论，认为美是这一理论的最突出的特点。德国物理学家玻恩更将相对论看作一件"伟大的艺术品"。在科学史上，德国物理学家海森堡创立的矩阵理论，狄拉克的量子力学原理都堪称美的理论体系。

三、科学美的评价标准

如上所述，科学美主要存在于科学的实验、公式和理论体系之中，那么怎样的实验构思、公式方程、理论体系才能被认为是美的呢？也就是说，其鉴别的标准是什么呢？这就要看科学实验的构思、实验技巧，以及在公式和定律的理论表述中是否具有简洁、对称、守恒、和谐与统一的逻辑美的特征。因此，大多数美学家和科学家都将简洁、对称、守恒、和谐与统一看作科学美的具体评价标准。

（一）简洁

呈现于人面前的自然界现象总是纷繁杂乱的，但在这种纷繁现象的背后却隐含着自然界的秩序和规律。规律总是简单的。自然界的事物就是这种多样与简单的统一。科学理论的简洁美所反映的恰是自然界的这种多样与简单的统一性。因此，简洁性就成为普遍有效理论的一种美的形式。简洁美并不意味着单一或单薄，它要求的简洁是具有丰富与深远内涵的简洁。在科学理论中，只有那些能以最少的符号、最简单的公式来表达一定知识总和的理论才具有简洁的美。一个科学理论的先验条件越简单、假设的前提越少而包含的信息越广泛，得到的演绎结论越多，它的审美价值和科学价值也就越大。天文学家开普勒的行星运动三定律中的第三定律的数学公式是简洁美的突出代表。开普勒之前以及与他同时代的一些天文学家在观测中积累了不少有关天体运行的数据，如谷第就曾详细测定了行星公转的周期和行星之间距离的比例，开普勒在此基础上进一步对行星与太阳的距离变化作了长期的观测，从而得出行星公转周期与它们同太阳距离关系的数据（表8-1）。

---

[1]《爱因斯坦文集》第1卷，商务印书馆1977年版，第113页.
[2]《纪念爱因斯坦译文集》，第297页.

表 8-1　行星公转周期与它们同太阳的距离点

	水星	金星	地球	火星	木星	土星	天王星	海王星	冥王星
D（行星与太阳距离）	0.387	0.723	1.000	1.52	5.20	9.54	19.2	30.1	39.5
T（行星公转周期）	0.24	0.615	1.000	1.88	11.9	29.5	84	165	248

单从上面这些数字来看，似乎是杂乱无章的，因此难以给人美感。但当开普勒从紊乱的数字中揭示出行星公转周期的二次方与它们同太阳的距离的三次方相等的奇妙规律，并用 $t^2=d^3$ 的公式表述出来的时候，人们不禁为这个公式的简洁、深邃的美而惊叹不已。

与行星运动三大定律相比，牛顿力学理论更为简洁和深邃，它既涵盖了天体运动的规律，又概括了地上力学运动的规律。正如爱因斯坦所说："一个理论的前提的简单性越大，它所涉及的事物的种类越多，它的应用范围越广，它给人的印象也就越深"，此外，"作为理论基础的'结构'愈简单，那么这理论也就愈完善。"①

（二）对称与守恒

对称与守恒给人以圆满、匀称的美感。对称原本是自然生物体的形体结构以及物质内在结构的一种规律性形式，例如，动物和人的形体的横向对称，植物的叶脉、花瓣的轴对称与中心对称，物质微观结构的对称，等等。自然现象的对称反映在科学上就有了数学公式、方程的对称，几何图形的对称，物理、化学、生物等结构模型的对称，以及物质的能与量的对称，物质运动的时间与空间的对称，等等。无机化学中，凯库勒提出的碳氢化合物的分子结构式就具有美妙的对称美。碳氢化合物的分子式是 C2H6，当凯库勒用如下结构形式表述出来时，这个分子结构就呈现出极其鲜明的对称美。

$$\begin{array}{c} H \quad H \\ | \quad | \\ H-C-C-OH \\ | \quad | \\ H \quad H \end{array}$$

他认为四价的碳原子可以用四条线来表示，每条线可与别的原子或原子团对称地附着在这条长链上。但这种碳链结构模型对芳香族化合物却不适用。芳香族化合物有六个碳原子和六个氢原子，它不可能以任何对称形式排列在一条直链上。经过长期思索，凯库勒终于想出了一个六角形的环状结构，从而保持了分子结构的对称美。这就是有名的凯库勒的苯环结构。

$$\begin{array}{c} H \\ C \\ H-C \quad C-H \\ \| \quad \| \\ H-C \quad C-H \\ C \\ H \end{array}$$

---

① 《爱因斯坦文集》第 1 卷，商务印书馆 1977 年版，第 75、34 页。

这个上下、左右对称的结构，只要有一个或多个氢原子被其他原子或原子团取代，就可以表达各种比较复杂的芳香族化合物的结构。

有机化学中关于分子空间结构对称排列的研究给予物理学家以启示，他们注意到对称性也是结晶分子构造的一个重要特征。俄国结晶学家、几何学家费多洛夫将晶体的原子系统代之以几何的规则系统，他在《规则体系的对称》一书中总结出晶体的几何体系的对称共有 230 多种。

守恒表现了自然过程的一定关系的稳定性。守恒美从广义上说也是对称美的一种形式。自古以来，人们从经验中就得出自然界周而复始、循环往复的观念。随着科学的进步，逐渐发现物质各种运动形式间存在着相互转化的关系。18 世纪，化学家罗蒙诺索夫经过实验证明物质经化学变化之后重量不变；后来，拉瓦锡又发现化学反应后物质的质量不变；19 世纪，焦耳实验证明力的不灭，即哪里消耗了机械力，哪里就得到相当于这些机械力的热能，从而提出了能量守恒的观点。物理科学中的守恒美有十几种之多，如能量守恒、质量守恒、质量与能量守恒、动量守恒、电荷守恒、动量守恒、宇称守恒等。数学中，各种运算条件下的不变量也具有守恒美，如坐标变换下的不变量、方程转换下的不变量等。

值得注意的是，无论对称美还是守恒美都具有相对性。对称或守恒不是同一性，而是在一定变换下的不变性。

（三）和谐与统一

早在古希腊时代，许多哲学家就认为自然界是一个和谐、有序的统一体。毕达哥拉斯学派最早提出"整个天体就是一种和谐"的思想，并认为美就在于"和谐与比例"。近代自然科学的发展越来越证实了自然界存在着普遍性与统一性。爱因斯坦明确指出，自然界的秩序与和谐是客观存在的，它根源于事物之间普遍的因果关系。科学的公式、定律、理论实际上不过是自然界不同层次和不同领域的现象的统一性的反映；比如，伽利略的惯性定律是自然界物质的匀速直线运动统一性的反映；牛顿力学定律是天体和地面一切力学运动统一性的反映；爱因斯坦的相对论是宏观物质运动统一性的反映；量子力学是微观世界物质运动统一性的反映；达尔文的自然选择理论是生物界统一性的反映；门捷列夫的化学元素周期表是化学元素统一性的反映，如此等等。开普勒说过，科学在本质上就是关于和谐关系的正确知识。他的天体运行三定律不就是一首和谐、完美的乐曲吗？这里值得一述的是门捷列夫元素周期表所表现出来的和谐与秩序之美。19 世纪中期已发现化学元素 60 余种，但当时化学界对这些元素之间关系的认识却很模糊。门捷列夫认为，化学研究的目的不单要描述化合物的多样性，更重要的是揭示隐藏于复杂现象中的统一性。他坚信，在已知的化学元素之间必定存在着某种秩序和规律性。因此，他首先对各元素的化学性质进行分析比较，将相似或相同性质的元素组合成元素的族类，进而再对各个不同的元素族加以考察，从中发现了元素的化学性质与元素原子量之间的内在联系，即在同一族类的元素中，随其原子量的增加金属性递减，而非金属性递增。按照这一规律，门捷列夫将已知的 63 种元素排列成一个完整的序列——元素周期表，从而显示出惊人的和谐与有序的美。由于当时技术条件的限制，原子量的测定尚未达到完全精确的程度，门捷列夫在编排元素周期表时遇到了元素原子量与其化学性质的矛盾。比如，化学元素"铍"按其化学性质应排在第二主族，但按测定的原子量则应排在第四位。门捷列夫依据统一性原则，大胆地将其放在第二主族。随着测量技术的进步，铍的原子量得到修正，按修正后的原子量恰恰应排在第二主族；门捷列夫从科学美的原则出发先后预言过15种未知元素，并推测出它们的化学性质，这些都为后来的实验一一证实。

达尔文的自然选择理论是在生物学领域运用这一原则并取得突出成就的例证。在达尔文之前，生物学家大多只注意事实的收集和描述，生物学还只是一种描述性的科学。达尔文的自然选择理论揭示了生物变异的原因，从而使人们看到了生物界所固有的和谐与统一的关系。海克尔曾高度评价达尔文对生物科学的贡献，赞美他用一个伟大而美妙的统一观点来解释有机界的一切现象，并用可理解的美的规律来代替不可理解的神的奇迹。

四、科学美的美育功能

（一）对科学美的追求是推动科学探索与创造必不可少的情感动力之一

在科学的探求与创造中，情感因素是不可忽视的。它推动着人们去掌握信息、探求真理，又促使人们将获取的知识与信息转化为创造能力。因此，情感被视为科学探索与创造的内在驱动力。正如列宁所说："没有'人的情感'，就从来没有也不可能有对真理的追求。"[①]现代心理学也证明，情感因素是人们接受信息渠道的阀门。缺少必要的激情，理智就会处于昏睡状态，或者产生某些心理障碍，不利于智力的充分发挥。事实也是如此，很难设想一个情感麻木或对自身存在价值抱有冷漠态度的人，会有探求真理的热情和毅力。

作为科学创造的内驱力，情感因素是复杂的，但不外乎两种：一种是功利性的情感动力，比如强国富民、改造人类生存与生活环境、发展科学事业等，这些爱国主义与集体主义的责任感、事业感，等等。另一种是非功利性的情感动力，如对美的追求、对科学的兴趣等。前一种情感因素由于具有明确的意识与自觉性，容易为人所注意和重视；后一种情感因素则因其无意识和不自觉性，常为人所忽视。一些有远见的科学家早已觉察到这两种情感动力的并存。19世纪末20世纪初的法国数学家彭加勒就曾指出："有些科学家与学者潜心研究自然界，探求其中奥秘，固然有功利的动因，也有因自然之美引起的愉悦情感的驱使[②]。"著名物理学家爱因斯坦也认为，科学家们向往科学的动机是不同的，其中有的是为了某种功利的目的，有的是"因为科学给他们以超乎常人的智力上的情感"[③]。这里需加以补充的是，这两种情感动力并非互不相容，即使在同一个科学家那里，也可能是并行不悖、相互交融的。

科学家所追求的美，主要是对自然美和科学美而言的。自然美既包括自然界各种事物

---

① 《列宁全集》第20卷，人民出版社1958年版，第255页。
② 彭加勒：《科学与方法》，商务印书馆1933年版，第12页。
③ 《爱因斯坦文集》第1卷，第100页。

或现象的外在形态的美，也包括自然界的内在和谐与统一的完美。不能否认，科学家与学者在探索自然规律的动机中，蕴含着对自然界外在形式美的喜爱与神往。自然界的事物与现象不论是有生命的还是无生命的，宏观的还是微观的，静态的还是动态的，都以其色彩与形体的多姿多彩，对科学家产生一定的吸引力，以至成为一些人迈入科学殿堂的最初诱因。但是，真正对科学家产生巨大吸引力并直接推动其创造的，主要还是对自然的内在和谐与统一完美的追求，以及对反映这种内在美的科学美的追求。

科学美作为一种情感动力，对科学创造的推动作用主要表现在以下几个方面。第一，它推动科学家对原有的理论作出逻辑上和美学上更加完善的表述。这种表述虽然不一定能提供新的知识，但对理论体系的不断完善是有意义的。一生追求科学美的物理学家狄拉克认为，如果物理学方程在数学上不美，那就标志着一种不足，意味着理论有缺陷，需要改进。正如麦克斯韦公式没有为法拉第发现的电磁感应定律增添新的东西，但是他却给予这个定律以精确、完美的数学方程的表达，从而获得了很高的理论上的价值。第二，在科学急剧变革的时期，理论迅速更替，科学形态美的追求常常成为科学家选择新理论和新体系的重要依据。开普勒当年接受哥白尼天体运行新学说，正是因为哥白尼体系"具有更大的数学的简单性与和谐性的缘故"[①]。科学哲学家库恩甚至认为，在新理论的建立和选择中，"美的考虑的重要性有时可以是决定性的，虽然美的考虑往往只能把少数科学家吸引到一种新理论方面来，它的最后胜利也许就依赖于这些科学家"[②]。第三，在科学探索过程中，当科学实验尚不能给予证实时，美的价值的追求，在一定程度上可以成为指引研究的一种向导。当然，真理的最后确立还要经过实践的检验。门捷列夫正是依据化学元素统一性的原则，修正了一些元素的原子量，并预测了几种未知元素的存在，这些元素在当时尚无法为实验所证明，但后来却终于一一为实验所检证。狄拉克认为，有时候，数学美要比与实验相符更重要。因为，在他看来，实验是否相符常常受设备条件、技术细节的限制，而数学美则反映了自然界最基本、最普遍的规律性。总之，如英国现代数学家加里曼所说，科学的发展并不完全是合理思维的结果，也是对美的追求的结果。如果我们不把美的追求夸大为科学创造的唯一的或决定性的情感动力，而如实地理解为一种不可或缺的推动力，那么这种认识是有一定道理的。一个科学家在他的使命感与责任感中如能同时汇入他对科学美的热烈追求，必定能产生一种更炽热、更持久的创造欲望和激情。这正是科学的探索与创造能够成功的精神源泉。

（二）科学与艺术的审美活动使科学家在人格形成中的个性与情感因素得到应有的补偿

"智力存在于人格的总体之中。"[③]这个论断是正确的。因为人是一个有机整体，人的任

[①] 丹皮尔：《科学史》，商务印书馆1933年版，第193页.
[②] 库恩：《科学革命的结构》，上海科技出版社1980年版，第129页.
[③] 大河内一男：《教育学的理论问题》，第92页.

何一方面能力的发展，只有在其他方面能力同时协调发展中才有可能。科学创造作为一种高度的智力活动，更需要依赖于人格全面和谐的发展，但是现代社会大工业的飞速发展，科学技术的进步以及越来越细密的分工，在给人类带来巨大物质财富的同时，却也带来了人格分裂的危机。这就是理性的片面发展以及由此造成的理性与感性统一关系的解体。这种理性与感性分离的倾向是不利于科学活动的。长期的、紧张的逻辑思维活动减少了人与人之间的情感交流，限制了个性的发展，使生活日趋单调枯燥。这不仅使科学工作者有变为理性化了的"单面人"的危险，而且反过来又会危及智力的发展，不利于科学与社会的进步。

自从席勒最早指出现代社会的这一危机以来，现代生理学、心理学和脑科学的发展越来越证明，在理性与感性、逻辑与直觉的心理功能之间存在着内在的互补关系。而审美活动则是实现这种互补，治疗上述偏枯病、促进人格全面和谐发展的重要途径。这是由于审美活动能使科学家面临退化危险的个性因素、情感因素以及精神生活得到某种补偿的缘故。

第一，审美活动能使科学家日趋退化的个性因素得到必要的补偿。丰富的个性与社会统一性的和谐协调是完整人格的表现。在科学活动中，科学家的个性因素是不容忽视的。因为个性的发挥不仅有利于保持科学家创造的积极性与主动性，而且对他们思想的解放与思维的开拓也有重要作用；此外，个性还赋予科学创造以个人的特色与风格。因此，可以说，没有个性的发展就没有创造。但是，现在科学的发展又在一定程度上抑制了个性的发展，科学的目的在于揭示自然与社会的普遍规律，因而科学工作在本质上是非个性的活动。另外，科学研究的专业分工越来越趋于细密，科学的探索与创造也愈来愈依赖于集体的协作，每个人的创造只能作为集体事业的一个组成部分纳入统一的科学研究之中。这样，就有可能在一定程度上压抑了个人在科学创造活动中的主动精神和创造意识。然而，科学活动中受到抑制的个性与创造精神却可以在审美活动中得到补偿。与科学活动不同，包括艺术美与科学美的审美活动都是以个体自由自主的活动为其特点的，在审美的欣赏和创造中，个性受到充分的尊重。审美活动以其所拥有的一切手段来表现个人心灵深处的追求，塑造个人的品格，人的个性在自由的想象与创造中得以充分体现。同时，审美活动又是最容不得重复、最需要独创精神的，因此，审美活动就成为培养个性与独创精神的有力手段。科学家在科学活动中被忽视了的个性和主动的创造精神，在审美活动中得到了弥补。

第二，科学家的情感交流能力和直观感觉能力可以在审美活动中得到补偿。科学家与学者在科学研究工作中所面临的对象不再是活生生的、有血有肉的、完整的自然界，而是被分割了的、失去生命色彩的、符号化了的自然界。充塞于科学家头脑的多是从现实生活中抽象出来的与感觉脱离的符号、概念，以及由此推演出来的公式、方程、定律和规律等。理性分析能力的片面发展，有可能使科学家对现实生活和自然的整体形象的鲜明而又敏锐的直观感觉能力钝化，同时也有可能钝化科学家自身与他人、社会和自然的情感交流和情感反应能力。这些能力的退化，不仅使科学家失去某些生活的乐趣，也为科学活动带来一些不利的影响。这主要表现在以下两个方面：一是由于情感交流与情感反应能力和感觉能力的退化，将会使个人的活动与思维封闭在科学研究的单一的、狭小的领域之内，从而在一定程度上丧失了科学创造所必需的开阔视野，减弱了对外在世界周围事物的广泛兴趣。一个情感冷漠的人往往难以有强烈的科学探索的欲望和激情。二是长期理性思维的单向发展，而使思想趋向于僵化，失去灵活的应变能力。正像达尔文所描述的那样，成为一架"只机械地从无数事实和原料中提炼出一般规律的机器"，结果反而使"产生高级意识的那部分能力"衰退，而审美活动在本质上是一种情感活动，一种融合了理性的直觉活动，它是沟通个性与社会、主体与客体、具体与抽象之间的纽带。因此，审美活动不仅给科学家带来情感上的满足，而且他们的情感交流能力、直观洞察力、自由想象力和整体反应能力等也得到锻炼和培育。这些能力都是包括科学创造在内的一切创造活动所必不可少的。

第三，审美活动可以使科学家的精神生活得到全面的补偿。长期的、不间断的、繁重的科学探索与研究，常常使一些科学家在一定程度上疏远了生活，削弱了他们与大千世界的联系，在精神生活方面变得单调而贫乏。丰富多彩而又轻松愉快的审美活动，不仅能使他们的理论思维活动得到调剂，使疲惫的大脑得到休息，使紧张的情绪得到缓和，而且可以大大丰富他们的精神生活，给他们的生活带来生气和活力。审美活动的这一补偿功能，虽然不能说是十分重要，但它的积极意义又是不可忽视的。更值得重视的是，这种由审美活动带来的逻辑思维活动的暂时中断，还会对科学创造产生意想不到的效果。因为创造的灵感常常产生于长期艰苦思索之后的暂时间歇之中。在审美活动中，科学家暂时中断的仅仅是逻辑思维活动，并非中断了一切思维活动，相反，这时恰恰是他们的形象思维和自由想象活动最活跃的时候，而这也正是灵感产生的最好时机。科学家常常会在不经意间，由外在因素的偶然触发而引起自由联想，从而使百思不得其解的问题迎刃而解。这种情形在科学发展史上并非罕见。

总而言之，审美活动"承担着一种特殊的保卫工作，保护科学家，广义来说就是保护现代人，使他们赖以获得创造力的品质不受侵蚀和损坏"[①]。的确，科学家在审美活动中，找回了科学活动中被削弱的创造与情感因素，而这些因素对全面人格的形成与活跃科学创造活动却是必不可少的。

（三）科学审美活动是培养直觉思维能力的有力手段

如果说前面所论及的审美活动对于科学创造在个性、情感等方面的补偿还是一种间接意义上的作用，那么这里要进一步论证的则是在科学认识过程中直觉思维与逻辑思维之间的关系，以及审美活动在发展直觉思维能力中的作用。20世纪以来，生理学、脑科学和思维科学的发展越来越证明，科学的认识与创造不仅仅需要缜密的逻辑思维能力，而且在很大程度上还依赖于科学家的直觉思维能力。全面地说，科学的任何成就都是逻辑思维与直觉思维交互作用的结果。

直觉思维是一种不同于逻辑思维的思维方式，概括地说，它有以下几个特点。第一，

---

① [苏]苏霍金：《艺术与科学》，生活·读书·新知三联书店1986年版，第163页.

直觉思维最基本的特征是直接性。直觉思维不是按照通常的三段论的形式逻辑法则进行演绎推理，而是省略了逻辑推理的许多中间环节的跳跃式的直接领悟与认识。主体往往不能明确地意识到这一思维过程并用语言陈述出来，因而又常常表现为"只知其然，而不知其所以然"的非自觉性特征。第二，与具有分析特点的逻辑思维不同，直觉思维不拘泥于细节的分析，而是着重于从整体上综合地把握对象。直觉思维的这一特征是由于它不是借助于概念，而是借助于智力图像（即视觉图像）来反映对象的结果。智力图像与具体的感性形象不完全相同，它是在某种程度上抽象化了的形象。正是这种图像所具有的综合特征，使直觉思维具有从总体上把握对象的功能。第三，与逻辑思维的线性的或垂直的思维方式不同，直觉思维是水平思维的方式，即大脑的几个部分同时参与思维的过程。这种特有的思维方式与按照形式逻辑规律一步步按顺序进行的逻辑思维相比，大大提高了思维的速度。据心理学家提供的数据，直觉思维的速度每分钟为 400 个单位（形象），而以语言为基础的逻辑思维速度每分钟仅有 125 个单位（概念、述语或符号）。不仅如此，由于想象、联想参与直觉思维，还大大扩展了思维的联系，有可能发现逻辑思维难以发现的研究对象的某些联系和特点。因此，直觉思维有时又表现为一种突然的顿悟。总之，直觉思维作为人类的基本思维方式之一，是在实践基础上对客观事物的一种直接的、迅速的、整体的反映与判断。

直觉思维是科学认识与科学创造中不可缺少的一种思维方式。一般地说，科学创造的整个过程包括四个阶段。第一个阶段称准备期，这是收集资料并加以系统思考的阶段；第二个阶段称酝酿期，这是虽经不断思索但仍处于百思不得其解的停滞阶段；第三个阶段称豁朗期，这是在长期思索之后的突然顿悟，即新观点的形成阶段；第四个阶段称验证期，即对新的发现进行逻辑的加工整理并以准确的语言、公式、图形等表示出来的最后阶段。显然，在这四个阶段里，第一和第四个阶段逻辑思维占主导地位。对资料的搜集、分类、整理离不开归纳、演绎、分析、比较等逻辑思维方式，而最后形成系统的、新的理论体系则更需要经过严格的逻辑论证。第二和第三阶段，即在科学创造的酝酿期与豁朗期里，直觉思维的作用则比较突出。为什么在这两个阶段中直觉思维的作用比较突出呢？首先，逻辑思维在人类认识中是以其"联结能力"来发展与扩大知识范围的。也就是说，逻辑思维是从已有的知识经验出发，通过逻辑的推论，使新获得的知识与经验纳入已有的知识体系之中，从而扩大思维的内容和认识的范围。但是，逻辑思维又往往使人拘泥于传统的知识结构和已有的逻辑框架，而在某些方面阻碍着新的知识结构的形成。因此，要建立新的知识结构，就必须突破由这种思维方式所形成的思维定式，背弃已有的模式和传统的逻辑构架。科学家柯普宁曾说："根本地改变了旧观念的新思想，常常不是从先前知识的旧的演绎逻辑的结果中产生出来的，不是经验材料的简单概括。它们是思维运动的渐进性的中断，是飞跃。"[①]而这种飞跃和渐进性的中断，恰恰是直觉思维的特征之一。与逻辑思维相反，直觉思维可以摆脱已有的传统和逻辑框架。在这个意义上，直觉思维对科学创造具有破旧立新的作用。其次，严格的、按部就班的逻辑思维，有束缚人们想象力的一面，而直觉思

---

① 柯普宁：《科学的认识和逻辑基础》，莫斯科，俄文版 1976 年版，第 188 页.

维的创造性想象和自由联想，能调动思维主体的各种思维元素、表象，形成一种新的联系，填补科学创造中事实链条的不足。这对新思想、新假说的形成起着重要作用。再次，直觉思维常常是借助直观的智力图像而不是概念来反映对象的。科学家们认为，新的科学思想的最初轮廓，往往是在直观形象（智力图像）中出现的，即使在数学这样的逻辑王国里也不例外。法国数学家阿达玛和心理学家黑保曾经做过一个调查，在100个大数学家中有98个认为，他们的创造性探索是以形象为基础的。最后，灵感与顿悟是直觉思维能力的聚焦点和集中爆发，它们在科学创造的豁朗期中的作用更是不言而喻的。

由此可见，直觉思维在科学创造中的作用不应受到轻视和忽略，而应受到充分的重视。当然，正如不能夸大逻辑思维的作用一样，也不应夸大直觉思维的作用。直觉思维固然可以发现仅靠逻辑思维所无法发现的东西，但是要检验其真伪和最后形成理论体系，还必须依靠逻辑思维。确切地说，科学创造的成功是逻辑思维与直觉思维相互结合和协同作用的结果。所以，把任何一种思维方式的作用绝对化都是错误的。

科学创造中逻辑思维与直觉思维这两种思维方式之间的互补关系，是以人类大脑左、右半球的分工与协调发展的生理功能为基础的。目前，脑科学的发展虽然还有许多未知的领域，但科学已经证明人脑左右两半球的功能是不相同的。左半球主要具有语言的、分析的、计算的、抽象的、逻辑的思维功能和时间的感觉能力；右半球则具有表象的、综合的、直观的、音乐的和空间的知觉与理解能力。在思考方式上，左半球是连续的、因果式的；右半球是并行的、发散式的、整体性的。在这两个功能不同的大脑半球之间有两亿条神经纤维束——胼胝体的沟通，从而使两半球的功能可以互补，以保证大脑功能的高度统一。这就从生理功能上说明了科学研究和创造的成功，是不能单靠大脑任何一个半球的活动所能获得的。正如美国科学家萨根所说："在骤变的环境中，要解决复杂的问题就需要两半球的共同活动。通过胼胝体沟通大脑两半球，是通向未来的唯一途径。"①大脑功能研究的新进展，打破了大脑左半球是优势半球的传统观念，引起了人们对传统教育中"重左（脑）轻右（脑）"倾向的反思，以及对平衡发展左右脑思维能力的重视。

右脑的直觉思维能力和左脑的逻辑思维能力一样，都需要经过长期的培育与训练。对直觉思维能力的培养而言，审美教育有着特殊的重要作用。因为直觉思维在审美活动中具有更广泛、更重要的作用，在一定意义上直觉思维是审美心理的本质特征。应当承认，审美活动中的直觉思维与科学活动中的直觉不完全相同，但在心理特征上，两者并没有本质的区别。审美活动中的直觉思维同样具有直接性、整体反映的综合性、非自觉性、顿悟性等特征。因此，审美活动就成为培育和锻炼科学家直觉思维能力的有力手段。这也是为什么审美教育日益引起社会广泛关注的一个重要原因。科学史上的许多事实证明，科学家的审美素养的高低，同他们在科学创造中的直觉思维能力和创造能力有密切的关系。在广泛的审美活动中，人们所受到的视觉空间知觉能力的培养与训练，以及自由想象和联想能力的培养与训练，对于科学家智力的形成和科学创造想象力乃至灵感的产生，都有直接的促进作用。

---

① 萨根：《伊甸园的飞龙》，河北人民出版社1980年版，第150页。

（四）科学美是检验科学真理性的必要参照

在科学认识与创造中，衡量科学真理性的标准有三点：一是实践标准，即科学的理论、定律等必须经过科学实验的证明与检验；二是逻辑标准，指科学理论在逻辑上必须是无矛盾的；三是审美标准，即科学理论在形式上要合乎简洁、对称、和谐统一等科学美的规范。在这三个标准中，实践是检验科学真理的根本的、最终的标准。审美标准虽不是判断科学真理的根本标准，却是一个不可缺少的参照。当爱因斯坦要求把外在的事实证明和内在的完美作为选择物理理论的要求时，实际上就是坚持实践标准、逻辑标准和审美标准的统一。

审美标准之所以成为判断科学真理性标准的一个重要参照与补充，是因为科学家在选择或提出一种新的观点、假说和理论的初期，常常会出现两种情况。一是这种观点和理论与直观经验相悖，无法得到直观的经验事实的印证，如哥白尼的日心说就与人们日常观察到的日出日落的直观经验不一致；二是科学实验的手段和实验方法的落后或限制，使新的观点和理论一时难以得到科学实验的验证。在这种情况下，科学家对科学理论真理性的判断，就常常求助于审美这种非经验性的标准。科学家几乎都有这种经验，不过有的是自觉的，有的则是不自觉的。有的科学家明确把美学标准当作在多数情况下能证明已取得的科学进步的严肃的客观标准，因此，他们在求真的同时求美。有的科学家，如物理学家韦尔，甚至宣称，当必须在真与美两者中挑选一个时，他总是选择美。事实上，这种美的选择，却屡屡被后来的实验证明为真理。这就是人们常说的"以美求真"。

为什么能"以美求真"呢？这是一个古老的问题，也是一个至今仍需深入探讨的问题。真与美之间的统一关系，早就是古希腊哲学家们感兴趣的问题之一。柏拉图所说的"美——这是真理的光芒"就是对真理是美的基础、美是真理的表现这一统一关系的最简明的表述。海森堡认为，既然"美是真理的光辉"，那么就可以由此引申为"探索者最初是借助于这种光辉，借助于它的照耀来认识真理的"。①也就是说，科学家是可以根据美的特征去探求和推断符合真理的知识的。这里要说明的是，美是真理的表现是无条件的，而由美去推断真理则是有条件的。所以，我们说它只能在"一定条件下""常常"如此，而并非"一定"如此。因此，不能高估审美标准在科学真理判断中的作用。确切地说，审美标准只能是一种次要的、辅助性的标准，或者说是真理标准的一个参照和补充，它最终还是要得到科学实验的验证和确认的。苏霍金说得更谨慎一些，他认为，审美标准"只能把你引向真理，向你提出暗示，而不是直接指出真理之所在，决定性的看法总要通过实践和行动来确定"②。

由于拘守传统的美的观念而阻碍对真理的认识并非绝无仅有。比如，自古以来，在很长的时间里，人们都把圆形与球形看作最完美的图形和最和谐的审美尺度，因此，认为天体的运行轨迹都完美地体现着这种尺度。伽利略也认为圆周运动是自然的，是以最好的排列方式组成的，宇宙天体在不受外界影响的情况下必然具有的运动方式。但是，后来丹麦

---

① 参见《自然科学哲学问题丛刊》1982 年第 1 期.
② [苏]苏霍金:《艺术与科学》，生活·读书·新知三联书店 1986 年版，第 200 页.

科学家布拉格通过对火星的长期观察所取得的数据证明,火星的轨道不是圆的而是椭圆的。由于这个结论违背了世代相传的美学观念,甚至曾使开普勒也感到为难。虽然最后他不得不接受这个事实,既承认和谐的尺度是圆的,又认为"和谐应该与实验一致"。这个事实说明,把审美标准绝对化,高估它在真理判断中的作用,是不对的,也是无益于科学创造的。

以上内容主要是就科学美对科学家人格的全面发展,进而对科学创造所产生的作用而言的。正如没有能听懂音乐的耳朵就不能欣赏音乐一样,没有一定的科学知识和科学研究的能力,就不可能欣赏科学美,也就无从体现科学美的美育功能。因此,科学美的作用首先大量地体现在科学工作者和科学爱好者身上,就不足为奇了。但是,这并不意味着科学美的鉴赏及其美育的功能只能局限于这个范围之内。随着现代科学的迅猛发展,以及各学科之间的相互渗透与融合,科学知识将会在更广泛的范围内得到普及与提高,科学美育的作用也必将日益扩大。

参 考 文 献

[1] 黄高才. 大学美育[M]. 北京：北京大学出版社，2018.

[2] 王德岩，王文革. 大学美育讲义[M]. 2版. 北京：清华大学出版社，2017.

[3] 张建. 大学美育[M]. 北京：高等教育出版社，2017.

[4] 史可扬. 影视美学教程[M]. 3版. 北京：北京师范大学出版社，2014.

[5] 陈元贵. 大学美育[M]. 北京：高等教育出版社，2014.

[6] 俞平伯，萧涤非，周汝昌，等. 唐诗鉴赏辞典：新一版[M]. 上海：上海辞书出版社，2013.

[7] 虞晓勇. 书法美学导论[M]. 北京：北京师范大学出版社，2013.

[8] 陈静梅. 音乐欣赏[M]. 2版. 北京：清华大学出版社，2013.

[9] 王杰泓，张琴. 艺术导论[M]. 北京：北京师范大学出版社，2014.

[10] 周林. 美术鉴赏[M]. 北京：北京师范大学出版社，2014.

教师服务

感谢您选用清华大学出版社的教材！为了更好地服务教学，我们为授课教师提供本书的教学辅助资源，以及本学科重点教材信息。请您扫码获取。

▶▶ 教辅获取

本书教辅资源，授课教师扫码获取

▶▶ 样书赠送

公共基础课类重点教材，教师扫码获取样书

 清华大学出版社

E-mail: tupfuwu@163.com
电话：010-83470332 / 83470142
地址：北京市海淀区双清路学研大厦 B 座 509

网址：https://www.tup.com.cn/
传真：8610-83470107
邮编：100084